JOURNAL OF RIGHT TO DEVELOPMENT

# 发展权研究

## 2021年卷

主编　汪习根

执行主编　廖奕　滕锐　李蕾

WUHAN UNIVERSITY PRESS
武汉大学出版社

**图书在版编目(CIP)数据**

发展权研究.2021年卷/汪习根主编.—武汉：武汉大学出版社,2022.6
ISBN 978-7-307-22802-3

Ⅰ.发…　Ⅱ.汪…　Ⅲ.人权法—中国—文集　Ⅳ.D922.74-53

中国版本图书馆 CIP 数据核字(2021)第 273231 号

责任编辑:田红恩　　责任校对:汪欣怡　　版式设计:马　佳

出版发行:**武汉大学出版社**　(430072　武昌　珞珈山)
　　　　(电子邮箱:cbs22@ whu.edu.cn　网址:www.wdp.com.cn)
印刷:武汉邮科印务有限公司
开本:787×1092　1/16　印张:13.5　字数:301 千字　插页:1
版次:2022 年 6 月第 1 版　2022 年 6 月第 1 次印刷
ISBN 978-7-307-22802-3　定价:49.00 元

# 前　言

本集缘起于十年以来我们主编的《发展、人权与法治研究》，为了集中研究发展权这一基本人权，在十周年纪念日，特将名字改为《发展权研究》。

和平、发展与人权是联合国的三大支柱。在相对和平的年代，发展与人权更显重要。据联合国统计，在世界 70 多亿人口中，仍然有 10 多亿人生活在赤贫状态，每日可支配收入低于 1.9 美元这一联合国划定的国际绝对贫困线。纵观全球，南北发展差距愈益加大，人权面临着贫困、饥饿、疾病、动荡、冲突、灾害、贸易保护主义、单边主义、恐怖主义等诸多因素的严峻挑战。在国内，发展的不平衡、不均衡、不可持续问题严重困扰着各国尤其是全球南方国家，实现发展权成为国际社会的一项紧迫任务。为了实现公平、均衡、以人为本的可持续发展，全球社会应当精诚协作、携手并进、相互分享成功经验，共同推进发展权理论研究与实践进程。

中国作为世界上最大的发展中国家，通过四十年的改革开放，创造了经济发展的世界奇迹，在发展权理论研究与实践成效上获得巨大成功。当历史的年轮驶入新的时代，社会主要矛盾正发生着深刻的变化，人民对美好生活的需要和发展不平衡不充分之间的矛盾为发展权理论创新与实践发展带来了新的希望和机遇。为了抓住发展机遇、有效应对挑战，中国及时进行着全面、持久的制度改革，通过全面依法治国来加强人权建设，致力于构建中国特色人权话语体系，积极参与全球人权治理，以合作促发展，以发展促人权。人权法理学告诉我们：发展问题本质上是一个人权问题，而法治是人权之基、人权是法治之本。可见，发展、人权与法治就像三驾马车，并驾齐驱，相互关联，所形成的合力远远大于三者的简单相加。正是基于这一考虑，我们在 10 年前，经过反复筹划与论证，编辑出版了《发展、人权与法治研究》将发展、人权与法治三者连为一体进行研究。时至今日，已经连续出版了多卷本，每一本相对地聚焦于一个主题，探讨发展中的人权及其法治保障问题。具体如下：2011 年，《发展、人权与法治研究——区域发展的视角》；2012 年，《发展、人权与法治研究——发展困境与社会管理创新》；2013 年，《发展、人权与法治研究——"法治中国"的文化证立》；2014 年，《发展、人权与法治研究——法治国家、法治政府与法治社会一体化建设研究》；2015 年，《发展、人权与法治研究——加强人权司法保障》；2016—2017 年，《发展、人权与法治研究——新发展理念与中国发展权保障暨联合国〈发展权利宣言〉通过三十周年纪念》；2018 年，《发展、人权与法治研究——加强人权司法保障》。

为了突出发展权这一中国人权特色，全面推进人权与发展问题研究朝向纵深发展，在征求多方面意见、建议的基础上，自 2020 年起，我们对本集做出重大调整：把名字改为《发展权研究》，除了中文版外，还将依托华中科技大学人权法律研究院欧洲研究中心出版英文版。

出版《发展权研究》之宗旨在于：坚持人权的普遍性与特殊性相结合基本原则，坚持中国特色人权法治道路，坚持人民主体地位和以人民为中心的发展，把生存权发展权作为首要的基本人权，以理性、科学之精神，研究理论难点、关注现实热点、坚持问题导向、促进对话交流、繁荣学术研究、助推实践发展。

就选题范围而言，本书以发展权为主线，全面研究发展中的人权问题，涵盖各项人权及其法治实践问题。这是基于以下考虑：第一，从国际规范看，发展权不是封闭孤立的人权，事实上，所有人权是相互联系、不可分割的有机统一整体。联合国《发展权利宣言》第1条开宗明义地指出："发展权利是一项不可剥夺的人权，由于这种权利，每个人和所有各国人民均有权参与、促进并享受经济、社会、文化和政治发展，在这种发展中，所有人权和基本自由都能获得充分实现。"基于此，《发展权研究》将以发展权为核心，对发展权的法理、价值、理念、制度、规范和实践诸领域诸层次问题进行系统化深入研究，同时，不囿于对发展权进行狭隘的理解，而是秉持宣言采取的开放态度，以发展与人权为主轴，辐射到经济社会文化生态权利和公民政治权利各领域。第二，从逻辑理路上看，"基于人权的发展路径"（human rights-based approach to development）和"基于发展的人权路径"（development-based approach to human rights），都是解读发展与人权二元互动关系的理论路径。尽管对此在不同人权文化语境下存在价值分歧和理解差异，但是，至少，在联合国系统，这两条路径都被置于发展权视角之下，得到重视，被付诸实践。所以，本书采用广义的理解方式，既立基于发展权这一概念本身进行专门的解读和阐释，揭示发展权的内在方面，又致力于探讨发展权的外在方面，放眼发展权与其他各项人权的相互关系。第三，从实践样本看，发展中国家的实践证明了发展权的独特价值及其与其他人权的不可分割性。只有在所有人权的互动之中理解发展权，才能真正实现发展权。而就中国而言，作为世界上最大的发展中国家，邓小平在四十多年前就提出，发展是硬道理。时至今日，发展依然是中国的第一要务，中国以发展权为首要人权来建构人权体系，为协同推进经济社会文化以及公民政治权利发展奠定基础。不少发展中国家在发展权保障方面获得了难得的实践成效，值得提炼与交流。所以，构建经验分享平台，促进共商共建共享，也是本书的重要宗旨。本书将秉持海纳百川的开放态度，以国际视野研究发展权问题，促进中国学术界与国际社会对话与互动。通过砥砺学术，增进人权尤其是发展权理论在多元文化背景下包容式地发展。

特别感谢中国人权研究会的大力指导！感谢联合国发展权机制的支持！感谢出版界的支持。无论是从本书定位，还是书名的正式确定以及文稿组织与编辑出版，都得益于他们的智慧与奉献！

值得说明的是，正如发展权是国际社会的一项年轻而富有争议的人权一样，虽然本书的出版是一个群体倾力付出、默默奉献的结果，但是她一定会存在多方面的不足，更加需要我们倾力呵护和精心打造。我们真诚地希望专家、读者携手合作，不吝赐教，共同为发展权乃至人类的人权事业尽到绵薄之力！

每一卷本以一个议题为主，兼及其余。

　　本卷聚焦于中西方人权价值观比较，以期通过交流互动与理性对话，深入挖掘以发展为根本特色的当代中国人权文化的内外在价值，推进中西方人权文化共存与互鉴。为了促进这一主题的深度学术交流，2019 年 6 月 21 日，由中国人权研究会和奥中友好协会主办，华中科技大学法学院、人权法律研究院和武汉大学人权研究院共同承办的"中欧人权研讨会"在奥地利首都维也纳召开。大会主题为"东西方人权价值观比较"。来自欧洲 11 个国家的著名大学和研究机构的 36 位人权专家和中国的 56 位专家，围绕人权的普遍性与特殊性、人类命运共同体的人权意义、人权价值观的历史及其演变、新中国的人权实践及其世界意义共 4 个分议题进行了探讨和交流。本卷征得作者同意，选择具有代表性的部分论文进行收录。在此，对中国人权研究会、奥地利奥中友好协会、中国驻奥地利大使馆、奥地利司法部以及与会嘉宾、专家学者致以诚挚的感谢！

汪习根 *

---

　　* 华中科技大学法学院院长、国家人权教育与培训基地·华中科技大学人权法律研究院院长，长江学者特聘教授。

# Preface

This journal originated from "Studies on Development, Human Rights and the Rule of Law" edited by us over the past ten years. In order to focus on the studies on the right to development as a basic human right, on the occasion of the tenth anniversary, the title will be changed to "Journal of the Right to Development"!

Peace, development and human rights are the three pillars of the United Nations. In times of relative peace, development and human rights are even more important. According to the statistics of the United Nations, among the more than 7 billion people in the world, more than 1 billion people still live in extreme poverty, and their daily disposable income is less than 1. 9 US dollars, the international absolute poverty line defined by the United Nations. Throughout the world, the development gap between the North and the South is growing, and human rights are faced with severe challenges from poverty, hunger, disease, unrest, conflicts, disasters, trade protectionism, unilateralism, terrorism and many other factors. Domestically, the problem of unbalanced, unequal and unsustainable development has seriously troubled all countries, especially the southern countries on a global scale. The realization of the right to development has become an urgent task for the international community. In order to achieve fair, balanced and people-oriented sustainable development, the global community should cooperate sincerely, move forward together, share successful experiences with each other, and jointly advance the theoretical research and practice of the right to development.

As the largest developing country in the world, China has created a world miracle of economic development through 40 years of reform and opening up, and achieved great success in the theoretical research and practical results of the right to development. When the history of rings enters a new era, the main social contradiction is undergoing profound changes. The contradiction between the people's need for a better life and the unbalanced and inadequate development has brought new hope and opportunities for the theoretical innovation and practical development of the right to development. In order to seize development opportunities and effectively respond to challenges, China has carried out comprehensive and lasting institutional reforms in a timely manner, strengthened human rights construction by comprehensively implementing the rule of law, committed to building a human rights discourse system with Chinese characteristics, actively participated in global human rights governance, promoted development through cooperation, promoted human rights through development. The jurisprudence of human rights tells us that the issue of development is essentially a human rights issue, and the rule of law is the foundation of human rights, and human rights are the base of the rule of law. It can be seen that development, human rights and the rule of law are like a troika. They go hand in hand and are interrelated, and the resultant force is far greater than the simple sum of the three. Based on this consideration, 10 years ago, after repeated planning and argumentation, we edited and published the academic journal "Studies on Development, Human Rights and the Rule of Law", combining development, human rights and the rule of law for research. To date, several volumes have been published in succession, each focusing relatively on one theme, exploring human rights in development and their safeguards under the rule of law. The details are as follows: "Studies on Development, Human Rights and the Rule of Law-A Perspective of Regional Development", 2011; "Studies on Development, Human Rights and the Rule of Law-Development Dilemma and Innovation in Social Management", 2012; "Studies on Development, Human Rights and the Rule of Law-The Cultural Justification of 'The Rule of Law in China'", 2013; "Studies on Development, Human Rights and the Rule of Law-Research on the Integration of the Rule of Law State, Government and Society under the Rule of Law", 2014; "Studies on Development, Human Rights and the Rule of Law-Strengthening the Judicial Protection of Human Rights, 2015; Studies on Development, Human Rights and the Rule of Law-New Development Philosophy and China's Right to Development Protection and the 30th Anniversary of the Adoption of the United Nations Declaration on the Right to Development, 2016-2017; "Studies on Development, Human Rights and the Rule of Law-Legal Protection of Human Rights in the New Era, 2018".

In order to highlight the right to development, a characteristic of Chinese human rights, and comprehensively promote the in-depth development of research on human rights and development issues, on the basis of soliciting opinions and suggestions from various perspectives, starting from 2020, we will make major adjustments to this journal: we have changed the title to "Journal of the Right to Development". In addition to the Chinese version, the English version will also be published by the European Research Center of Institute for Human Rights Law of Huazhong University of Science and Technology.

The purpose of the journal of "Journal of the Right to Development" is to adhere to the basic principle of combining the universality and speciality of human rights, stick to the path of rule of law with Chinese characteristics in human rights, insist the people's dominant position and people-centered development, and take the right to subsistence and the right to development as the primary basic human rights, in the spirit of rationality and science, study theoretical difficulties, pay attention to practical hotspots, persist in problem orientation, promote dialogue and exchanges, prosper academic research, and boost practical development.

As far as the scope of topics is concerned, this journal takes the right to development as the main thread, and comprehensively studies human rights issues in development, covering various human rights and the practice of the rule of law. This is based on the following considerations: First, from the perspective of international norms, the right to development is not a closed and isolated human right. In fact, all human rights are an interconnected and inseparable organic unity. Article 1 of the United Nations Declaration on the Right to Development states: "The right to development is an inalienable human right by virtue of which every human person and all peoples are entitled to participate in, contribute to, and enjoy economic, social, cultural and political development, in which all human rights and fundamental freedoms can be fully realized." Based on this, "Journal of the Right to Development" will take the right to development as the core, and conduct systematic and in-depth research on the jurisprudence, values, concepts, systems, norms and practices of the right to development. At the same time, it is not limited to a narrow understanding of the right to development, but adheres to the open attitude adopted by the Declaration, takes development and human rights as the main axis, it radiates to various fields of economic, social, cultural, ecological rights, civil rights and political rights. Second, from a logical point of view, the "development path based on human rights" and the "human rights path based on development" are both theoretical paths to interpret the dual interaction between development and human rights. Although there are differences in value and understanding in different human rights cultural contexts, at least in the United Nations system, these two paths have been placed under the perspective of the right to development, and have been valued and put into practice. Therefore, this journal adopts a broad understanding method, which not only conducts special analysis and interpretation based on the concept of the right to development itself, reveals the internal aspects of the right to development, but also devotes itself to discussing the external aspects of the right to development, and looks at the relationship between the right to development and other the interrelationship of human rights. Third, from the perspective of practice samples, the practice of developing countries has proved the unique value of the right to development and its inseparability from other human rights. Only when the right to development is understood in the interaction of all human rights can the right to development be truly realized. As far as China is concerned, as the largest developing country in the world, Deng Xiaoping proposed more than 40 years ago that development is the absolute principle. Today, development is still China's top priority. China has established a human rights system with the right to development as its primary human right, laying the foundation for the coordinated development of economic, social, cultural, civil and political rights. Many developing countries have achieved rare practical results in the protection of the right to development, which are worthy of refinement and exchange. Therefore, it is also an important purpose of this journal to build an experience sharing platform and promote mutual consultation, co-construction and sharing. This journal will uphold the open attitude of inclusiveness, study the issue of the right to development from an international perspective, and promote dialogue and interaction between Chinese academia and the international community. By strengthening academics, we will promote the inclusive development of human rights, especially the theory of the right to development, in a multicultural context.

Special thanks to the China Society for Human Rights Studies for their strong guidance!

Thanks for the support of the United Nations Mechanism for Right to Development! Thanks for the support of the publishing community. Whether it is from the positioning of the journal, the formal determination of the title, as well as the organization and editing of manuscripts, they all benefit from their wisdom and dedication!

It is worth noting that, just as the right to development is a young and controversial human right in the international community, although the founding of this journal is the result of the efforts and dedication of a group, it must have many deficiencies. More attention and continuous improvement are required. We sincerely hope that experts and readers will cooperate with each other and share their wisdom, so as to jointly contribute to the right to development and even the cause of human rights!

Each volume of this journal focuses on one topic and combined with the rest.

This volume focuses on the comparison of human rights values between China and the West, with a view to excavating the internal and external values of contemporary Chinese human rights culture with development as the fundamental feature through exchanges, interaction and rational dialogue, and promoting the coexistence and mutual learning of Chinese and Western human rights cultures. In order to promote in-depth academic exchanges on this topic, on June 21, 2019, the "China-Europe Seminar on Human Rights" was held in Vienna, the capital of Austria, hosted by China Society for Human Rights and Austria-China Friendship Association, and jointly organized by Law School and Institute for Human Rights Law of Huazhong University of Science and Technology, and Institute for Human Rights of Wuhan University. The theme of the conference is "Comparison of Human Rights Values between the East and the West". 36 human rights experts from famous universities and research institutions in 11 European countries and 56 experts from China focused on the Universality and Speciality of Human Rights, the Human Rights Significance of the Community with a Shared Future for Human Beings, the History and Evolution of Human Rights Values, and Human Rights Practice in China since the Founding of the People's Republic of China and Its Global Significance, a total of 4 sub-topics were discussed and exchanged. With the consent of the authors, this journal chooses to publish some representative papers. In this context, I would like to express my sincere thanks to China Society for Human Rights Studies, Austrian-China Friendship Association, Embassy of the people's Republic of China in the Republic of Austria, Austrian Ministry of Justice, as well as the guests, experts and scholars!

**Wang Xigen** [*]

---

[*] Yangtze Scholar Distinguished Professor, Dean of Law School of Huazhong University of Science and Technology, Director of National Human Rights Education and Training Base · Institute for Human Rights Law of Huazhong University of Science and Technology.

# 目　　录

◎2019·中欧人权研讨会开幕式

编者按 ················································································· (3)
开幕式致辞一 ······························ Heinz Fischer(海因茨·费舍尔)(4)
开幕式致辞二 ·············································· 付子堂(6)
开幕式致辞三 ·············································· 李晓驹(8)
开幕式致辞四 ·············································· 许晓东(9)


◎2019·中欧人权研讨会闭幕式

对话与共识：中西方人权价值观比较
　　——2019年中欧人权研讨会学术综述 ······················· 汪习根(13)
闭幕式总结讲话 ·············································· 鲁广锦(16)


◎主题一：人权的普遍性与特殊性

儒教思想统治下中国的人权 ··············· Gerd Kaminski(格尔德·卡明斯基)(21)
中欧正义观 ························· Wolfgang Mazal(沃尔夫冈·马扎尔)(26)
印度的人权之殇 ············· Ramachandra Byrappa（拉玛钱德拉·伯拉帕）(33)
"人道主义原教旨主义"：国际关系的影响和其中的矛盾
　　··············· Fabio Massimo Parenti（帕伦蒂·法比奥·马西莫）(50)
对于人权的语境观分析 ····················· Jan Campbell(扬·坎贝尔)(56)
非洲国家与国际刑事法院 ··············· Christian MESTRE(克里斯蒂安·梅斯特)(63)
对话和普遍性的过程
　　·········· Francisco Granja de Almeida(弗朗西斯科·格兰哈·德·阿尔梅达)(68)
东西方在发展权上的价值分歧与可能的共识 ····················· 汪习根(73)
免于恐惧的自由
　　——欧洲和中国的不同方法 ····························· 荆　超(83)

◎主题二：人类命运共同体的人权意义

将国际人权体系建设成为人类命运共同体 ………… Tom Zwart（汤姆·兹瓦特）(93)
构建"人类命运共同体"
　　——全球人权治理的中国理念与贡献 ……………………… 戴瑞君(103)
构建人类命运共同体的人权意义 ……………………………… 罗艳华(114)

◎主题三：人权价值观的历史及其演变

人权的历史逻辑与社会逻辑 ………………………………… 何志鹏(121)
"获得正义"的人权话语及其文化阐释 ……………………… 廖　奕(126)
论中国古代对人的关怀
　　——以"合会"为例 ……………………………………… 李登玺(141)

◎主题四：新中国的人权实践及其世界意义

善治原则及其在中国的应用 ………………………………… 乔聪瑞(153)
新中国与国际人权体系：被动参与到价值实践 …………… 张爱宁(166)
作为人权的环境权保护的中国经验与发展路径 …………… 唐颖侠(179)
后帝国时代的包容性都市伦理与社会正义
　　——从广州市残疾人扶贫事业发展与权利保障角度观察 ………… 宋尧玺(190)

# Content

◎Opening Ceremony of the 2019 · China-Europe Seminar on Human Rights

Preface ································································································ (3)
Welcoming Speech I ······································· *Heinz Fischer* (*Austria*) (4)
Welcoming Speech II ······································· *Fu Zitang* (*China*) (6)
Welcoming Speech III ······································· *Li Xiaosi* (*China*) (8)
Welcoming Speech IV ······································· *Xu Xiaodong* (*China*) (9)

◎Closing Ceremony of the 2019 · China-Europe Seminar on Human Rights

Dialogue and Consensus: Comparison of Human Rights Values between the East and the West
································································· *Wang Xigen* (*China*) (13)
Summary Speech ······································· *Lu Guangjin* (*China*) (16)

◎Topic 1: Universality and Speciality of Human Rights

Human Rights in Confucian China ···················· *Gerd Kaminski* (*Austria*) (21)
The Universality of Human Rights as an Invitation to Dialogue
································· *Michael Lysander Fremuth* (*Germany*) (26)
The Indian Conception of Human Rights-The Resilience of the Empirical Self
································· *Ramachandra Byrappa* (*India*) (33)
"Humanitarian fundamentalism": Implications and Contradictions in International Relations
································· *Fabio Massimo Parenti* (*Italy*) (50)
A Contextual View at Human Rights ·············· *Jan Campbell* (*Germany*) (56)
The African States and the International Criminal Court
································· *Christian MESTRE* (*France*) (63)
The Process of Dialogue and Universality ······ *Francisco Granja de Almeida* (*Portugal*) (68)
Value Difference and Possible Consensus between the East and the West in the Right
to Development ································· *Wang Xigen* (*China*) (73)

Freedom from Fear Different Approaches Adopted by Europe and China
·················································· *Jing Chao（China）*（83）

◎ Topic 2: The Human Rights Significance of the Community with a Shared Future for Human Beings

Transforming the International Human Rights System into a Community of Shared Future
for Mankind ······························ *Tom Zwart（The Netherlands）*（93）
Building a Community of Shared Future for Mankind: China's Idea and Contribution
to Global Governance of Human Rights ·············· *Dai Ruijun（China）*（103）
The Human Rights Implication of "Building A Community of Shared Future for Mankind"
·················································· *Luo Yanhua（China）*（114）

◎ Topic 3: The History and Evolution of Human Rights Values

Historical Logic and Social Logic of Human Rights ············· *He Zhipeng（China）*（121）
Human Rights Discourse of "Access to Justice" and Its Cultural Interpretation
·················································· *Liao Yi（China）*（126）
"On the Care of People in Ancient China-Taking 'Hehui' as an Example"
·················································· *Li Denglei（China）*（141）

◎ Topic 4: Human Rights Practice in China since the Founding of the People's Republic of China and Its Global Significance

Controlling Government in Contemporary China: Principles and Practices
·················································· *Qiao Congrui（China）*（153）
China and the International Human Rights System: From Passive Participation
to Value Practice ······························ *Zhang Aining（China）*（166）
The Protection on Environmental Rights: China's Experience and Approach
·················································· *Tang Yingxia（China）*（179）
Inclusive Urban Ethics and Social Justice in the "Post-Imperial" Age-From the Perspective
of the Development of Poverty Alleviation and Rights Protection Concerning
the Disabled in Guangzhou ······················ *Song Yaoxi（China）*（190）

# 2019·中欧人权研讨会开幕式

# 编 者 按

本书的文稿来自"2019 中欧人权研讨会"。2019 年 6 月 21 日，由中国人权研究会和奥中友好协会主办，华中科技大学法学院、人权法律研究院和武汉大学人权研究院共同承办的"中欧人权研讨会"在奥地利首都维也纳召开。大会主题为"东西方人权价值观比较"。来自欧洲 11 个国家的著名大学和研究机构的 36 位人权专家和中国的 56 位专家，围绕人权的普遍性与特殊性、人类命运共同体的人权意义、人权价值观的历史及其演变、新中国的人权实践及其世界意义共 4 个分议题进行了探讨和交流。

本次研讨会开幕式由中国人权研究会秘书长鲁广锦先生主持，奥地利前总统、奥中友好协会会长费舍尔先生、中国驻奥地利大使李晓泗先生、中国人权研究会副会长付子堂教授以及作为承办方代表的华中科技大学副校长许晓东教授在开幕式上致辞。会议闭幕式由奥中友好协会常务副会长卡明斯基教授主持，华中科技大学法学院院长、人权法律研究院院长汪习根教授进行了学术总结，最后由中国人权研究会秘书长鲁广锦先生致闭幕词，宣布会议闭幕。

为了全面完整地记录研讨会的盛况，在此收录了以上嘉宾致辞和总结发言。

# 开幕式致辞一

Heinz Fischer（海因茨·费舍尔）*

尊敬的李大使、鲁秘书长、付会长和许校长：

人权是人类的共同财富。大家殊途而同归：所有人都应该能够享有人权。当然，孔子不是卢梭，考底利耶与约翰·洛克可能各有己见，《美国宪法》规定的权利对乔治·华盛顿的奴隶毫无帮助。说得委婉一点，历史的进程有时缺乏速度。

现代意义上的人权的确在欧洲实现了启蒙。

每个人都毫无例外地享有不可侵犯的尊严，这一思想已在法国大革命的文件和原则，以及第一部《美国宪法》中提出和记录下来。

这也是 1848 年中欧革命的目标，但这场革命失败了。

例如在奥地利，基于宪法的基本权利和自由法典直到 1867 年才在议会上获得通过。

我认为，对人权和人类尊严的最佳表述载于 1948 年联合国《世界人权宣言》第 1 条。众所周知，其内容如下：人生而自由并享有平等的尊严和权利。他们禀赋理性和良知并应以博爱情怀相处。

这方面的艰难重任不仅是就人权的共同文本达成共识，还要将其转变为日常生活和政治实践。顺便说一句，我认为从 2015 年开始的可持续发展目标基于不让任何一个人掉队的理念，旨在改善全球的生活条件，这也是对人权的贡献。

为了表明人权和可持续发展目标如何齐头并进，我会快速介绍欧盟在人权领域的一些政策：

- 促进妇女、儿童、少数民族和流离失所者的权利
- 倡导反对死刑、酷刑、人口贩运和歧视
- 捍卫公民、政治、经济、社会和文化权利
- 通过与国家、国际和地区组织、社会各阶层的团体和协会的积极伙伴关系捍卫人权。

《2030 年可持续发展议程》反映了人权标准，并以国际人权法为基础。可持续发展目标的承诺"不让任何一个人掉队"与《联合国人权宣言》的原则相符，宣言称："人生而自由并享有平等的尊严和权利。"

可持续发展目标进一步强调"所有国家都有责任……尊重、保护和增进所有人的人

---

* 奥地利前总统、奥中友好协会主席。

权和基本自由，不分种族、肤色、性别、语言、宗教、政治或其他见解、民族或社会本源、财产、出生、伤残或其他身份"（第 19 段）。例如，有关获得安全和负担得起的食品和饮用水，全民健康覆盖，免费和优质的初等和中等教育，以及卫生和住房的目标特别针对于最边缘化和最受歧视的群体，但总体而言，2030 年议程适用于所有国家/地区的所有人。

总的来说，我很乐观。我认为今天的人权实践比 40 年前要好，我希望从现在起的 40 年后，它会比今天更好。

但这不会自动实现。

只有国际社会在全球范围内一同努力去接受、保护和促进人权，它才会实现。

尊敬的来宾们：

来自亚洲、非洲和欧洲的众多人权专家出席了此次研讨会，这是共同目标的有力体现。今天，来自东方、西方和南方的学者们发表的各种论文令人信服地反映了全世界的所有努力，这些努力致力于更好地理解和促进人权研究。不同国家和文化之间的对话很重要。开展这种对话应该摈弃傲慢、狭隘和偏见。在此背景下，维也纳是传统意义上适合举行会议的地方。

作为奥中友好协会主席，我要感谢研讨会的其他合作伙伴，中国人权研究会和武汉华中科技大学选择奥地利作为交换意见，并为保护和发展人权的研究作出贡献的论坛。我也要感谢奥地利司法部和维也纳市的支持。

最后，我希望参会各大洲的许多人都会阅读这本即将出版的书，该书会包含本次研讨会的所有论文。这本书将有助于增进他们对人权事业的理解、热情和感情。

# 开幕式致辞二

付子堂*

尊敬的费舍尔主席、尊敬的李晓驷大使、尊敬的卡明斯基副主席，女士们、先生们：

大家上午好！非常高兴能够来到世界音乐之都——维也纳，出席"2019·中欧人权研讨会"。维也纳，处处跳动着动人的音符，飘扬着醉人的旋律，我希望我们这次研讨会也能够在这里谱写出崭新的人权曲谱。

首先，请允许我代表中国人权研究会，向出席本次研讨会的各位嘉宾表示热烈的欢迎！维也纳不仅是音乐之都，实际上还承载着世界人权发展的记忆。1993年6月，联合国第二次世界人权大会在这里召开，并通过了具有重要意义的国际人权文件，这就是《维也纳宣言和行动纲领》。当时，冷战刚刚结束，各国都迫切希望以人权合作取代对抗，以包容代替排斥，《维也纳宣言和行动纲领》坚决维护《联合国宪章》和《世界人权宣言》的宗旨和基本原则，特别指出，一切人权均为普遍、不可分割、相互依存、相互联系的，国际社会必须站在同样地位上，用同样重视的眼光，以公平平等的态度全面看待人权。《维也纳宣言和行动纲领》的诸多内容体现了人权价值观上的"求同存异"，对于我们今天理解不同人权价值观具有重要意义。

作为东西方文化的重要发行地，中欧是推动人类进步的两大文明。本次研讨会，以"东西方人权价值观比较"为主题，为促进中欧人权学者开展交流对话、相互启迪，提供了一个很好的平台。文明，因多样而交流，因交流而共建，因共建而发展。东西方的人权价值观既有相似之处，也互有差别。在追求和平、发展、公平、正义、民主、自由等全人类的共同价值，以及"人类享有充分人权""各项人权不可分割"等目标上，东西方具有一致走向，同声相应。但同时，由于人类人权权利属性、主要内容、价值位阶、实现方式等等有认知差异，东西方对待人权问题有存在不同的价值取向，人权价值观必须同国家和民族的历史文化相适合，同人民的奋斗、需求相融合，同需要解决的国内、国际问题相结合，同世界人权发展的潮流相汇合，不应当仅在人权价值观的"普适论"和"优越论"，不能将人权价值观的多样性、差异性视为"对立性"和"等级性"。正如，有的人爱听施特劳斯的《蓝色多瑙河》，有的人爱听中国琵琶演奏出来的《春江花月夜》。对于不同人权价值观，我们应当秉持"万物并育而不相害，道并行而不相悖"的理念，相互尊重，平等相待，开放包容。

---

\* 中国人权研究会副会长、西南政法大学校长、教授、博士研究生导师。

女士们，先生们，朋友们，今年是中国人民共和国成立七十周年。七十年来，中华民族迎来了从"站起来""富起来"到"强起来"的伟大飞跃，成功走出了符合中国国情的人权发展道路，形成了根植中国大地、契合中国发展实际、反映中国人民意愿的中国人权发展理念，中国的人权事业发展取得了举世瞩目的成就。具体来说，中国的人权价值观主要体现在六个"强调"，鉴于时间关系，我不再展开，仅仅念几个观点。第一，我们强调把人权的普遍性原则与中国实际相结合；第二，我们强调生存权和发展权是中国人民的首要价值抉择；第三，我们强调，以人民为中心是人权保障最鲜明的价值取向；第四，我们强调个体与集体相统一是人权保障的价值主体；第五，我们强调依法治国是人权发展的重要的制度保障；第六，我们强调推动世界人权事业共同发展是使命担当。

女士们、先生们、朋友们，今年是第五届中欧人权研讨会。五年来，我们的研讨会探讨的主题越来越深入，影响力越来越广泛，朋友圈越来越多元，已经成为中欧在人权领域深化交流合作的重要平台。今年三月，中国国家主席习近平先生访问欧洲三国，为中欧全面战略伙伴关系注入了新的动力。我们要趁势而上，顺势而为，中欧要在人权领域通过更大规模的交流互鉴，消除人权价值观上的理解隔阂，求同存异，共同进步；要通过更广领域的不时合作，促进在人权领域兼收并蓄，和谐共生；要通过更深层次的守正创新，增添人权发展动力，激发人权发展活力，彰显人权魅力。

最后，预祝本次研讨会圆满成功！谢谢各位！

# 开幕式致辞三

李晓驷 *

尊敬的费舍尔先生，尊敬的付子堂副会长，尊敬的各位女士们、先生们：

今天，"2019·中欧人权研讨会"在维也纳举行。中欧人权领域的重量级专家学者将以"东西方人权价值比较"为主题，围绕人权的普遍性与特殊性，人类命运共同体的人权意义，人权价值观的历史及其演变，新中国的人权实践及其世界意义等内容进行探讨和交流，这充分体现了近年来中欧、中奥政治互信增强，关系日趋成熟，我对研讨会的成功举行表示热烈祝贺！

我在工作中经常经历中欧之间就人权问题交换意见。毋庸讳言，中欧在人权问题上有共同点，有分歧：欧方强调人权的普遍性，中方承认人权的普遍性，同时强调人权的特殊性；欧方重视个人权利，中方重视个人权利，同时更重视集体权利；欧方看重政治权利和公民权利，中方看重政治权利和公民权利，同时强调政治，强调生存权和发展权优先；欧方认为西式民主是世界上最好的政治制度，放之四海而皆准，中方认为，世界上没有完全相同的政治制度模式，政治制度不能定于一尊，不能生搬硬套外国政治制度模式……显然，中欧在人权问题上的分歧是客观存在的，也毫无疑问，这些分歧的根源在于双方有着不同的历史文化传统、政治社会制度和经济发展，问题在于，我们应该如何对待分歧？中方认为，应在相互尊重、平等相待的基础上，加强对话交流，增进了解理解，相互学习借鉴，努力缩小分歧。如果一时解决不了，应求同存异，将其放在适当位置，不要放弃、影响双方的合作及关系发展的大局。具体讲，不要采取双重标准，动辄公开指责，实施制裁，甚至动用武力，干预别国政权。近年来，中欧全面战略伙伴关系得到长足发展，重要原因之一就是双方总体上能够妥善处理在人权领域上的分歧。

女士们先生们，中华人民共和国成立七十周年以来，特别是改革开放四十年来，中国的人权事业取得巨大进步，但仍有很多不足，在保护人权问题上，只有更好，没有最好，中国政府将不断努力促进和保护中国人民人权，同时我们愿在平等和相互尊重的基础上，与包括奥地利在内的世界各国加强人权领域的交流与合作，相互借鉴，共同进步。

祝此次研讨会圆满成功！谢谢！

---

\* 中国驻奥地利大使。

# 开幕式致辞四

许晓东 *

尊敬的前总统费舍尔先生，尊敬的大使先生，先生们，女士们：

上午好！首先，我谨代表会议的承办单位之一华中科技大学向各位尊敬的来宾表示衷心的感谢和诚挚的问候。能够参加这次会议我感到无限的荣幸。

华中科技大学是中国教育部直属重点综合性大学，是国家首批"双一流"建设高校。六十多年来，我校在高等教育领域取得了巨大成就，综合实力居中国高校前十位，被誉为"新中国高等教育的缩影"，特别是工程学科、计算机学科居全球高校前 20 位，享誉海内外。我校一直秉承"育人为本、创新是魂、责任以行"的办学理念，坚持"一流教学、一流本科"的建设目标，已为国家培养了近 60 万名高级专门人才。学校按照"应用领先、基础突破、协调发展"的科技发展方略，构建起了覆盖基础研究层、高新技术研究层、技术开发层三个层次的科技创新体系，在服务经济社会发展中做出重大贡献，被誉为武汉"中国光谷"的引擎。

本次会议由中国人权研究会、奥中友协主办，由华中科技大学法学院、华中科技大学人权法律研究院、武汉大学人权研究院和奥地利中国法学会承办。

在"入主流、争一流、创特色、倡交叉"的人文社会科学发展思想指引下，华中科技大学法学院紧跟现代中国法治化进程的步伐，在较短时间内实现了快速发展，已建成结构合理、学科齐全、特色突出、优势鲜明的办学体系，与 20 多个国家和地区一流科研院所保持紧密合作关系。20 世纪 80 年代中期，在联合国知识产权组织和中国专利局的推动下，原华中工学院创办知识产权双学位班，成为全国首批开展知识产权高等教育和专业研究的院校之一，培养了新中国最早一批知识产权高级人才。目前，学院高度重视对外合作交流，已逐步形成了学术合作与人才培养的国际化网络，国际学术交流取得实质性进展。学院与联合国世界知识产权组织（WIPO）、全球水伙伴组织（GWP）、美国、英国、德国、法国、澳大利亚、日本及香港、澳门、台湾地区的诸多国际组织与学术机构建立了长期友好合作关系，为教师和学生搭建一流学术交流平台。

作为承办单位之一，人权法律研究院在生存权和发展权领域的研究一直处于领先地位。在人工智能和大数据时代的信息权利问题、生命科学中的伦理与科学问题，知识产权中的人权问题等方面进行跨学科研究，取得了突出的成就，得到了国际社会的广泛

---

\* 华中科技大学副校长、教授、博士研究生导师。

认可。

为了人类共同的美好明天，追求全人类的幸福生活，我们应当集思广益，博采众长。全球化时代，人类面临着许多共同的问题，需要在交流互鉴中寻求答案。中欧学者在人权领域应该彼此相互尊重，坦诚相待，就各自研究成果进行充分交流，跨越理解鸿沟，增进彼此信任，为中欧人权事业发展提供学术支撑。此次举办"中欧人权研讨会"顺应了时代发展对增进文明交流、加强友好合作的新要求，为中欧专家学者在人权领域的深层次交流对话搭建了互学互鉴的重要平台，有助于彼此更好地理解对方、尊重差异、共同进步。

最后，预祝本次研讨会取得圆满成功！谢谢大家！

# 2019·中欧人权研讨会闭幕式

# 对话与共识：中西方人权价值观比较
## ——2019 年中欧人权研讨会学术综述

汪习根 *

由中国人权研究会和奥中友好协会主办，华中科技大学法学院、人权法律研究院和武汉大学人权研究院承办的"2019·中欧人权研讨会"在美丽的维也纳隆重举行，现在结束了议程预定的全部学术报告与讨论，即将落下帷幕。本次会议汇聚了来自欧洲 11 个国家的著名大学和机构的 36 位人权专家和中国著名大学和研究机构的 56 位代表，在人权领域进行了富有成效的学术对话，取得丰硕的理论成果。在此，从以下三大方面予以总结，若有列举未尽之处，敬请谅解。

## 一、学术研讨特点

本次中欧人权研讨会汇聚中欧顶尖人权学者和实务人员，以中西方人权价值观比较为主题，讨论了以下四个方面的议题：人权的普遍性与特殊性、人权价值观的历史及其演变、人类命运共同体的人权意义、新中国的人权实践及其世界意义。全体与会人士开诚布公、理性思考、严谨论证、有序对话，上下五千年、横跨欧亚洲，对人权价值进行了纵向的历史分析和横向的理论分析，形成了一批高质量、高水准、高品位的研究成果。展现出以下鲜明的学术特色：

一是理性对话。全体与会专家本着理性、平等、平和，尊重事实、尊重规律的学术态度，以文交友、以文会友，有理有据展开论述，求同存异，达成共识。这既是中国与欧洲以至全球之间的对话，也是一种历史与现实的对话，还是价值理念与实践的对话。

二是全球视角。绝大多数学者来自欧洲和中国，研究了欧洲与中国的人权价值问题，同时也辐射到非洲、美洲和亚洲的印度的人权价值观，具有一定的代表性和全球性。人权不应该局限于一个地区一个人一个国家，而应当采取开放的立场，在全球化的大背景下研究人权。

三是多元交流。本着相互尊重、包容开放、相互学习、相互借鉴的态度，在不同人权文化之间进行碰撞与交流，坚持人权的普遍性与特殊性相互协调的基本原则，既探讨了全球普遍性的人权问题，也研究了各地区或国家重点关注的人权问题，如战争、难

---

* 中国教育部长江学者特聘教授，华中科技大学法学院院长、人权法律研究院院长。

民、恐怖主义、少数民族权利、发展权、环境权等问题。

## 二、学术成果概要

本次研讨会的学术观点可以概括为以下几大方面：

1. 价值理念。人权价值观的演进，从古希腊罗马到文艺复兴运动再到现代西方关于自由平等正义的思想，从中国古代儒家、道家等对人性和人的价值地位的论述到当今中国以人为本、以人民为中心的发展理念，共同为我们留下了丰富的人权文化遗产。当然，存在自由本位和社会本位、自由主义和集体主义的不同理解。但无论如何，关于正义的解读，为人权奠定了重要基础。

2. 价值原则。主要涉及三大问题：人权普遍性与特殊性的对立统一，道德权利与法律权利的对立统一，人权的国内管辖与国际管辖的对立统一。怎么样既遵循人权普遍性又尊重多元人权文化，这是一个老问题但是现在还远远没有解决。总之，价值多元是一个基本的方向，否则，就可能会以一种价值去压制另一种价值，走向人权的反面。全球化既不是西方化，也不是东方化，而是寻找在价值上的最大公约数。

3. 价值形态。自由、平等、博爱的人文主义价值分别衍生出公民政治权利、经济社会文化权利和发展权、和平权、环境权、自然资源永久主权和人类共同继承遗产权利等新型权利。生存权和发展权成为新兴的权利类型。在公民人身自由权利、政治权利、经济权利、社会权利、文化权利和环境权利六大权利形态中，哪一种更为重要或者说有没有哪一种更为重要？对这个问题的确存在不同的观点甚至相反的观点。但是，我们人权的不可分割相互联系的，生存发展权不仅是一项经济权利，也是社会和文化权利，还是政治发展的权利和生态环境权利，涵盖了经济、政治、社会、文化和生态环境各个方面的人权要素。

4. 价值载体。人权价值是一种观念，需要用政策法律加以确认和规范，其中，依法确认和维护人权是现代社会的共同做法。从国家法律体系到国际人权法律，当今国际社会建立了较为全面的人权制度规范体系。人权的普遍价值集中展现在以联合国宪章为核心，以世界人权宣言和国际人权两公约为主体的国际人权法律体系之中。应当回到宪章和宣言所承载的价值精神探讨全球人权问题。

5. 价值实践。分为国内与国际实践两个层面。就国内而言，各国都积极把自己的人权价值观付诸国内实践，采取了不同的途径落实人权，各自都有自己的经验值得分享。新中国成立70周年以来的人权成果作为本次研讨会的一个分议题，为我们分享实践经验提供了一个样板。在生存发展权利尤其是免于贫困的权利、劳动与社会保障权利、公平接受教育与文化权利等方面的确取得了骄人的成就，在人权的立法、执法和司法保障方面取得重大进展，有必要在理论上进行总结，探讨这个奇迹发生的理论前提、价值基础和内在奥秘。

从国际层面看，各国谋求处理好本国人权价值观的国际化、全球化问题，以及国际人权价值的本土化转化的问题。所以，全球人权治理问题成为研究的核心议题。中国提出的构建人类命运共同体为全球人权保护提供了一个新的思路。

## 三、基本学术共识

1. 人权是东西方共同的价值形态。人权的概念最早是西方一起是欧洲人提出来的，但是，这并不意味着在古老的东方就没有人权，恰恰相反，人权是东方文明的应有内涵。

2. 承认人权分歧与争议的客观存在。不可能指望存在着完全相同的人权价值观念，这是对话的基本前提。尊重对人权的不同理解、尊重人权文化和人权价值的多样性。

3. 人权普遍性与特殊性并不是对立的，两者具有兼容性。人类命运共同体的价值尊严和人权保障是人权普遍性与特殊性结合的东方经验。

4. 对话与合作是解决人权分歧的基本路径。正是因为有了分歧甚至对立，才更加有必要进行对话与沟通。跨文化的对话是消除障碍、形成理解的最佳方式。

5. 在人性、人格尊严、人的主体地位、人的生存与发展、人身自由与政治自由诸方面具有共同的认识论基础和思想史前提。

## 四、结论与展望

当然，在人权问题上，由于历史和现实的原因，人权价值观在东西方必然存在一系列差异，在不少议题上还存在并可能长期存在不同观点甚至分歧。只有秉持平等对话与相互包容理念，不断深化研究、推进互动合作，才能缩小认识差距，加强相互理解。

最后，再次感谢奥中友好协会、中国人权研究会为我们所搭建如此高层次、国际化的学术研究平台，感谢各位专家贡献的学术智慧！我相信，我们势必会以此为契机，把中欧人权研讨活动推向新的高度，产生一批高质量的学术研究成果，占领人权研究学术制高点，共同服务于中国和欧洲的人权发展事业。

# 闭幕式总结讲话

鲁广锦 *

尊敬的各位嘉宾，女士们，先生们：

现在，"2019·中欧人权研讨会"已圆满完成各项议程，即将落下帷幕。本来从讲究人权的角度，已经到了晚饭时间我不应该再占用大家的宝贵时间，但是作为中国人权研究会的秘书长，我还是需要尽自己的职责对会议做一个总结。所以我会在权利和义务之间做好平衡。2019 年 6 月 21 日，在中欧人权交流史上，注定是载入史册的一天。一天的时间很短暂，但充实而厚重，既是学术交流，也是思想碰撞，使我们倍感人权这一伟大而崇高的概念所蕴含的思想和精神力量。诚如刚才两个分论坛的代表所总结的研讨情况，以及汪习根教授所做的学术总结，本次研讨会取得了一系列的重要成果，达成了一系列的共识。这对于进一步增进中欧人权领域的相互理解及交流合作，对于推动人类共同的人权理论建设和人权事业发展，都具有重要的意义。

随着本届研讨会的成功召开，"中欧人权研讨会"已连续举办了五届。创立五年来，在中欧人权领域专家学者以及各界人士的积极参与下，"中欧人权研讨会"这一机制化平台呈现出越办越好，影响力越来越大、参与嘉宾层次越来越高的特点。仅以本届研讨会为例，参与人数明显增多，嘉宾层次也明显提高。同时，研讨的主题也更加深入，从以往针对某一专门领域权利问题的探讨转变为对人权观比较这样的综合性问题，可以说已经触及人权的根本性问题。

对于本次研讨会的交流，我有以下三点比较突出的印象：

## 一、人权理论正在发生新的变化

从第一代人权，到第二代人权，再到第三代人权，随着世界的发展变化，现在大有第四代人权呼之欲出之势。技术的进步对人权保障提出了前所未有的要求，人权从制度层面上升到发展层面，再上升到技术层面，从个体到集体，再到人民全体。

## 二、在新的形势下人权需要交流对话

当前世界，面临着百年未有之大变局，世界多极化、经济全球化、社会信息化、文

---

* 中国人权研究会秘书长。

化多元化深入发展，全球治理体系和国际秩序变革加速推进，全球化和反全球化较量日益突出。是一种文明好，还是多样文明好，这是不以人的意志为转移的。世界文明多样性是客观存在的，多样性决定了人权既表现出普遍性，又表现出特殊性，为此世界才能够丰富多彩。只有通过交流对话，才能使普遍性更有价值，也才能使特殊性更具特色。

## 三、人权是人类文明进步的标志

充分尊重和保障人权是人类社会的崇高目标。人类从懂得尊重人权，到懂得采取措施保障人权，再到通过努力发展促进人权，期间不外乎实现人的全面而自由的发展。人的全面而自由的发展，是人作为人发展的最高境界，也是人的终极目的。在中国传统文化中，大同世界、天人合一的构想，便是最高境界。中国现代哲学史大家冯友兰先生在他的《中国哲学史》一书中，提出人生的四大境界：一是自然境界，混沌未开，原始状态，二是功利境界，为己为利，三是道德境界，为人为公；四是天地境界，万物皆备于我，我与宇宙同一。止于至善，这便是人权的最高境界。

各位嘉宾，女士们，先生们，朋友们，

我们的研讨会所以取得如此的成功，离不开各方的共同努力。

首先，我要代表中国人权研究会，感谢奥方给予的全力支持。菲舍尔前总统亲自出席，奥过渡政府总理比尔莱恩会见代表团，奥地利司法部、维也纳市政府等部门和机构为研讨会的举办提供了重要帮助和积极支持。奥地利监察总长巩特尔克劳德今晚还要宴请大家。这充分展示了奥各界对华友好的态度和立场，令我们十分感动。

其次，我要代表中国人权研究会，特别感谢卡明斯基先生为本次研讨会作出的精心设计和非凡贡献，对此我们铭记在心。

再次，我们还要感谢张宏斌女士及其工作团队，是她们高效而充满热情的工作，保证了我们的会议有效运转。

还有，我们要特别感谢华中科技大学，在汪习根教授的领导下，其团队努力工作，出色完成了会议的各项接待准备工作。

最后，我们还要感谢参会的中外方代表，是你们不辞辛苦，千里迢迢，万里遥遥，如期而至，使我们的研讨会开得如此成功、如此生动。

各位嘉宾，女士们、先生们、朋友们，人权发展没有止境，人权交流没有终点。莎士比亚曾言，"一切历史，皆为序曲"。我们的交流合作，才刚刚开始，我们还有许多许多事情要做。我们殷切期待中欧双方专家学者能以更加包容开放的心态，加强交流合作，在创新发展中迎接人权保障春天的到来！

"相见时难别亦难"，又到了与大家说再见的时候了，愿各位身体健康，事业有成，生活幸福，事事如意。

现在我宣布，"2019·中欧人权研讨会"闭幕！谢谢各位，2020 年再见！

# 主题一：人权的普遍性与特殊性

# 儒教思想统治下中国的人权

Gerd Kaminski（格尔德·卡明斯基）*

**摘　要**：随着中国人权事业的快速发展，人权问题的研究越来越受到重视。一些学者肯定中国传统价值观，认为儒家思想应该在人权中得到保留，另外一些学者认为中国的文化传统对人权概念的引进和发展产生了负面影响。本文对古代中国社会以及儒家思想进行追根溯源，可以帮助我们更好地理解中国传统价值观对中国人权的影响。

**关键词**：人权；儒家思想；中国传统价值观

1988年，我编辑的奥地利杂志《中国报道》发表了复旦大学张庆熊教授的一篇文章。关于当时的学术讨论，他解释称，学者们分为两大阵营："一部分人认为，中国社会在很长的时间内没有取得实质性进步与中国哲学停滞的特征是相对应的。为了给中国社会注入活力，必须从西方引入哲学思维。另一部分人则相反，他们确信西方哲学会走向不和谐的极端。"[①]

随着中国国力不断增强[②]，自信心不断提升，作为对不断提升的民族自豪感的补充[③]，青睐中国传统价值观的阵营似乎在21世纪的前十年占了上风。

这一发展对中国的人权研究产生了影响。来自党校的李云龙等中国学者开始将现代人权追溯到孔子和儒家思想统治时期："建设中国社会主义新文化的过程，也是我们努力保留和发扬儒家思想精髓、赋予其新的内容并使其焕发生机与活力的过程。"[④]李云龙受到了鲜开林、张继良等学者的支持。人权研究会2011年主题为"文化传统、价值观

---

* 奥地利外交部中国事务顾问，奥中友好协会常务副主席，奥地利中国和南亚研究所所长，维也纳大学法学教授。

① Zhang Qingxiong, Die chinesische Tradition und die Konfrontation mit der westlichen Zivilisation. China-Report, No. 97-98, 1988, p. 44.

② Gerd Kaminski, Xi Jinping's Chinesischer Traum und die chinesische Außenpolitik, Gerd Kaminski, Wen versus Wu. Streit und Streitschlichtung, Krieg und Frieden in der chinesischen Tradition und Gegenwart. Harmonie im Zeichen der Neuen Seidenstraße?, Vienna, 2016, pp. 216-259.

③ Guo Yingjie (Ed.), Cultural Nationalism in Contemporary China, New York 2009, pp. 17-113.

④ Li Yunlong, Qian Zhen, Confucian Culture and Human Rights Development, http：//www.chinahumanrights.org/html/2014/PAPERS_1030/986.html.

与人权"的北京人权论坛①上也出现了类似的声音。

陈顾在为北京大学《中外法学》撰写的一篇文章中，甚至以《窦娥冤》这部著名京剧作为"司法不公案例与儒家礼教"(第5期，2014年，第1250~1269页)的例子。但在剧中，是老天爷(对人权而言非常不可靠的保障)，而不是儒家判官为不幸的受害者寻求公正！

值得一提的是，2011年北京人权论坛上儒家人权观遭到了另一波学者的反对，他们在数量上与前者相当。董振华提醒观众认识到"儒家的专制统治"。霍桂桓强调："中国的文化传统对人权概念的引入和发展施加了最负面的影响。"李世安认为："古代中国的价值观不是'集体主义'价值观，而是由统治阶级掌控的。"其他很多参与论坛的学者都支持他们的观点。②

习近平主席对儒家智慧与中国辉煌历史的推崇可能会引导人们支持第一阵营，但时至今日，他也从未表态支持任何一方。

在我看来，进一步研究古代中国社会，也不可能证明人权确实存在过。

一些中国学者认为，在儒家思想统治下的中国，存在"集体主义人权"。③值得一提的是，尽管中国人评论欧洲人权是个人主义的，欧洲的自然法无法与中国的概念相联系而且亚洲人权是集体主义的，但这两种方法却没有太大差异。约翰尼斯·梅斯纳是一位伟大的奥地利学者，在其有关自然法的权威著作中，他声称，社会中个人与社会的互动产生了共同努力，因为个人努力的总和会远远落后于在集体框架下达成的努力。④ 因此，在这一问题上，我们不能追溯过往去寻求症结所在，而实际应像李世安所说的那样：古代中国的集体主义权利被统治阶级垄断了。

法国大革命的口号"自由、平等、博爱"并没有在儒家思想统治下的中国得到体现。统治者是全能的，没有任何方法能够抵抗并保护中国公民的地位。

女性和奴隶的境况则更加糟糕。孔子称，一族之长不应对女性和奴隶太宽容，否则他们会变得不恭逊。

秦始皇颁布法令，禁止寡妇再嫁。东汉班昭(45—117)在其撰写的《女诫》(对女性的劝告)中称赞董仲舒及其他儒家道德家⑤的歧视理论："妇不事夫，则义理堕阙。"⑥

北宋新儒学代表朱熹(960—1279)运用了最压抑女性的手段，积极倡导缠足。正是

---

① Xian Kailin, The historical Vicissitude of Chinese Human Rights Culture, http：//www. chinahumanrights. org/thml/2014/PAPERS_1028/961. html.

② Chen Zhengong, Ren Danhong (Ed), Cultural Traditions Values and Human Rights, Beijing 2012, pp. 44，65，289.

③ Sun Zhe, The New Theory of Human Rights (Chinese), Zhengshou 1992, pp. 123-127；Hu Yicheng, Guangming Daily 22. 5. 1989.

④ Johannes Messner, Das Naturrecht, 6th edition, Innsbruck-Wien-München, p. 157.

⑤ Paul Rakita Goldin, The Culture of Sex in Ancient China, Honolulu 2002, p. 109；Lisa Raphals, Sharing the Light Representations of Woman and Virtue in Early China, New York 1998, p. 123.

⑥ Goldin, p. 123.

他打造了压迫女性的铁网，也就是毛泽东在《对赵女士自杀的批评》一文中提及的三面铁网。①

对中国的哲学家而言，从第一个千年开始，奴隶制就是不言而喻的，而且在中国延续了很长时间。

尽管西方(维也纳会议 1814/1815)②废除并谴责奴隶贸易，但中国的奴隶制(童养媳)一直延续至 20 世纪上半叶，甚至在中华人民共和国成立后的十年内，农村还零星出现过几个案例。

上文已经引述了孔子有关奴隶的观点。哲学家杨朱嘲笑孔子太穷，连一个奴隶都没有。③ 唐代刑法和其后多个朝代的法典规定，谋逆的罪犯之子注定是国家的奴隶。直至 20 世纪前几十年甚至更晚些时候，父母还会将孩子卖入青楼或卖作童养媳。知名文人的家妓这样的奴隶虽因其主为其赋诗而被人欣羡，但同时，其主人也会像动物一般对待他们。众所周知，唐代多愁善感的诗人白居易用自己的一名家妓跟友人裴度换了一匹马。④ 正如孙中山所说的那样，中文里甚至没有一个合适的词来对应英文的 liberty(自由)。⑤

"这种思潮，在欧洲两三百年以前占很重要的地位。因为欧洲两三百年来的战争，差不多都是为争自由，所以欧美学者对于自由看得很重要，一般人民对于自由的意义也很有心得。但这个名词近来传进中国，只有一般学者曾用工夫去研究过的，才懂得什么叫做自由。至于普通民众，像在乡村或者街道上的人，如果我们对他们说'自由'，他们一定不懂得。所以中国人对于自由两个字，实在是完全没有心得。……自由的解释，简单言之，在一个团体中能够活动，来往自如，便是自由。因为中国没有这个名词，所以大家莫名其妙。但是我们有一种固有名词，是和自由相仿佛的，就是'放荡不羁'一句话。既然是放荡不羁，就是和散沙一样，各有很大的自由。"

孙中山认为法国大革命的三大原则应当为人民利益而不是个人利益服务。⑥

这正确反映了古代中国的情况。除了缺乏政治影响的道家学者，当时的哲学家和政治领袖并不推崇平等。孔子明确区分了受教育的人和百姓。前者运用道德统治，而后者

① Patricia Buckley Ebrey, Chu Hsi's Family Rituals, Princeton 1991, p. 48, Gerd Kaminski, Das Spiel von Wolken und Regen, Erotik im alten China, Vienna 2018, pp. 269-270.

② Michael Lysander Fremuth, Menschenrechte, Berlin 2015, p. 18.

③ Wolfgang Kubin, Lie Zi. Von der Kunst auf dem Wind zu reiten, Freiburg 1917, pp. 153-182.

④ Yao Ping, The Status of Pleasure: Curtesan and Literati Connections in Tang China, Journal of Women's History, Vol. 14, No. 2, 2002, p. 34.

⑤ Sun Yatsen, San Min Chu Yi. The Three Principles of the People, Shanghai 1928, pp. 190-192. 中国革命者探索西方自由概念的困难同样反映在中国重要的革命者严复翻译约翰·斯图尔特·密尔《论自由》一文的过程之中。黄克武证实，"严复误解了密尔自由限度的思想。他没有完全理解密尔有关个人自由'最为自由的限度'的思想，可能因为他关注的是限制自由的因素"。Ko-wu Huang, The Meaning of Freedom. Yanfu and the Origins of Chinese Liberalism, Hong Kong 2008, p. 154.

⑥ Sun Yatsen, pp. 189-190.

运用惩罚统治。未受教育的民众必须顺从统治阶级，就像草必须向风低头一样。从家庭成员间的关系到君臣关系，古代中国是按照不同等级来引导的。即便是公元前771—公元前221年存在的诸侯各国及其代表，也分为不同的等级。[1] 这些等级结构及随之产生的观点一直延续至中国君主制的消亡。它与当代代中国学者的观点相反，当代中国学者认为："平等权利对于个人境况和中国社会的和谐局面而言具有重要价值和意义。"[2] "在世纪之交，重新审视并总结中国人权发展的历史和取得的成就，对于我们的平等权利和整体人权在新世纪的发展具有重要的意义。"[3] "平等权是公民的一项重要权利；它在各国宪法中都占据着重要位置。"[4] 中国学者还指出了平等权与发展权之间的重要关系。这一方法倡导并形成了一种新秩序。[5]

中国学者为促进全民获得平等权利的奉献是发展的成果，这些发展可以追溯到20世纪下半叶和21世纪初。即便是中华民国国父、极少称颂儒家思想的孙中山先生，也不认为人是平等的，这一点有其三民主义一书中的图片为证。书中将民众从上到下划分为"先知先觉"、"不知不觉"和最末的"后知后觉"的人。"[6]

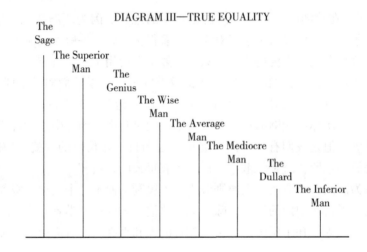

DIAGRAM III—TRUE EQUALITY

古代中国没有对博爱的培养，而这一情感则是法国大革命的一种理想。兄弟间关系

---

① Gerd Kaminski, Chinas Völkerrecht und Außenpolitik: Historische Grundlagen, Vienna 1972, pp. 54-56.

② Song Ruilan, Discussion of Equal Rights before Law and their values, Journal of Hubei University of Science and Technology, Vol. 33, No. 6, June 2013, p. 1.

③ Wang Xiaomin, The Development and Achievement of Equal Rights in China, Journal of Southwest University, for Nationalities, Philosophy and Social Sciences, Vol 22, No 11, Nov. 2001, p. 1.

④ Ji Rui, Discussion on Citizen's Equal Rights in the Chinese Constitution, Journal of Anhui Vocational College of Metallurgy and Technology, Vol. 14, No4, 2004, p. 1.

⑤ Wang Xigen, Study on the Legal Protection System of the Equal Right to Development, Beijing 2008.

⑥ Sun Yatsen, p. 221.

是五种儒家家庭等级结构中规定的一种。一些反政府团体会以兄弟关系的形式来组织，例如东汉黄巾军、清朝白莲教，类似的还有清朝和民国时期哥老会(兄长会)都是严格按照上级命令下级服从的成员形式组织起来的。墨翟是中国唯一承认兄弟情谊可以通过功利主义意义上的"兼爱"来渗透到民众之中的哲学家。然而，我们在他的体系中，再次遇到了中国根深蒂固的上下级原则：墨翟称："国君的主要任务是监察人人民的行动，奖赏那些实行兼爱的人、惩罚那些不实行兼爱的人……上之所是必是之。"①

最后，值得一提的是，最基本的人权——生存权从1991②年起就一直置于《中国人权白皮书》第一位，而这一权利在旧时代的中国是完全被漠视的。这一点可以从儒家《二十四孝》中找到重要例证。书中讲到汉朝一位父亲在灾荒时，为了给母亲省下更多的口粮，试图活埋自己的儿子而被赞颂为孝子。③鲁迅讽刺地评论称，这名父亲为自己的父亲未有这样孝顺而感到安心。④

在古代中国，孩童和妻子必须绝对服从家族里的长辈，一旦不顺其意就会冒着危及生命的风险。公元前771年取得独立的诸侯国间立下第一批协约，其中一份在最开头写道："不服从的孩童将被杀死!"⑤

只要孩童或妻子不愿从其意愿，公婆、丈夫，就连叔伯姨母都可以虐待他们甚至夺其性命。⑥

这情形堪比奴隶的苦难境地。

过去，被卖身为奴或卖作童养媳的孩子也是蓄意杀人的受害者。卖身契包含这样一条：孩子身上发生任何事皆为天意，与父母无关。⑦

即便中国古代帝王也对此表示关切。康熙在1720年的一条政令里抱怨称："确实有几个主子虐待奴隶。他们禁止奴隶与妻子生活在一起，奸淫奴隶的妻女。"⑧

正如习近平主席常说的那样，中国拥有辉煌的历史，中国人民享有数千年中华文明的果实。然而，就人权而言，这些果实却是苦涩的。

(译者：王晶晶)

---

① Feng Youlan, A short Story of Chinese Philosophy, New York 1962, pp. 58-59.

② Presseamt des Staatsrates der Volksrepublik China, Beijing 1991, p. 1. Für jedes Land und alle Nationen ist das erste Menschenrecht das Recht auf Leben.

③ Illustrated edition from the 19th century.

④ Kam Louie, Critiques of Confucius in Contemporary China, Hong Kong 1980, pp. 7-8.

⑤ Gerd Kaminski, Chinas Völkerrecht und Außenpolitik: historische Grundlagen, Vienna 1972, p. 79.

⑥ Gerd Kaminski, Jugend-und Menschenrechte in China, Gerd Kaminski (ed.), Harmonie und Menschenrechte in China, Vienna 2008, pp. 154-166.

⑦ Key to the Tzu Erh Chi, Vol. 1, London 1868, pp. 90-91;„Deed, Sell of a slave", „If she fall sick or die young, it will be hold to be the will of heaven."

⑧ Joseph Stöcklein (Ed.), "Decree that the masters should not treat their slaves cruelly", Weltblatt, Vol. 5, No 189, Augsburg/Graz 1726, p. 13.

# 中欧正义观

Wolfgang Mazal（沃尔夫冈·马扎尔）*

**摘　要**：正义不仅仅是一种幻觉，因为人们仍在谈论和追求它。本文从中国和欧洲文化和历史中的"正义"一词的含义、历史和起源着手，对早期中国的正义思想展开分析，比较欧洲思想家对正义的思考以及 18 世纪以来欧洲正义原则的发展，从而使我们可能更接近于"什么是正义"这个问题的答案，并且理解正义在人权中的意义。

**关键词**：正义；人权；中国传统正义观；欧洲正义观

> 噢，上帝，你不打算给我买辆梅赛德斯-奔驰吗？
>
> （詹尼斯·乔普林，1971 年）

我们谈论正义时，究竟在谈论什么？尤其是当我们不能用母语讲，必须同时用多种外语来表达正义的时候。英语中的"justice"来源于拉丁语的"iustitia"，这个词直到公元 12 世纪才出现。拉丁词"ius"暗含在这两种语言中，现在的意思是"法律"。德语的说法是"Gerechtigkeit"，它的词根"gireht"自公元 8 世纪以来就有"正确"的意思。在现代汉语中，我们把这个词命名为"正义"。第一个字"正"的意思是"正确"，第二个字"义"在中国历史传统中是非常重要的品德。

## I

中国的情况比我上面总结的要复杂得多。接下来，让我们先来了解一下词源学。我们上面提到的汉字"义"最早是以甲骨文的形式出现的，上半部分像只羊，下半部分像个武器。所以我们可以看出，这两个图像结合起来象征着古人在先祖庙中杀羊祭祀祖先的传统，封建统治结束（1911）之前，这个传统在北京很流行。在这个意义上，汉字"义"就象征着后人在祭祀祖先时要心存敬畏、表现得体，完成应尽的责任，这份责任就相当于现代伦理所说的"正义"。如果我站在正义的一边，即使要杀生，做的也是"正确"的事情。直到汉朝时期，也就是公元前 206 年，血腥的复仇才开始得到惩罚。这就是字面意义上"义"的意思。从抽象意义上讲，"义"指的是宗庙里的君子之德。

---

* 德国波恩大学教授。感谢北京大学王锦民，华东师范大学臧克和和张穗子提供观点和材料。

"Justice"在现代汉语中的意思就是"正义"，其实这个一点也不现代。这个表达早在汉朝时期就已经出现了，但是早期的含义和现在的不同。它不像欧洲国家理解的那种"公平"和"合理"，更像是"遵纪守法"的意思。在中国古代哲学中，"正义"这个词的意思并不是一成不变的，没有定论。自汉朝时期，这个词就有三种意思，分别是诚实、正确、公正。

让我们回到单个字的意思上来。通常来说，"义"字在中国古代通常与"仁"字一起出现，它们可以分开单个来说，也可以合起来说"仁义"。有一次中国第一位儒家学者孟子(约公元前372—前289)遇到了一个官员，① 官员问他会不会给自己带来许多"利"。(参看第一章开头)。儒学大家孟子给了这个达官显贵一个比较长的答案，其中"仁"和"义"是回答的核心。这个官员不应该追逐名利，而应该追求仁和义。这些概念象征着中国古代的封建秩序。据瑞士汉学家高斯曼(Gassman)所说，家族关系决定了皇室宗族的结构。他们的价值观塑造了贵族社会。如果不把这个考虑进去的话，就会造成误解或者误读。

作为古汉语专业的学生，我们常把"仁"翻译为德语的"Mitmenschlichkeit"(人性)，把"义"翻译为"Rechtlichkeit"(正直)。我们把它们看作是战国时期(公元前475—前221)社会各个方面普遍的价值观。因此，我们对于"汉语"的理解渐渐模糊了。汉字"人"在我们的理解上是"Mensch"，但是经过了50年的汉语研究和40年的翻译工作，我对于这个只有两划的字是否等同于"Mensch"产生了疑惑。现在，我们回到了我在文章一开头就提到的问题。我们究竟在谈论什么？当我们把"人"翻译为英语时还是"Mensch"的意思吗？首先，我想把这个字理解为"man"(男人)，但是"man"又不包括"women"(女人)？在德语中我们就没有这个问题，因为德语"Mensch"包括男人，女人和孩童，而英语的"man"却不一定包含后两者。为了避免女权主义者的批评，使用诸如"human being"或者"people"这样的表达则会让我们陷入更复杂的问题。

这是我们为探讨"正义"，在通过德语将汉语翻译为英语时所遇到的第一个困难。在中国古代，女性被真正看作是人了吗？去年，我在汕头大学的一个学生对我说，在他的家乡仍然有男性不把女性当作人。只有男性才是真正的人。在中国的一些地区，女性看起来并未被平等看待。

我们所要面对的第二个问题是汉字"人"，这个字本身的实质意义。一开始这个字的意思就是"man"吗？Gassmann说只有贵族或者身居高位的人才被看作是人，因为他们是统治部落或家族的领导者。在他们和下属官员之间最重要的价值体系就是仁和义。汉字"仁"看起来就是一个人在左边，右边的两条横则象征着与左边的人交谈的另外两个人，可能是两个对组，或者一个统治者和他的下属，但是极有可能是同一宗族的两个身居高位的家庭成员。相对于义来说仁到底意味着什么呢？我们瑞士的同事将仁解释为遗憾、同情和怜惜：例如，一个人必须需要赡养父母。人"权"在这个意义上是家"权"。

---

① Robert H. Gassmann：Menzius. Eine kritische Rekonstruktion mit kommentierter Neuübersetzung. Bd. 3 Anhänge. Berlin/Bosten：de Gruyter 2016.

然而，在孟子看来，这个意义还要延伸到其他宗族(民)。那么"义"呢？它指的是在与他人交流时合宜的态度和应有的尊重。它对应的是以长辈、统治者和贵族为代表的"社会"。我们可以把它翻译为两句常用的标语，但不是现代意义上的：一是对自己家族的"仁义"；二是对外界的"仁义"。因此，"仁"和家族联系在一起，"义"和一个人的职位、职业生涯等有关。

# II

为了实现正义，我们难道真能做到现在这些标语所鼓励的那样吗？去追逐自己真正想要的东西？如果人人都想要一辆奔驰呢，这样下订单之后一年才能取到车了？但是如果由于某种原有的人不想等这么长时间呢？我几年前来到北京看到机场的一个广告(可能是卖汽车的)上面写着"永不知足"，你们若看到会作何反应呢？在我看来，我们虽然学了不少，但还是要继续学习孔子(公元前551—前479)所说的知足，你必须要知道何为知足。但即使现在的中国，还有一些腐败党员在家里藏了数亿元的资产。为什么？或者他们想要大肆炫耀一下自己有多少房子、多大后宫。他们除了让自己的情妇在房里等他们外没有什么别的事情要做了吗？钱能买来正义吗？

人类是不知足的，永远不会。每个人都想要更多，但是现有的资源不允许每个人都得到足够多的东西。甚至从保加利亚到柏林的那些乞丐也要靠卖在街上捡的空瓶子来维持生活。为了回家，他们也想要更多的瓶子。这是国门开放所给予他们的正义吗？

维也纳宪法和国际法专家汉斯·凯尔森(1881—1973)曾经在他最具影响力的一本小册子中问了这个问题"什么是正义？"①(1953)。他的回答是：正义即幸福，但是他又问道："什么是幸福？"。他的回答是：幸福即爱。然而，爱也可能是可以转化为他人的不幸：她及时得到了一辆奔驰，而他则没有，因此他就不能娶他爱慕已久的这个女孩了。

凯尔森是一个非常严谨的思想家。他警示我们不要企求从正义中得到太多。他说任何正义都是相对的，而非绝对的。1968年那场学生运动和女权运动都是因为期望过高而失败的。他们的标语是"我们要得到一切，现在就要"。自1979年和1992年以来，中国再次成为模范。2019年6月，我在北京外国语大学写下这篇文章。我的办公室对面就是西山。同时，我也可以看见香山脚下的高楼大厦。建筑工人们在那里日日夜夜地工作，我每天凌晨四五点开始工作的时候都可以看见他们，那里的灯光照亮了我黑暗的办公室。

我们会议也谈及了中国成为未来人类发展的模范的问题。这就是为什么我需要回顾一下习近平主席的声明。他在不久前说到，他将带领中国人民实现幸福、走向繁荣富强。看来正义的确和幸福有关。然而奇怪的是，我在教授"幸福的历史"这门课时，走进教室，北外没有一个学生来上课。所以我就感觉我的学生可能已经得到幸福了，他们

---

① Hans Kelsen：Was ist Gerechtigkeit? Stuttgart：Reclam 2017.

也许这样问过自己，所以没有必要去听"幸福的历史"这门课了。

对于正义的看法都是有一定的历史背景的，历史悠久且充满变动。在我看来，早期中国的正义思想是以宗族和社会秩序为基础的，具有非常现实的意义。在某些方面，我们可以将它与罗马 do ut des 或者德国"Wie du mir, so ich dir"（人人为我，我为人人）的思想相提并论。这些人生观与日本"giri"或者现代中国"关系"的概念有相似之处：我过去为你做了什么，你就要在将来回报我什么。文化大革命期间，这种现实的人生态度得到了更具体的体现。当说起"旧社会"时，我们留学生经常听到的是：我们中国人那个时候吃不饱穿不暖。即使现在，对于中国官员来说解决粮食问题仍然是实现正义的一个主要因素。他们一直主张吃饱穿暖是一项人权，如果这个都保障不了的话，还怎么去实现正义？中国每天大约有 3 亿人仍然没有解决温饱问题。对于他们来说，正义就是足够的面包和米饭。

# III

如果我们这样评判中国的正义历史，似乎除了祭祀祖先外，这个话题下就没有什么宗教的痕迹了。然而，欧洲的情况则不太一样。[1] 欧洲的正义来源有一定的神圣性。因此，就像汉斯·凯尔森所说的那样，有很多种不同的正义和不公。

在古希腊神话中，"法律/正义"（dike δικη）是个女神。这个抽象的概念隐含了宗教、政治和种族意味，它象征着一种神圣的世界准则。后来就创造了 dikaiosyne（δικαιοσύνη）来代表正义。那是在荷马使用形容词"dikaios（just δικαιος）"之后的事情。尽管这些词始终保留着它的宗教意味，但是已经有了一种新的理解，正义成为了一种美德。这在柏拉图（ca. 428—ca. 348）的作品中表现得尤为明显，他将正义看作是人类四项基本美德中最重要的美德。

我们主题的形而上学背景也可以在《旧约》中找到。犹太人的神 Jahve 与他的"子民"结成同盟。作为正义的人，他颁布了"法律"，并将履行他的诺言，愿迎来救世主（Heil），把犹太人从埃及救出来。因此，在犹太教看来，任何一种正义都可以在 Jahve 的理念中找到本源。

柏拉图一生对正义这个话题的研究都饶有兴趣，归根结底，是对真善美的追求，也是对据说和正义等同的绝对的善的追求。虽然他把正义当作美德仍然是形而上学的，在他看来，绝对的善是一种我们只能在某种神秘的体验中理解的想法，因为它不是来自这个世界本身的。这样看来，正义是上帝的秘密，只有少数人才有权解读。

抑或是亚里士多德所说的美德，抑或是斯多亚所讲的世界奇观，正义好像的确是一个永远无法被解开的谜。因此，在古希腊哲学的部分影响下，汉斯·凯尔森在文章开头这样评价他的发现：

---

[1] For this see Joachim Ritter and... (Eds.) Historisches Wörterbuch der Philosophie. Darmstadt：Wissenschaftliche Buchgesellschaft 1974, Bd. 3, pp. 329-338.

没有其他任何问题能像正义这个话题一样被如此热切地探讨，没有任何其他问题值得古往今来的学者倾心钻研，没有任何其他问题能让柏拉图、康德等最负盛名的思想家苦苦沉思。然而这个问题没有答案。也许是因为这就是那种我们的智慧无法企及的问题之一，我们永远找不到问题的真正答案，只能不断尝试着去问更好的问题。（Tr. W. K.）

也许正是正义暗含的形而上学和宗教意味妨碍了我们维也纳思想家得出最终合理的结论。这是上帝对我们的爱，也是我们对上帝的爱。有了爱我们人类才能平等相处，和他人一同分享生命所赐予我们的宝贵财富。从基督教的观点看，正义是上帝的正义。我们的任务在马丁路德金（1483—1546）看来是 *iustitia evangelica*（布道正义），而不是 *iustitia civilis*（民事审判）。因为正义是上帝的正义，所以任何一种正义都是 misericordia（托马斯·阿奎那，1225—1274），在英语里的意思是怜悯、慈善或者同情。而戈特弗里德·威廉·莱布尼茨（1646—1716）将正义提升到了 *iustitia universalis*（普世正义）和 *caritas sapientis*（理性慈善）的高度。于是，上帝的慈善和人类的慈善就统一起来了，正义因而成为世界秩序的根基。

也许可以再次把孟子的观点引入我们的讨论中，他说人性本善，看到一个小孩快要掉入一口井时，大家都会感到伤心。尽管我们的儒学大师并不信仰任何宗教或者形而上学的理论，但他特别重视人类的怜悯，从他的一句名言我们可以更全面地理解他的观点：*caritas*（慈善）这个概念对于基督教来说非常重要。的确如此，但是"怜悯"或许是在叔本华（1788—1860）之后才作为一个真正的话题开始被系统探讨的。因此，我们可以说在"义"这个道德准则的影响下，孟子是"怜悯"这个话题的开创者，对于20世纪现在德国思想产生了重要作用。

# IV

随着18世纪末现代化的到来，正义原则在进入世俗化欧洲的过程中失去了形而上学的意义。这要么是康德的范畴学 *status civilis*（公民国家）问题，要么是平等分配问题（Proudhon，马克思），或者是国有化问题（社会化：恩格斯），或是对无阶级社会的要求所决定的问题（布洛赫）。汉斯·凯尔森批评这种思想是一种空想，甚至康德的"黄金法则"也被认为是"空洞的"，因为它的条件是开放的，任何一种社会都可以加以利用。

虽然我们维也纳思想家不承认绝对正义，但他承认相对正义。他在文末这样写道：

文章开头我就提出了一个问题：什么是正义？现在快要写完时我意识到我其实没有回答这个问题，我只能对此表示抱歉，因为我在这方面和柏拉图和康德一样（都没回答）。如果我让我的读者觉得我会在最伟大的思想家都失败的地方取得成功，那就太傲慢了。事实上，我不知道也不能说什么是正义，绝对正义，这个人类美好的梦想。我必须满足于相对正义的想法。我能说的只是正义对我意味着什么。科学是我的职业，也是我生命中最重要的事情，因此，正义是一种正义，在这种正义下，科学以及随之而来的真理和诚实才能蓬勃发展。它是自由的正义，和平的正义，民主的正义，宽容的正义。（TR. W. K.）

汉斯·凯尔森逝世后出版了《幻想正义》(*The Illusion of Justice*)（1985）一书。如果正义真的是一种幻想，为什么要研究并在会议上讨论它呢？美国哲学家迈克尔·桑德尔（b. 1953）给出了一个实际的答案。在他详实精彩的畅销书《正义》（2009）中-德文译本（2013）①加了一个德文副标题"我们如何做正确的事情"。在书中，他详细叙述了许多似乎不可能实现绝对正义的例子，但他仍然保持乐观：一个人必须表现得像个公民，以一种道德的方式行事，关注公共礼仪。对我来说，这似乎是一种新的乌托邦。

现在，我们必须面对各种社会乱象。在政治正确性②盛行的今天，许多人认为自己不仅是社会不公正的受害者，③而且是语言的受害者。④每当有人被冒犯或感到被冒犯时，在大多数情况下那个所谓的罪犯必须通过社交媒体道歉。⑤因此，正义变成了个人的正义，变成了一种不能容忍多样性的正义。另一方面，新媒体用户可以因为某事人肉找到一个人，这在英式德语中被称为"狗屎风暴"。那些与众不同的、说话和思考的方式不符合主流的人很快就会成为大众媒体的牺牲品。如果是这样的话，这个"可疑"的人就没有多大解释的权利。因此，有些人将这称之为网络空间第三次世界大战。我不想在这个问题上讨论太深，因为有很多优秀的书籍，上面讲了很多我无法超越的深刻理论。

所以，在论述结束时，回到文章开头，提出这样一个问题：除了孟子外，还有谁能帮助我们更好地理解中国传统的正义观呢？波鸿大学汉学家罗哲海（b. 1950）在墨子（公元前470—前391）和荀子（公元前298？—前238?）的思想经典和《孝经》中看到了至少四个可以与欧洲思想相媲美的例子。⑥

我们现在要面对的问题是他并没有考虑我上面一直在讨论的名词，比如"义"和"正义"。他的出发点是"诚"，他将此翻译为 *Gerechtigkei*t（正义）。他的德国同时有着完全

---

① Gerechtigkeit. Aus dem Amerikanischen von Helmut Reuter. Berlin：Ullstein. 5. Auflage 2017.

② See the excellent edition of Maria and Michael Dippelreiter（Eds.）：Politische Korrektheit. Der lange Weg vom Postulat zur Performanz. 12 Beiträge. Klagenfurt：Wieser 2017.

③ For the history of "victim" see Svenja Goltermann：Opfer. Die Wahrnehmung von Krieg und Gewalt in der Moderne. Frankfurt：Fischer 2017.

④ See the suberb study of Robert Pfaller：Erwachsenensprache. Über ihr Verschwinden aus Politik und Kultur. Frankfurt：Fischer. 3. Auflage 2018.

⑤ See the German philosopher Hermann Lübbe：Ich entschuldige mich. Das neue politische Bußritual. Berlin：Siedler 2001.

⑥ Cf. his review of Rolf Trauzettels article "Individuum und Heteronomie", in：DCG Mitteilungsblatt 53（1/2009），p. 78.

不同的理解。后来的翁有礼(1930—2006)将这个汉字定义为"Erfülltsein"(大成)，①，赫尔曼·柯斯妥(† 1978)将它定义为 Treue(忠诚)，② 而我将它定义为 Redlichkeit(诚实)。③

　　要在这里讨论有关翻译的所有问题将是另一个非常困难的任务。它将花费很长时间，需要写一篇新论文以便得出有意义的结论。所以让我们用汉斯·凯尔森的话总结一下吧，那就是：正义终究是一个问题。

（译者：鲁弥弥）

---

① Ulrich Unger：Grundbegriffe der altchinesischen Philosophie. Ein Wörterbuch für die klassische Periode. Darmstadt：Wissenschaftliche Buchgesellschaft 2000, p. 5.

② Hermann Köster (Tr.)：Hsün-Tzu ［i. e. Xun Zi］. Kaldenkirchen：Steyler Verlag 1967, pp. 372-374.

③ Wolfgang Kubin：Xun Zi. Die Bildung des Menschen. Freiburg：Herder 2015, p. 83. Cf. also Wolfgang Kubin：Das große Lernen. Maß und Mitte. Der Klassiker der Pietät. Freiburg：Herder 2014, p. 83 (Xiao Jing 15).

# 印度的人权之殇

Ramachandra Byrappa（拉玛钱德拉·伯拉帕）*

**摘　要：**当我们谈论权利时，一般而言，进入我们脑海的是一种有形而又可实现的具体事物。我们会下意识地认为这些权利的实现或保证没有丝毫的障碍。然而，对于抱有此种想法的人而言，这样的假设是一种可望而不及的幻想，尤其是那些在经济、政治或社会方面的弱势群体，权利的实现对于他们而言更是犹如空中楼阁镜花水月。因此，很多人认为界定人权的法学家们过于学究而忽略实际，是一种"书呆子思想"的产物，是统治阶级对逆来顺受的社会大众的一种馈赠。我不同意这种看法，我认为应从实证主义层面去考察人权的诸多问题。

**关键词：**人权保护；观念；权利；义务

"在我们国家，"爱丽丝仍然有点气喘，"如果像刚才那样竭尽全力地跑上一段时间，肯定会跑到另外一个很远的地方"。

"你们的国家肯定是个运行得很慢的国家！"皇后说道，"在我们国家，如果你要维持在原来的位置，你必须很快地跑；如果你想要突破现状，就要以两倍于现在的速度去跑"。

路易斯·卡罗尔-爱丽丝镜中奇遇①

## 一、关于 2019 年 6 月 21 日维也纳人权会议的一些感想

根据人权的定义我们可知：这是一种因其为人而应享有的权利，因此本质在于所有人都应享有，即人权具有普适性。我认为此次参会者对人权的研究方向作出了很大贡献，每个人都试图从独特的角度理解人权。这并不矛盾，因为面对这一难题，我们每个人都试图给出自己的答案。我对我的中国同事们在理解人权问题，以及对 21 世纪人权方面的挑战寻求切实可行的解决方案而付出的努力表示赞赏。对于人权问题的研究可能

---

\* 匈牙利布达佩斯大学教授。

① Lewis Caroll：Through the Looking Glass-And what Alice found there，Rand McNally and Company，Chicago，1917，p. 39.

有不同的侧重点，但是应当聚焦于人权机制在实施和依法执行方面究竟面临何种限制。我认为，世界各地的人们经常处于我所说的"零权利环境（Zero Rights Environment）"之中。我想提醒与会人员，无论是在国家层面还是在国际层面，或是在学术研究方面和政策设计方面，都应更加重视微观层面或当地环境下的个人对于人权保护的诉求。

与权利和人权的吸收论相反，我将采取创造论的方法来证明我的观点。从人权性质和保护范围来看，这些权利在提出时所创设的实现机制和捍卫功能并不能立即实现人权主体的目的和需求。这也是西方认为人权问题符合其政治目的的主要原因之一。为了全面公正地看待人权问题，我将使用印度的人权概念来探究为何在印度文明中没有滋生权利和人权的土壤，并且为何当地社会在人权和权利的发展中发挥了关键作用。在这里，我们可以看到国家方法与文明方法之间的区别。国家方法认为权利的提供者来源于具有统治地位的中央实体。相反，文明方法的观点认为权力应该分散，在权利的秩序建构和执行方面应该具有更大的自治权。这意味着人权的定义，阐述和实施并不具有等级划分，并且是针对个人需求及其当地社会环境而言的。但这并非是自然而然的，这种自治有一个前提。人的尊严是一个先决条件，在这个条件下，个人可以减损、谈判和创造自己的在日常生活中切实可行的人权；这无须外部力量或统治阶级的保护。在国家方法被提出之前，虽然西方和世界其他地区在各自的文明制度中对尊严的认知有着不同的传统，但依然存在着某种普适性。我认为，人权辩论的核心问题在于我们需要在恢复人的尊严这一层面付出更多努力。人的尊严方法认为人的身体完整性不受侵犯应该受到国家的保护。

目前人权都已通过种种形式受到世界各地宪法的保护，虽然各自的定义和保护方面有所不同，因此，人权的保护不仅受到国家层面的宪法的捍卫，而且受到联合国《世界人权宣言》（1948 年）的保护。但这并不能阻止大规模的侵害人权行为的出现。在个人层面上，大多数人面对其公民权利受到侵犯时都无能为力，更不用说人权的保护了。有时候，人权机构每天都会受到数起人权侵犯的投诉。正如在某些国家（例如印度）一样，展开诉讼程序所需的平均时间为七年或七年以上。2017 年，《金融快报》报道印度有3400 万宗待决案件："法律委员会在 2009 年的一份报告中引用了德里高等法院的一项意见，即以目前的法官人数来审理解决这些案件将需要 464 年。"[1]如果鼓励他们将侵犯人权的案件提交法院，那么等待审讯开始的年数可以增加很多倍。在个人层面上，问题在于切实存在的人权却在现实中没有可执行性。我们在很长一段时间内对权利的保护和实现抱有不切实际的幻想，当面临权利需要保护的情形时，我们反而变得力不从心无从招架。

综上所述，人们在寻求权利救济时应该考虑：如何实现或重新定义这些权利，或者重新以一种更利于保护权利主体的方式重新规定这些权利。首先，必须明确人权和人的尊严的概念以及重新给出具体的定义。我认为，我们不应将所有内容都放置于人权的保

---

① The Financial Express：Pending cases in judiciary, The Financial Express online, April 3, 2017.

护下，然后使国家成为这些问题的唯一责任主体。其次，我们必须考量人权和人类尊严的方法是否能正确的指引我们保护人类免受各种虐待伤害。人的尊严方法认为国家应保证个人的身体完整性。当今世界普遍面临的问题是，国家没有履行这一职能，相反，有时候它们是罪魁祸首。再次，我们必须看到的是，因为过多地关注法治下的权利保护，却忽视了社会制度和传统在这一层面发挥的作用。在现代的国家体系下，国家是人的尊严的最终保护者。当国家侵犯权利主体的合法利益时，他们会面临"人为刀俎我为鱼肉"的危险境地。这是人类的悲剧，也是当今世界普遍存在的现象。我们必须从根本上解决上述问题。权力滥用意味着没有约束，无论是针对当地社会的成员还是当地社会之外的成员。在这种情况下，文化中的克制的成分以及服从的传统反而似乎成了人权和尊严受到保护的最佳手段。有人认为，民主或许是一个解决之道，通过实行民主，理论的权利可以在现实中切实地收到保护。但是，我们假设在世界范围内民主不带有地域偏见以及具有统一的本质和意义，从这点上看，印度和整个南亚在民主方面远远落后于西方文明。弥补这种差距和定义人权一样重要，因为仅在印度，每天就有很多人遭受虐待，权利剥夺和歧视。

## 二、当前关于人权问题的争论以及印度的人权保护状况

当前的人权机制及其普适性面临着越来越多的挑战，原因有三。首先，随着亚洲国家经济实力的增长，它们将要求对现有的人权制度作出调整或扩大目前人权的保护范围。其次，由于世界上两个最古老的文明正在快速发展，在 19 世纪和 20 世纪初遭受灾难性的挫折之后，它们无疑将对现有的世界人权制度进行重新评估。这必然引起对人权保护问题的争论。再次，亚洲是人口最多的地区，并且中国和印度的人口占据了绝大多数，从数量上讲，关于人权问题的探讨将成为该地区的头等大事。当历史上西方世界击败亚洲并对亚洲施行殖民统治时，亚洲被迫借用西方观念来解决自己的问题。今天，没有必要这样做了，亚洲国家有着千年历史的文明，可以以此来作为契机，重新架构适合本地区的人权保护制度。

在中国，基础设施的极大改善，就业机会的增多以及文明的传承，这些方面的努力提高了人民的生活质量，因此中国人民在人权侵犯的诉求上少了很多。虽然曾经的中国面临的饥饿和营养不良的困扰，但现在对于成千上万的中国人来说这些已经不再是问题。但与此同时，正是因为物质生活方面的进步，中产阶级在人权方面产生了新的有待解决的需求，从而使得人权问题的重点重新回到政治议程上。如今，在世界范围内中产阶级的需求和行为已被规范化或标准化，因此一个国家的中产阶级面临的需求和世界其他地区的中产阶级的需求大体相同。当一国的中产阶级看到他国和其具有相同地位的人受到的人权保护比自己要全面时，自己也会期待本国法律制定者给予同等程度的保护，这种内心的比较已经成为一种新的趋势。就中国的政策方针而言，鉴于其在全球范围内的经济地位，中国正处在一个微妙的局面。一方面，中国期待制定提出具有中国特色的人权保护机制，但同时又不能完全不借鉴西方世界人权体系的内容。同时中国认为自己

可以理解西方文明的优秀之处并能够建立一套和西方世界相媲美的人权机制。如果中国的价值观和道德体系和西方世界截然不同，为什么西方世界和中国保持着如此密切的经济交流？特别是在重要的基础设施方面。由于中国的巨大努力，技术的高度统一而改变了人类的认知。享有利用先进技术的个人和文化上落后的政治体系之间存在着体制层面的鸿沟。为了解决这个问题，中国正在全球范围内，特别是在欧洲，付出了大量智力层面的努力。至少就目前而言，中国正在寻求改变知识分子的人权态度，而不是与西方的人权模式对立，以便在人权体制中适当加入中国特色的成分。因此，我们可以看到，中国凭借其实践层面的丰富经验满足了人们的基本需求。中国为弥补与西方之间的鸿沟所作的巨大努力，对印度及其解决人权问题的方法有着直接和间接的影响，特别是在满足人民基本需求的方式上。

虽然表面上看印度具有议会民主，但其很长一段时间以来一直避免自己遭受世界人权的审查。由于尼赫鲁的领导力和言辞，印度像往常一样规避了世界的目光。即使是最保守的人权活动家也承认，中国在改善物质条件方面已经取得了长足进步，在某些方面与葡萄牙和西班牙相当。而且，这种不懈的努力并未减缓。这严重打击了印度精英对人权的自满情绪。从此，印度不再认为新生的民主与庞大的人口结合必将减缓发展，因为印度人均 GDP 不到中国人均 GDP 的五分之一。从技术上讲，印度民主是有效的：人们去投票，政府当选，但它不会产生选民所渴望的结果。值得注意的是，作为世界上最大的民主国家，印度政府现已成为最大的侵犯人权者。此外，它已成为所有形式的权力的最大滥用者，如果允许人们举报滥用行为，情况可能还会糟糕数倍。

1950 年，印度制定了一部新宪法，并在民主体制中坚定地确认了法治理论，当时这么做的原因是希望减少地区摩擦和冲突。在法律上赋予每个人发言权，这将有利于达成共识，这一举措反映出当时该国亟待解决的问题，并相信会促使印度向现代化的国家平稳过渡。可惜，该措施并未奏效，而且后来的实际情况相比以前更加恶化。印度陷于自由民主的缺陷与社群冲突的泥沼之中不可自拔。自由民主体制不但没有击败社群主义，反而成为它的受害者。

最近，尤尔根·哈贝马斯在这一点上有着深刻的见解。他在给斯坦福大学的学生致辞中说："自由主义和社群主义对基于每个人平等尊重和平等保护的原则有着不同的解释。自由主义应该倡导国家不应因为肤色或者其他方面的不同而对其人民差别对待。它赋予每个人平等的权利，使他们可以自由追求人人平等的机会，以获得个人发展，而不论他们是什么样的人以及他们与集体之间的身份的关系。社群主义当然也捍卫人权，但它把人权的保护权利让渡给国家，甚至要求国家承诺在必要时对权利的形成和维护方面做出干预。①"根据这种辩证法的制度安排，在这两种情况下，权利或人权的目的或最后的实现结果会有不同。随着印度国内民主的推行，每个人都希望它能摒弃社群主义和不平等的公共文化，并全心全意地接受法律面前平等的观念。不幸的是，现实是完全不

---

① Jürgen Habermas：Multiculturalism and the Liberal State, Stanford Law Review, Vol. 47, No. 5 (May, 1995), pp. 849-853, Published by：Stanford Law Review, pp. 849-850.

同的。

印度的民主越来越多地被赋予公共职能，因为该职能的发挥，暴力和虐待更容易映入公众的视野。自 1947 年以来，在不同时期，人权的含义不同。首先，我们经历了尼赫鲁时期，该时期通过关注城市中产阶级的需求而建立了一系列的人权制度，同时还保持了殖民地时期规则遗留的成分。在第二个时期，英迪拉·甘地（Indira Gandhi）试图通过全面的、历史上前所未有的努力来建立人权制度，以满足普通印度人的需求，尤其是在农村地区。在第三时期，她的儿子拉吉夫·甘地（Rajiv Gandhi）通过民主机构的下放来提高自治权，地方主权和自由，从而提高了人权的效力。就像他的母亲一样，他未有机会亲眼目睹这些政策的有效性，因为他在共产主义引起的动荡中被极端主义者暗杀。

## 三、印度国内人权保护三个时期的介绍

美国哲学家詹姆斯·帕特里克·格里芬为我们提供了一个理想的概念框架，用以分析印度的人权纪事。格里芬总结说，人权的实质最终可以归结为三个基本构成要素："所有人权都将归属于这三个总体类别中的一个或另一个：自治、福利和自由。①"这三个要素能够对应于印度在独立后其人权发展的三个时期。格里芬所声称的自治、福利、自由这一顺序很可能是当今印度人权消亡的顺序。这三个时期中的每个时期都有机会重新设定优先事项并加强人权问题，但是误判、意外死亡和对尊重人权的漠视意味着印度对于其大多数公民的而言已成为零权利区域。现在，我们来看对印度各个阶段人权状况进行详细评估。此处的目的不是要对权利滥用或特定侵权事件进行分类，而是要显示总体趋势以及在特定时期内人权问题如何演变，突出人权在发展中错失的良机和政策经过调整之后带来的弊端。

### （一）第一阶段：尼赫鲁时期（1947—1964）——观念与现实

当一个人思考尼赫鲁的执政时期时，会难以抑制心中的沮丧。一个拥有高度权威和如此敏锐的才智的人却无法为印度的未来制订可行的计划。恐怕在今天我们很难想象会让这样一位性格的人管理印度。一方面，不得不在这样一位巨人面前保持谦卑；但另一方面，也有人心怀蔑视，因为其天真地认为，如果没有这种自以为是的远见和指导，印度如今的情况会有好转。我们永远不知道到底是印度成就了尼赫鲁，还是尼赫鲁成就了印度。无论如何，印度都不具备建立一个全面的人权机制的理想条件。在我看来，就他的国内政策而言，他把重点搞错了。1958 年，在戴高乐当政时期，法国文化部长安德烈·马尔罗（Andre Malraux）拜访了尼赫鲁。他在 1967 年出版的回忆录中记录了以下内容：

"自独立以来，您最大的困难是什么？"我问他。

---

① James Griffin: On Human Rights, Oxford University Press, Oxford, 2008, p. 149.

他瞬间给出了回答，尽管在这之前他谈及印度的问题时像是在边思考边回答："我认为，以公正的方式建立一个公正的国家。"①

在印度结束英国的殖民统治后，尼赫鲁宣布印度将成为联邦制框架内的宪政民主国家，但与此同时，他也竭尽全力地加强中央政府的力量以及自己在该政治框架内不受挑战的权威。尽管据说他抨击宗教的消极方面，但他本人也获得了神一般的任意决定的权利。他要求安贝德卡博士阐述印度的新宪法并且把他解释得使人民充满希望。之后，他要么对宪法任意地修改，要么决定将其完全撒开。正如一位敏锐的观察家所说："但即使在这一'赋予人民权利的宪法'中，一些条款以一种或其他理由剥夺了所有基本权利的规定。②"尼赫鲁是印度在大英帝国体制下产生的代表性人物。贾夫勒洛特坚持认为："尽管尼赫鲁具有现代眼光，但他从未想过脱离印度的过去。③"贾夫勒洛特可能想到的是距今遥远的、神话般存在的印度，但我个人认为，尼赫鲁首先是一个帝国人，无论是英国人还是其他人。1947 年独立后，印度正在建立过程中，很多方面都百废待兴。继英国人之后，尼赫鲁可能是最大的帝国建设者之一。因此，宪法不适用于战区或被征服的地区，仍然只适用于和平地区。我同意统一是必要的，但是没人希望尼赫鲁以这种暴力方式实现统一。他设定了先例，开创了传统。正如查克拉巴蒂提醒我们的那样："在该国的某些地区，经常使用严厉的和殖民地时期的《动乱地区法》和《武装部队特别权力法》等，对于对黑人不再使用种族隔离时期法律的许诺，是一种莫大的讽刺。这方面的例子不胜枚举。④"关于尼赫鲁和其部下于 20 世纪 50 年代和 60 年代在印度某些地区使用武装部队的报道很少。在这些情况下，对人权或宪法权利只字未提，实际上是所有权利的中止。

自 2004 年国会政府成立以来，南亚问题专家克里斯托夫·贾夫勒在印度一家报纸上发表了一篇文章，称赞尼赫鲁为权利的创造者和捍卫者，部分内容如下：

"《1950 年宪法》受到尼赫鲁的强烈影响，在宪法第 25 条中向人民保证良心自由以及信仰、实践和传播宗教的自由权利。法律不承认宗教社区，而只承认信徒个体。这种将宗教视为私人事务的理想做法，意味国家作为现代化的倡导者，可以通过其能力减少宗教的影响范围。《印度法典》无疑是尼赫鲁在唯意志论方面的主要成就。⑤"

---

① André Malraux/Terence Kilmartin：Anti-Memoirs, Holt, Rinehart and Winston, New York, 1968, p. 143.

② Dipankar Chakrabarti：The Human Rights Movement in India：In Search of a Realistic Approach, Economic and Political Weekly, Vol. 46, No. 47（NOVEMBER 19, 2011）, pp. 33-40, Economic and Political Weekly, p. 35.

③ Christophe Jaffrelot：Hindu Nationalism, Princeton University Press, Princeton, 2007, p. 328.

④ Dipankar Chakrabarti：The Human Rights Movement in India：In Search of a Realistic Approach, Economic and Political Weekly, Vol. 46, No. 47（NOVEMBER 19, 2011）, pp. 33-40, Economic and Political Weekly, p. 35.

⑤ Christophe Jaffrelot：Nehru And The Hindu Code Bill, 08-August-2003, Outlook online, India.

很多人会不同意克里斯托弗·贾夫勒的观点。他在几个层面上分析得并不正确。首先，正如巴尔·拉姆·南达所说："重要的是，尽管他认为制定这些法律是他对国家做出的最大贡献，但他却以穆斯林社区尚未进行改革为由而将其排除在外①。"通过针对一个特定的群体制定或提供法律服务（民法上的权利），他大手一挥对宪法的作用置之不顾同时危害了印度境内人权的普适性和公正性。更重要的是，尼赫鲁将印度教徒视为一个落后的、需要国家干预的群体，因此，尼赫鲁使得一个基于宗教联合的群体与国家产生了对立。与贾夫勒洛特先生的观点相反，像圣雄甘地一样，尼赫鲁将宗教置于国家行动的中心。我们很难想象在法国颁布一部《天主教法典》会带来何种后果，也很难理解为什么这种举措在印度会成为可歌可泣的英雄事迹。不可避免的后果是印度教徒认为国家反对他们，因此他们应该将国家视为主要敌人。通过使穆斯林和基督教徒群体免受类似法律的侵扰，尼赫鲁为宗教和社区的紧张局势铺平了道路。对于人权而言，这是一场灾难。这产生的消极后果无法避免，因为有着宗教信仰的印度人认为国家和他们是对立的，因此他们应该把国家视为他们的敌人。尼赫鲁通过保护穆斯林和基督教群体不受类似法律的约束，点燃了宗教和社群之间紧张冲突的导火索。而在人权保护的层面，这是一场正在酝酿中的灾难。

一位专家认为，印度独立后在首任总理的治理下该国的人权状况可以总结如下："尼赫鲁的权利概念基于他的人生哲学，即个人要发挥关键核心作用。他非常强调人的个性、尊严及其在社会塑造中的作用。根据他的说辞，文明可能兴起或消失，国家可能因龙卷风的肆虐而不复存在，但是人们在他的千古的光辉和伟大中幸存下来。因此，他认为不要随意抛弃个人的合法利益，因为国家必须体现每个个体存在的意义。任何个人、组织或国家不得压迫他人。国家，社会和所有机构都是为"人"而存在，而非个人为了国家、社会和机构而存在。那是他的基本原则。②"我在某种程度上同意这一点，尼赫鲁面对无家可归的数以百万计的印度人或许爱莫能助，因此作为一种妥协的产物，在他的任期内减少了国家层面的行动。不干涉人民的日常生活成为他任职期间的首选政策。就像是在说：很遗憾，我虽不能提供很多物质性的帮助，但我可以保证不会侵犯你的基本自由。虽然社会上存在着许多分歧和歧视，但印度不会向这些侵犯人权的肇事者提供支持而使情况更加恶化。群众和尼赫鲁之间有一种默契，他会削弱或限制掠夺者的权力，使掠夺者不再像以前那样认为其具有特权可以任意侵犯他人权利。除此之外，再没有采取任何措施来改善群众的基本物质条件。

Dipankar Chakrabarti 对"为什么是什么都不做"提出了一个非常简单、直接且我认为具有道理的解释。他说，首先，近代以来，印度有关人权或任何种类权利的历史必须分为两个阶段：殖民时期和后殖民时期。其次，必须强调："印度的自由基本上是通过与

---

① B. R. Nanda：Jawaharlal Nehru-Rebel and Statesman, Oxford University Press, New Delhi, 1995, p. 309.

② Surender Kaur Goraya：Nehru as Champion of Human Rights, The Indian Journal of Political Science, Vol. 69, No. 4（OCT. -DEC., 2008）, pp. 869-878, Indian Political Science Association, p. 871.

帝国主义的妥协实现的，从而将权力移交给资产阶级，其依靠的是帝国主义与封建分子的联盟。结果，普通劳动者的人权根本得不到保障，以及其他人民所期望的权利也无法得到满足。①"这与中国发生的情况相去甚远。农民是铲除封建制度和驱逐西方和日本侵略者主要力量。所以当新的领导者上任时，国家行动自然以满足群众的自然福祉为中心。尽管尼赫鲁标榜自己是社会主义者或费边主义者，但他并不喜欢这样的国家。城市里受过教育的资产阶级才是他的主要支持者。一个努力全面贯彻落实福利政策的国家，即使资源匮乏，也会为更好地保护人权和其它基本权利奠定基础。

即使面临着国家福利缺失的困境，尼赫鲁在执政时期也不愿为群众创造就业机会并且增强其经济方面的能力，而是将精力集中在小规模的中产阶级上，中产阶级取代了英国成为印度资源的新特权。虽然尼赫鲁的话语让人倍感安慰，也经常指责群众彼此之间不够文明，但除此之外，他并未采取任何具体的实质性的措施来解决人权问题，而且也没有做出任何努力为未来的印度人权发展奠定基础。正如一本美国杂志的记者总结的那样："在新德里，每次他侃侃而谈时，举手投足之间都彰显着巨大的人格魅力，其言辞会让人觉得他的任务有多么艰巨，他成功的机会有多么渺茫。他努力把语言、种姓、习俗，以及他在英国哈罗公学和剑桥大学学到的议会民主制强加给当时还是百废待兴的印度。"②正如上文所说，我们不可否认尼赫鲁所能利用的资源有限，国内的混乱以及国际上的动荡局势限制了他预期目标的实现，从而对印度产生了直接的影响。他面对的政策选择是有限的，并且很难在一个令人满意的程度上长期维持。但是也有其他选择，这些选择不但花费甚小还能从长远角度为印度的人权发展奠定基础。从制度的层面分析，如果没有完善的法制和强大的公民社会的体制作为支撑，人权不可能存在。

尼赫鲁虽然使那些经常践踏人权的掠夺者陷入困境，但却给官僚政府的权利膨胀提供了契机，这会对人权的发展产生毁灭性的影响，且此种影响至今仍挥之不去。尼赫鲁必须把新获得的领土和殖民时期遗留的松散的社会政府结构问题进行融合，从而形成一个坚固的国家结构，这样它就不会因内部和外部的紧张局势而分裂。因为有被操控的危险，他不能直接依赖那些与大英帝国合作过的著名势力。他不能公开使用军队，因为这样他会被视为军事独裁者。尼赫鲁所做的是利用一系列和其权利相适应的措施："尼赫鲁的国家建构战略的主要部分有：（1）基于共识合意达成的宪法；（2）世俗主义；（3）议会民主制；（4）联邦制；（5）国家层面的语言重组计划；（6）民主权利分散到地方议会；（7）政党建设；（8）通过行政程序将中心权利渗透到周边范围。③"人们希望随着时间的推移，这些措施会奏效，但事实并非如此。在所有这些措施中，人们认为联邦程序

① Dipankar Chakrabarti：The Human Rights Movement in India：In Search of a Realistic Approach，Economic and Political Weekly，Vol. 46，No. 47（NOVEMBER 19，2011），pp. 33-40，Economic and Political Weekly，p. 35.

② Marquis Childs：Illusions and Reality，Daytona Beach Morning Journal-dec. 4，1962.

③ Ranbir Singh and Anupama Arya：Nehru's Strategy of National Integration，The Indian Journal of Political Science，Vol. 67，No. 4（OCT. -DEC.，2006），pp. 919-926，Indian Political Science Association，p. 920.

通过权力分散把足够的权力下放给地方机构，地方机构将对人权等问题给予适当的关注。正如一位专家所证实的那样："但尼赫鲁建立的联邦体系并未在国家一体化方面发挥应有的作用……①"从长期来看，尼赫鲁的举措并未实现应有的目的。

尼赫鲁成功地缔造了一个空前庞大的官僚政府体系。这就是为什么按比例来说，印度是世界上最大的人权侵害者。在经历了最残酷的殖民统治之后，许多人认为有必要废除殖民官僚制度重新开始："进行适当的环境发展，在这个环境下，行政机关发挥着改变的作用而不是维持先前的功能②。"众所周知，殖民地数量很少，这意味着殖民者依靠当地人"共同合作"来维系统治，从而对当地人民肆意剥削践踏。由于和殖民者沆瀣一气的地头蛇收入微薄，缺乏监督，腐败猖獗，导致人民遭受过度的身体的、心理的虐待。维持殖民统治还意味着保留英国人的原有结构，以及种族和种姓方面的偏见。婆罗门过度扩张十分危险，使得掠夺到了无法忍受的地步，同时对一个种姓和阶级的连续侵权行为视而不见。尼赫鲁非常清楚这一点，但他依然决定让它成为今天印度的支柱："他不同意那些想要废除殖民管理制度的人。他认为对殖民制度的维系不仅对亟需的稳定、紧张局势的控制以及解决冲突至关重要，而且对社会变革的作用也不容忽视。这就是尼赫鲁时代行政机构职权纵向和横向扩张的原因。这在某种程度上证明了在国家一体化方面存在失败，因为官僚机构不仅权利滥用滋生了腐败，而且还效率低下。③"尼赫鲁通过在国家内建立一个腐败的官僚主义体系和具有压迫性质的警察系统，有意无意地创造了一个侵犯人权行为普遍存在的超级结构。在尼赫鲁的治理下，人民可以保持名义上的自治，这对他有利，但他们失去了所有的经济自主权。实际上，尼赫鲁将村庄的公共财产国有化，并通过将新的民主结构与旧的封建制度里地主收租农民交租的结构结合起来，从而强化了封建结构。从长远看，这对支持人权的文化发展是有害的。

曾任法国文化部长的安德烈·马尔罗在1958年与尼赫鲁会面后得出这样的结论："他同情印度。他能体会印度的痛苦。但他希望看到这个国家会有一种独特的命运，致力于成为世界上具有良知的国度。④"回顾过去，现在却轮到印度人民同情尼赫鲁及其作为领导人和一名知识分子的巨大失败。就目前而言，印度的独特命运似乎是，几乎有15亿人经常受到有一百多万种不同方式的虐待，而尼赫鲁对此有着不可推卸的责任。

## （二）第二阶段：英迪拉·甘地——为完备的权利和义务制度雏形奠定基础

尼赫鲁应该在印度倡导和巩固人权。他拥有这样做的历史性机会和政治权力。他具有必要的才智和说服力。他可以通过获得政治官僚的支持来推动人权事业的发展。他可

---

① Ibid, p. 922.

② C. A. Perumal: Public Administration at the Cross-Roads, The Indian Journal of Political Science, Vol. 54, No. 3/4 (July-Dec. 1993), pp. 325-333, Indian Political Science Association, p. 327.

③ Ranbir Singh, op cit., p. 924.

④ André Malraux/Terence Kilmartin: Anti-Memoirs, Holt, Rinehart and Winston, New York, 1968, p. 141.

以在全国范围内达成共识。但可悲地是，他未能认清这一事实，虽然他处在一个对印度的人权事业发展关键而又有利的时刻，却未对人权的巩固和发展采取任何推动措施。这项工作留给了未来的领导者，但他们注定很难具有这些天时地利人和的特点。至少印度人和外国人不会像从前那般善意，即使在今天，我们看来尼赫鲁的功绩和荣誉也未达到如此的深度。这个人必须知道"尼赫鲁体系"在治理和政策优先性方面的弱点。这是一个长期生活在阴影中的孤独的女人，她有耐心和钢铁般坚强的毅力，一个真正关心和爱她的人民的女人，关爱广大的印度穷苦人民。最重要的是，她希望赋予"民主"这个词以物质意义。虽然这点早已被淡忘，甚至磨灭。她就是英迪拉·甘地，贾瓦哈拉尔·尼赫鲁的女儿，在精神上和政治上都和圣雄甘地有着不同。但是，尽管甘地和尼赫鲁与英国殖民压迫者进行了强有力的合作，尽管他们完全无视，有时甚至蔑视普通印度人，他们仍然被提升到近乎圣贤的地位。另一方面，英迪拉·甘地，正如我亲眼所见并从她的政策中受益，对印度和印度人民的贡献比其他任何一位总理都要大，也许以后的任何一位总理都将如此。她经常因为一些重点紧急事件的处理而被描绘成一个践踏人权的独裁者。然而，这只是为了人民大众的福祉而处理应对城市人和精英人群中的腐败分子的一种权宜之计。

对英迪拉·甘地而言，建立和保护一个完善的人权体系必须通过两种途径：社会变革和赋予穷人权力。这两个目标只有国家承诺并进行大刀阔斧的改革才能实现。尼赫鲁留给她的不但有1962年一场战争失败带来的国家耻辱，还有数亿的食不果腹的印度人民。一直以来，尼赫鲁都在积极捍卫自己的不结盟立场，但他一直在恳求那些美国人每年出售或援助印度数千万吨的小麦，虽然知道他们很不情愿。正如《印度时报》记者所述："尼赫鲁大谈自给自足。然而，他使印度严重依赖外国的慈善机构。[1]"当数百万人每天连一顿饱饭都吃不上的时候，谈论人权是一件无比奢侈的事情。在谈到英迪拉·甘地和她担任总理期间的举措时，一位评论员这样说："英迪拉·甘地既不是像甘地那样的道德巨人，也不是像尼赫鲁那样的智力巨人。[2]"为了取悦他们的西方国家的支持者，尼赫鲁和甘地都对自己的世俗哲学感到自豪，但与此同时每天都有数百万人在国内外挨饿受辱。我对这位评论员的回答是：因为凭借母亲般的本能，英迪拉·甘地两者都不需要。她只是想养活她的人民，送孩子上学，给农民种子，保护印度许多人赖以为生却十分脆弱的环境，并为印度未来的技术发展奠定基础。与尼赫鲁和甘地不同，她在很短的时间内实现了所有这些目标。

英迪拉·甘地以一种非常简单和直接的逻辑看待人权问题。为了保护人民的权利，我们需要两样东西。一方面，一个国家应该有公平和积极的制度安排，当公民面对侵权伤害时可以诉诸于这些制度寻求救济和保护；另一方面，一个国家应该给它的公民足够的权利，给他们足够的力量，让他们为自己的权利而斗争。她希望印度能在这两个方向

---

① S. A. Aiyar: Drought not a big calamity in India anymore, The Times of India, July 29, 2012.

② Balraj Puri: Era of Indira Gandhi, Economic and Political Weekly, Vol. 20, No. 4（Jan. 26, 1985）, pp. 148-150, Economic and Political Weekly, p. 148.

上都取得进步，但她通过观察和以往的经验得知，因为政治精英裙带关系和低效、腐败的官僚机构的存在，她在人权制度设计方面的施展空间将十分有限。因此，赋予人民权利自然成了她的首选政策方针，这也是任何一个有着一般思考能力的人的情理之中的选择。当然有孟加拉的知识分子和记者在国内外抨击英迪拉·甘地的专制做派和侵犯人权的做法："贾瓦哈拉尔和英迪拉的根本目标是实现国家现代化。实现该目标的第一种方式是通过准自由的途径，第二种方式是通过更加中央集权的方法。①"

我可以注意到，孟加拉人不断攻击英迪拉·甘地的原因之一是，孟加拉是上层阶级对人权歧视和践踏程度最高的地区。

在印度，对人权的侵犯主要发生在妇女和印度的贫困阶层里。因此，英迪拉·甘地坚信，为了建立一个更加公平和平等的社会，必须保障印度妇女的权利。这意味着创造一种可持续的、长期的赋权机制，作为人权的先决条件。正如阿什克·巴尔加瓦所指出的，在她的整个任期内，英迪拉·甘地在政策制定上对于赋予了底层民众权力这点上从未有过改变："自印度独立以来，政策规划者和制定者一直在口头上承诺实现人与人的平等发展。英迪拉·甘地通过她的口号'消除贫困，向贫困宣战'使其完全不同之前的政策制定者。现在政府要对绝对贫困进行发起攻击，这既反映了人口中有很大一部分人处于赤贫状态，也反映了对于发展问题民众思想的变化。70 年代开始出现了直接服务穷人的服务项目，包括：小农发展机构，边缘农民和农业劳动者计划，专门针对易干旱地区的项目，农村就业应急计划，就业保障计划，工作餐计划；和 barga 行动（1978 年土地改革）。"②

英迪拉·甘地不是意识形态主义者，她处理人权问题的方法是务实和系统的。在她就职 6 个月后，她开始致力于制定政策以实现更大范围的平等。当她在 1966 年上台时，因为干旱以及在 1965 年与巴基斯坦的第二次战争中付出了惨痛的代价，印度正处于一场前所未有的经济危机之中。那时她在政治上受到男性官员的排挤，在经济上也是两手空空。她的父亲尼赫鲁是一位只会坐在舒适的沙发上空谈理想的"社会主义者"，但同时依旧是大企业主导着印度经济。这样的现状急需改变。她很快提出了一个"十点计划"："它主张由全社会银行机构，一般保险的国有化，进出口贸易国有化，公开分发粮食，限制垄断和经济权力集中，对城市收入和财产设定限制，更好地实施土地改革，终止了贵族特权和王室专用补贴。"③她提出通过立法收回实权来解决紧急事件。她之后还颁布了《城市土地最高限额法案》等法律，从而腾出土地建造廉价住房来解决贫民窟居民的住房问题。无论是城市人民的贫穷还是农村人民的贫穷，在民主的制度下，都是

---

① Ajit Roy：The Failure of Indira Gandhi, Economic and Political Weekly, Vol. 19, No. 45 （Nov. 10, 1984）, pp. 1896-1897, Economic and Political Weekly, p. 1896.

② Yogendra Kumar Malik, Dhirendra Kumar Vajpeyi et al.：India：The Years of Indira Gandhi, BRILL, London, 1988, p. 75.

③ Arvind Panagariya：March to socialism under Prime Minister Indira Gandhi offers an interesting parallel, The Economic Times, Aug 24, 2011.

不能容忍的，是民主制度的耻辱。通过她的"十点计划"，英迪拉·甘地设法遏制住了印度的衰退，这也是从政治结构上减少人权侵害行为的方式。

这一阶段之后，印度妇女的地位问题被提上日程。当时女性占全国人口的一半，但生活的各个方面她们都饱受侵害之苦。因此，在制定全面的人权保护政策之前，有必要了解妇女的情况。英迪拉·甘地设立了印度妇女地位委员会（Commission on the Status of Women in India, CSWI, 1974-75），目的是通过客观的调查，并提出切实可行的建议来改善印度妇女权利保护的状况①。正如一位评论员所说："……这份报告让许多团体大开眼界，并促使他们采取行动。"例如，它突出了性别存在严重不平等，这在令人吃惊的性别比例不平衡的统计数据中显而易见，这也表明男性和女性的死亡率有很大的差异；由于嫁妆、一夫多妻制和童婚等社会文化制度的影响，妇女的权利受到种种限制。它还对法律框架内和社会实践中的性别歧视的内容做出确认，否定了在经济活动中否认妇女贡献的做法，倡导女童和妇女有平等地接受教育的机会和权利，不得在某些领域对女性故意做出限制以及不得传播不利于性别平等的价值观，以及在政治制度中要求妇女的充分参与②。不出所料，这在国家行动中产生了"大爆炸"效应，并在全国各地引发了如雨后春笋般的公民社会运动。但英迪拉·甘地超越了这一点，她将赋予妇女权力和解放妇女的问题纳入了政府的主要政策之中。

在发表 CSWI 报告的同时，英迪拉·甘地制定了一个"二十点计划"，综合报告作者的建议以解决报告中指出的问题。有些人认为，这是一个仓促制订的计划，以赢得选举为目的③。但实际上，该计划的主要目的在于解放个人，促使个人对国家忠诚。英迪拉·甘地认为，个人处于层层的歧视或监视之下，只有经济上的赋权才能把个人从这种状态中解放出来。现在就职于密歇根大学的李·施莱辛格当时曾住在印度的一个村庄，他说："民主或独裁的辩证法及其意识形态与当地政治体系的现实毫不相干，寡头政治就是最好的例子。④""英迪拉·甘地渴望有所作为，但一种与生俱来的本能的行为模式不可能这么快改变。正如一位人权律师说道：'不幸的是中产阶级的女性，无论其是否在部落社会，他们利用妇女运动只为解决个人问题而没有投身于更大层面的运动，或者进入家长制的结构中，而这一结构也是她们受到压迫的重要原因之一。'⑤"当社会政治体系的问题愈加明显时，英迪拉·甘地意识到印度的精英阶层腐败和民主运动中的关键

---

① Report of the Committee ont he Status of Women in India: Towards Equality, Government of India, New Delhi, 1974.

② Mala Khullar: Writing the Women's Movement: A Reader, published by Zubaan, New Delhi, 2005, p. 11.

③ Yogendra Kumar Malik, Dhirendra Kumar Vajpeyi et al.: India: The Years of Indira Gandhi, BRILL, London, 1988, p. 72.

④ Lee I. Schlesinger: The Emergency in an Indian Village, Asian Survey, Vol. 17, No. 7 (Jul., 1977), pp. 627-647, University of California Press, p. 630.

⑤ Mala Khullar: Writing the Women's Movement: A Reader, published by Zubaan, New Delhi, 2005, pp. 146-147.

因素，在这点上她和她父亲并无二致，并且同样认为中产阶级不可相信。急切渴望之后的操之过急使得英迪拉·甘地宣布国家进入紧急状态，她不得不暂时搁置了民主进程。

虽然我们可以理解英迪拉·甘地通过实施紧急状态来确保"二十点计划"的实现，但同时必须指出，从长远来看，这对人权的发展产生了毁灭性的影响①。她终止了腐败和阻碍国家进步的政治体制，她没有和自私自利、不可救药的中产阶级沆瀣一气，留给她的是维护公民安全的部队和官僚机构。她在紧急情况结束时辞职，并在 1979 年年底成功连任，这都证明了她对她的人民以及人民对她的信任。这种信任和印度人民对民主的共同信念将有助于印度的人权保护的正常化和国家的现代化。更重要的是他们建立起尊重人权的文化。但不幸的是，她在 1984 年 10 月 31 日被两名极端分子暗杀。在被连射 30 颗子弹后，她弱小的身体倒在了地上，同时对印度人民许下的人权改善的承诺也付诸东流，其他很多美好的愿景也随着她的离去烟消云散。

"团结一致"的孟加拉学者、知识分子和记者继续对她大张旗鼓地抨击，因此很难对她的行为或不当行为作出客观评价。其中一人说："英迪拉·甘地的失败更大。她没有把印度建设成一个团结和现代化的国家，而是让这个国家处于分裂的危险之中。"②但有些人的语气措辞稍显温和，"尽管在紧急状态撤离并在新德里成立新政府之后弥漫着民主的氛围，但人权工作者却意识到，在某些国家，恐怖主义，警察暴行以及对群众运动和人权的侵害还会不断发生。后来 40 年的经历证实了这些情况。尽管规模较小，国家侵犯人权的行为仍在发生"。③ 可以说，她的死亡是印度随后到来的混乱因素的直接导火索。

### (三) 第三阶段：全面构建人权机制的希望破灭

英迪拉·甘地的遇刺之后，一连串的灾难接踵而来。她的儿子拉吉夫·甘地比他的母亲更有魅力，被他的人民——印度的穷人——视为一个诚实的人。像他的母亲一样，他也想把人民群众从封建结构的魔爪下解放出来，这些封建结构肆意侵害人权，使得印度的法制沦为一纸空文，仿佛印度还在英国的殖民统治之下。他得出的结论是，也许他母亲不应该把额外的权力和资源交给了警察和官僚机构。司法体系也有很大的问题。当然，他也不能指望和他意见不合并且狡诈的中产阶级帮他解决这些社会问题，原因在前面已经解释过了，所以加强公民社会构建的最佳时机还未到来。因此，拉吉夫·甘地面临的问题是如何为他的人民创造可持续的权利，而不是设立给人民施加负担的政府机构，比如残暴的警察部队和腐败的官僚机构，因为这只会让事情变得更糟。他周游全

① Yogendra Kumar Malik, Dhirendra Kumar Vajpeyi et al.：India：The Years of Indira Gandhi, BRILL, London, 1988, pp. 72-81.

② Ajit Roy：The Failure of Indira Gandhi, Economic and Political Weekly, Vol. 19, No. 45（Nov. 10, 1984）, pp. 1896-1897, Economic and Political Weekly, p. 1897.

③ Dipankar Chakrabarti：The Human Rights Movement in India：In Search of a Realistic Approach, Economic and Political Weekly, Vol. 46, No. 47（NOVEMBER 19, 2011）, pp. 33-40, Economic and Political Weekly, p. 36.

国，咨询了成千上万的人，得出的结论是，他应该把权力下放到最低层，即基层地方政府，从而清除政府结构中的封建残留。他以前所未有的规模赋予大众权力，在地方选出数百万为了当地人民利益而奋斗的领导人，摆脱了警察和官僚机构的控制。这一举措无论从其规模还是理论上对印度人权发展的影响，都是值得夸赞的。但是他没有看到他努力奋斗的成果，他在 1991 年 5 月 21 日被一个极端组织的成员炸得粉碎。

之后，领导国大党取得胜利的纳拉辛哈·拉奥把拉吉夫·甘地的政治目标列为国家政策的优先任务。"1993 年，议会通过第 73 次宪法修正案，同意在全国设立地方政府。有了这些变化，印度的联邦政府和(现在)28 个邦构成的二元结构体系被转变为三元结构体系。①"这可能是人类历史上最大的改革之一。地方一级的三级制意味着 227698 个村议会、5906 个街区议会和 474 个区议会将被设立。一夜之间，产生了大概 3000000 名地方代表，其中法律规定 1000000 名必须是妇女。此外，必须有 70 万代表来自达利特人社区②。人民期待已久的赋权终于实现了。有了确切的法律保护，寻求法律救济的权利受害者的人数成倍增加。根据研究人员的调查发现"……根据犯罪记录，在法律上赋予妇女的政治参与权导致针对妇女的犯罪数量大量增加，这在统计上具有显著意义。在所有类别中，记录在案的针对妇女的犯罪增加了 46%，强奸增加了 23%，绑架妇女增加了 13%③"。作为代表，妇女认为她们可以报告罪行和权利侵害，官方机构无权驳回妇女受害人的诉求。这是对人权权利能力的巨大推动。根据这项研究，更重要的是，"……如果一个村庄里的村委会主席的职位专门为女性保留，这个村子里的女性受害人更愿意向警方报案④"。这表明，赋予被压迫人群民主权力可以提高他们争取权利的能力。这也表明，在当时创设地方政府和保留席位的决定是正确的，它在印度人权制度的框架内有利于人权的实现。

纳拉辛哈·拉奥有思想并且温文尔雅，他来自南印度婆罗门种世家，他抓住一切机会去完善人权体制框架并促进人权的实现，这对于一位婆罗门世家的男子而言并不多见。在不懈的努力下，印度在制度上具有了保护公民人权和其他基本权利的内容。但在现实中，就像玩扑克游戏，市民手里没有牌，却不得不装出一副正常的样子。盖洛特曾这样描述这些名义上的权利设置："为防止过度行为提供保障的法律是实质性的。《宪法》保护生命和个人自由的权利(第 21 条)和其他基本权利。虽然禁止酷刑的具体条款缺乏宪法效力，但法院认为，第 21 条意味着禁止酷刑，《印度刑法》第 330 和第 331 条以及《印度警察法》第 29 条明确禁止这种做法。《印度刑法》第 376 条规定了对警察拘留

---

① Peter Ronald deSouza: The Struggle for Local Government: Indian Democracy's New Phase, Publius, Vol. 33, No. 4, Emerging Federal Process in India (Autumn, 2003), pp. 99-118, Oxford University Press, p. 99.

② Ibid, p. 99-100.

③ Lakshmi Iyer et al.: The Power of Political Voice: Women's Political Representation and Crime in India, American Economic Journal: Applied Economics, Vol. 4, No. 4 (October 2012), pp. 165-193, American Economic Association, p. 167.

④ Ibid, p. 167.

期间或武装部队犯强奸罪的严厉惩罚。①"1993 年以来，印度公民获得了更多的权利保护，这在其他国家有时是并不多见："人民院于 1993 年 12 月通过了《保护人权法案》，使国家人权委员会(NHRC)得以成立。②"

这个庞大的人权法律机制的缺点是，印度的国家系统通过创设大量的反措施来对人们实现权利造成阻碍。《经济与政治周报》发起的"数字倡议"(digital initiative)描述了这种情况："作为政府的重要分支机构，立法机构的目的是制定法律，维护所有公民的基本权利。然而，当遇到特殊情况时，印度立法机构制定的法律不仅忽视了基本权利，而且与之相矛盾。通常，在法律适用的前提环境已不复存在时，这些严刑峻法依然发挥效用。这些条款赋予了国家在个人和集体层面上侵犯宪法保障权利的权力，这种权利显然是一种过度的权利。"③《经济和政治周报》不完全列出了印度为解除国内和国际范围内关于人权的约定条款而采取的立法活动：1.《国家安全法》，2.《非法活动(预防)法》，3.《公共安全法》，4.《防止恐怖主义法》，5.《恐怖主义和破坏活动(预防)法》。

对于目的不确切和案件数量的超负荷会使人权机构无法正常发挥其应由的职能："例如，国家人权理事会已经受理诸多关于人权受到侵害的请愿书，包括奥里萨邦的疟疾死亡州和州政府的赔偿，以及雇员的转移和退休福利。委员会最初的失败在于指导原则的缺失。从环境问题到员工福利，他们或许和人权的保护并没有直接的关系，委员会对每一个问题都要刨根问底，把自己置于一个复杂的境地。④"裁量权的过度使用，法律的不可适用以及故意拖延执行法院命令也会使人权立法失去应有的保障价值。正如一位评论员所解释的那样："有罪不罚仍然是一个严重的挑战，执行法院和国家人权机构颁布的现行准则和指示也是如此。⑤"政治妖魔化是一种常规的、越来越流行的策略，目的是削弱大众的人权保护。这些争论肯定会以这样或那样的方式持续下去，但有一件事是肯定的，侵犯人权的罪魁祸首是印度政府及其执法机构。当任何人质疑这种国家行为的暴力事件时都会受到政府机构的怀疑，其诉求进而受到国家层面的压制。

转移人们对人权问题的方法有很多："这些年来，印度政府从未允许联合国人权委

---

① N. S. Gehlot: India and Human Rights: Emerging Realities, The Indian Journal of Political Science, Vol. 55, No. 4 (October-December 1994), pp. 381-390, Indian Political Science Association, p. 382.

② Ibid, p. 381.

③ Engage (Economic and Political Weekly initiative): India's Unforgivable Laws-Several unconstitutional laws in India repress its citizens. A reading list from the EPW Archives, Economic and Political Weekly, 20 September 2018. URL: https://www.epw.in/engage/article/indias-unforgivable-laws (Accessed: 05-06-2019).

④ N. S. Gehlot, op cit., p. 388.

⑤ Christof Heyns (Special Rapporteur): Report of the Special Rapporteur on Extrajudicial, Summaryor Arbitrary Executions, Christof Heyns, Human Rights Council-UN, Twenty-ninth session-Agenda item 3, A/HRC/29/37/Add. 3, 6 May 2015, Summery.

员会任命的报告员访问印度以研究其职权范围内的人权问题。①"国际权威组织例如联合国甚至不被给予实地考察的机会："委员会对于报道中的严重侵权暴力事件表示深切关注，包括强奸和其它形式的性暴力、强迫失踪、杀戮、酷刑和虐待行为，在冲突地区专门针对妇女实施侵害行为等。②"在国际上，一国面对人权侵害行为而需要采取紧急措施停止侵权行为时，采取权利减损的办法是常见的，"我们已经注意到，尽管如今许多民权组织已经开始注意到 90 年代初以来全球化在我国肆虐的恶果，但毫无疑问，我们必须承认，我们还尚未制定出一套完备的方案来解决这些问题③"。应该指出的是，印度正式部门和非正式部门对待工人和劳工关系有很大的不同。全球化给工人的工作和支付条件带来了巨大的影响。以一般工人的待遇为例"在印度，只有 8%的劳动力服务于正规经济企业，而 92%的工人在非正规的企业工厂里工作，他们的劳动没有法律保护或工作安全得不到应有的保障，并受到残酷的剥削④"。当然，在同样的情况下，女性的工作情况更糟，尤其是那些来自部落或达利特社区的女性："这种日常暴力是一种把所有权力都赋予男性的文化的产物，这种文化甚至不希望女性存在。⑤""在印度遭受的人权问题中，黑暗的隧道似乎没有尽头，人们饱受虐待和漠视之苦。即使是虐待案件，尤其是蔑视人权的虐待案件中，印度官方目前对待这一人权问题的态度也是模糊不清的，在他们看来这种遭遇是不可避免的。正如一位作者所言："这一制度可笑之处在于，压迫已被重新塑造为一种美德。因此，消除自我——这一最危险的侵犯人权的行为——就隐藏在我们的眼皮底下，要求我们为了家庭牺牲自我的合法权利，从而对自我冠上善良的美名。而私人领域，家庭，仍然是不可渗透和不可触及的。⑥"关于印度人权领域最近的发展，请读者参考以下新闻：

从新闻标题中可以了解今天的印度发生了什么：

- "42%的印度女孩在 19 岁之前遭受过性虐待：联合国儿童基金会"⑦
- "非常令人沮丧的消息是，NCRB 的数据显示，2016 年儿童强奸案比前一年

---

① A. G. Noorani：Farce of Transparency, Economic and Political Weekly, Vol. 32, No. 47（Nov. 22-28, 1997），p. 2986, Economic and Political Weekly, p. 2986.

② Committee on the Elimination of Discrimination against Women（UNO）：Concluding observations on the combined fourth and fifth periodic reports of India,（UN）Convention on the Elimination of All Forms of Discrimination against Women, CEDAW/C/IND/CO/4-5, 24 July 2014, page 4/15.

③ Dipankar Chakrabarti：The Human Rights Movement in India：In Search of a Realistic Approach, Economic and Political Weekly, Vol. 46, No. 47（NOVEMBER 19, 2011），pp. 33-40, Economic and Political Weekly, p. 37.

④ Ibid, p. 39.

⑤ Deepa Narayan：India's abuse of women is the biggest human rights violation on Earth, The Guardian Newspaper online, Fri 27 Apr 2018 13. 30 BST.

⑥ Ibid.

⑦ Aparajta Ray：42% of Indian girls are sexually abused before 19：Unicef, TOI online, September 12, 2014.

增加了 82%。"①

　　● "印度正在与女孩和妇女开战。"②

　　● "人权框架——主要以个人与国家的关系为基础——如今正面临前所未有的挑战。"③

联合国报告:

　　● "针对女性的暴力犯罪明显增加,尤其是强奸和诱拐,2012 年国家犯罪记录局报告的强奸案件数量很高,表明自 1971 年以来,强奸案件增加了 902.1%,此类行为继续不受惩罚……"④

　　在印度媒体上,没有哪一天没有这样令人痛心和担忧的新闻标题,而这只是冰山一角。

(译者:殷涛)

---

①　Editorial Opinion: Crying for help: 82% rise in child rape cases needs urgent attention, TOI online, December 2, 2017, 2: 00 AM IST.

②　Deepa Narayan: op cit.

③　Dipankar Chakrabarti: The Human Rights Movement in India: In Search of a Realistic Approach, Economic and Political Weekly, Vol. 46, No. 47 (NOVEMBER 19, 2011), pp. 33-40, Economic and Political Weekly, p. 33.

④　Committee on the Elimination of Discrimination against Women (UNO): Concluding observations on the combined fourth and fifth periodic reports of India, (UN) Convention on the Elimination of All Forms of Discrimination against Women, CEDAW/C/IND/CO/4-5, 24 July 2014, page 3/15.

# "人道主义原教旨主义"：
# 国际关系的影响和其中的矛盾

Fabio Massimo Parenti（帕伦蒂·法比奥·马西莫）*

**摘　要**：本文首先回顾了 Zolo 在识别此类矛盾的过程中所作的贡献。其次，将就中国学者基于历史变迁和社会特性为发展系统化人权社会主义理论所作的宝贵努力展开研究。马克思主义对人权的理解中似乎存在一个空间，该空间将随人类历史需求产生的"共同/集体"价值观和"特定/个人"价值观相结合。最后，本人将针对西方国家在打击以地缘政治为目标（实施由美国控制的体系）的"恐怖主义"（新的危害）的过程中滥用人权学说（原则）提供经验性证据。换句话说，西方国家通过对人权进行普遍性叙述实现其特定的统治目标，例如西方国家针对伊拉克、利比亚和叙利亚展开的战争和战役。

**关键词**：人道主义；人力资源；个人权利；集体权利

## 一、"胜者之正义"：西方国家试图颠覆联合国秩序

本段的标题取自 Zolo 所著书籍①，其中对威斯特伐利亚国际法律框架发生的颠覆性转变进行了重点分析。本项研究显示，美国和少数盟国在过去几十年以人道主义战争学说（原教旨主义的一种形式）为指导实施了一系列颠覆性政策，此类颠覆性政策自 20 世纪 90 年代以来便根植于西方人权学说。美国取得第二次世界大战和冷战的胜利后感到其自身有责任重塑国际安全框架，并试图从概念和战略层面上重新制定联合国原则。首先是不干涉民族国家内政，并优先维护国际和平。

其认为一个相互依存的后双极世界（主要是"伊斯兰恐怖主义"）对民主政体所带来的新威胁呈成倍增加的趋势；因此，北大西洋公约组织（NATO）应发挥一个全球性组织的作用，并准备出于人道主义原因干涉别国内政。这一辩解其实是美国为在世界上最敏感地区实施政权更迭战略所找的借口，其目的在于实现其自身的能源、经济、金融和政

---

\* 意大利经济、政治和社会研究所副教授。

① D. Zolo, *La giustizia dei vincitori. Da Norimberga a Baghdad*, Laterza, Bari 2016.

治统治目的。美国的这一做法是在任何民主共识范围外(请参见 Parenti-Adda① 以了解自 20 世纪 90 年代至今北大西洋公约组织(NATO)干涉别国内政的非法行动)施加胜者意愿逻辑的再一次体现。美英两国(以及其他盟国)在过去几十年来根据以武力保护人权这一观点实施制裁、禁飞区、轰炸活动和直接占领，以干预别国内政。第一次海湾战争、科索沃战争和阿富汗战争均标志着美国的观点偏离了现行主权国际法原则和联合国原则。以各国为代表的世界大多数人口在联合国通过投票谴责美国对科索沃的干预，但是此类观点遭到取消和边缘化处理。无论是否得到联合国安理会授权，目前不存在任何法律或惯例，认为使用武力侵犯人权是一种合法化做法(例如，参见 1969 年《维也纳公约》和 1986 年《国际刑事法院关于尼加拉瓜的公约》)。很少有西方大国支持改写国际法，允许在未达成民主和体制共识的情况下开展干预/战争……这样一来便从国际治理体系中取消法治，将国际社会转变为基于最强国统治的国际无政府状态。

《世界人权宣言》(1948 年)的最后一条(第 30 条)规定："不得将本宣言的任何内容解释为其暗示任何国家、团体或个人有权从事旨在破坏本宣言中规定的任何权利和自由的任何活动，也不得进行与之相关的任何行为。"②西方国家对一些主权国家采取的单方面行动不仅杀害了数十万人，剥夺了他们的生命权，还违反了《世界人权宣言》(1948年)中的第 3 条规定："每个人均享有生命权、自由权和人身安全权。"③

## 二、中国的态度与可能做出的选择

人道主义战争根植于人权学说，而人权学说激励并证明了人道主义战争。它是一把涵盖了真正的地缘政治目标和经济目标的保护伞。从法律上来看，这一方法旨在克服国家主权在国际秩序中的优先地位，并在全球范围内建立一种人道主义制度。这是一种由少数国家针对世界上的其他国家强制实施的一种颠覆性运动，但目前尚未就此达成共识④。

这一人权学说根植于西方国家的自由主义传统，即基于普遍的个人权利观(《世界人权宣言》的 30 条规定中有 26 条提到了个人)，但不包括尊重其他权利(公共权利/集体权利)，并且无论是在理论上还是在实践上，其都与规范国际关系的主要原则存在明显的矛盾。以个人权利为基础的普遍性原则和人权与国际秩序和法律的特殊功能和观点之间存在矛盾⑤。国际秩序和法律基于民族国家之间在理论上的平等、民族国家自决以及尊重民族国家的独立和领土完整。然而，考虑到各联合国安理会成员国(不论是常设

---

① F. M. Parenti and I. Adda, "Are we going to live in a post-NATO world? A critical perspective on trends, obstacles and possibilities", in *GeoJournal*, 2017, v. 82, no. 2, pp. 345-354.

② https：//www. un. org/en/universal-declaration-human-rights/.

③ Idid.

④ Zolo, op. cit.

⑤ Ibid.

成员国还是非常设成员国)在联合国的地位不同，因此国际秩序和法律实际上是按等级划分的。换句话说，根据上述经验趋势，自20世纪90年代以来，在制定联合国秩序及其法律基础的国家中，很少有国家对此类干预提出反对。

Zolo 指出，"人道主义战争与所有人权原则相矛盾……其以普世价值观的名义迫使成千上万人死亡"。换句话说，我们当前正面临着以完成统治为目的的借口，其并非西方现代传统中的新事物。

中国与其他国家一起就这种人道主义意识形态提出了异议，此类意识形态将少数国家的意愿强加于世界上的其他国家(例如，参见1993年在维也纳举行的联合国人权会议)。就此值得注意的一点是中国学者为阐述社会主义人权理论方面所做的努力，该理论与中国历史、发展和改革状况相适应，理论重点在于社会经济发展、消除贫穷和尊重主权。

例如谷春德和鲜开林①对马克思和恩格斯提出的人权概念结合当代实际进行理解和阐释。主要目标在于利用共产主义创始人(马克思和恩格斯)的现有经典文学开创一种适应中国当代角色的社会主义理论。他们不仅强调对基于阶级的虚伪的资产阶级历史观念进行批评，还强调了建立个人权利和集体权利相结合的真正公正自由社会的建设性思路。另外，作者试图将这种分析与习近平总书记就这一问题的观点联系起来。

本人对此类作者及其对经典马克思主义著作解读中的一些关键部分进行了总结。首先，应对封建主义转变为资本主义过程中对人权思想的历史性决定加以考量，这一点是重要的，还应牢记每一种理念和原则均是一种社会历史产物。从这个意义上来说，普世主义人权观的出现与新的资产阶级分化有关，其中的自由、公平和安全始终根植于保护和保障资产阶级特权的需要。平等相当于劳动力平等剥削权，其在资本主义内部被商品化。证券与私有制相关，因此存在一套专门用于证券保护的法律。再次申明，自由是指私人所有者随意处置其财产的自由权。"人权的阶级性质未发生过任何变化，将来也不可能发生根本性变化。从本质上来看，人权仍然是资本家的特权。"②就马克思主义的实质而言，人权应主要以"人类解放"、阶级平等和个人发展为条件，以促进全面发展。将其转化为中国的国际经验意味着将人权与国民独立、以人为本的发展观以及国际相互尊重联系在一起……然而在国内层面上，将其转化为中国的国际经验还意味着消除贫困以及打击剥削和压迫，其把满足基本物质需求放在首要位置，其次是社会需求(保障、正义、安全)和心理需求(个人福祉)③。

上届党代表大会文件中强调的新矛盾和建立人类命运共同体的构想是中国建立更加坚实公正的人权理论过程中的新坐标。

---

① GU Chunde, "The Gist of the Marxist View on Human Rights" and Xian Kailin, "In-depth Understanding of Classic Marxist Human Rights Theory", both published in *The Journal of Human Rights*, vol. 17, n. 3, 2018.

② GU, op. cit., p. 248.

③ Xian, op. cit., pp. 259-262.

国际关系中将无战争和冲突管理视为实现人权的先决条件。不应该为了满足个人权利而否定集体权利(例如，对主权国家发起战争)。促进不同国家之间的合作，减少国家竞争以有利于制定国内和国际政策，从而促进真正的人权发展。

## 三、人权原教旨主义的证据

### (一)利比亚和叙利亚

近年来，一些国家以"人道主义战争"学说和"保护责任"的口号为借口，开展大量的干涉、侵略、推翻政府活动。实际上，有关国家开展上述活动的原因各不相同，但大多数情况下均是为了在不断变化的世界中进行权力博弈。例如，西方国家在 2011 年秋天对利比亚发动攻击主要是为了实现其经济和战略目标，此次攻击导致 Muhammar Gheddafi 被罢免并杀害(使这个北非国家陷入了一种"失败国家"所具有的典型混乱和不稳定状态)。我们不应忽略以下事实：一直以来西方强国对利比亚金融储备(主权财富基金和中央银行)的企图、其反对建立新的非洲金融机构(由 Gheddafi 政权支持)以及其捍卫石油美元体系并遏制中国在非洲事务中的话语权的愿望是引发利比亚战争的一些最重要的系统性因素[1]。中国信用评级机构大公资信(最近由 CRHC 公司收购)的总裁关建中在对国际信用风险评级体系的批判性分析过程中就全球经济和金融危机与利比亚战争之间的联系进行了解释。他指出"军事战争是信贷紧缩的一种极端表现形式，且错误的破产风险评估是战争发起国结构性问题的根源所在"[2]。除此之外，如果此类国家对破产风险进行更为客观的评估，则其债务水平就不可能超出衡量范围，更不可能支持军事扩张。正如利比亚战争、伊拉克战争和叙利亚战争，上述各国均位于战略要地，且其国家实力接近新兴国家的实力，可就此展开类似的分析。即分析重点在于美国的经济利益和金融利益(捍卫以美元为中心的体系、控制能源资源并遏制中国)。

叙利亚战争是人权原教旨主义学说拥护针对其他主权国家开展战争的另外一个例子。西方强国旨在推翻巴沙尔·阿萨德(叙利亚复兴党分支领袖，萨达姆·侯赛因是伊拉克 2003 年以前的复兴党分支领袖)政权，这实际上导致了一种戏剧性战争局势，大马士革合法政府的军队被派往与 ISIS/达伊沙团体(该团体控制叙利亚部分领土)进行对抗。众所周知，信息生产和信息分配是战争动态必不可少的一部分。主流媒体(一般位于西方国家的首都)不断操纵信息的情况数不胜数。例如，有关于叙利亚战争中由阿萨德(叙利亚总统)引发的死亡、酷刑和爆炸等事件的大部分数据和报道遭到驳斥，且此

---

① To delve deeper into the implications of geopolitics of economic-financial competition of the Libyan war, read the analyses by Scott P., Petras J., Nazemroya M. D. and Chossudovsky M. published by the Centre for Research on Globalization.

② Article published on 6 July 2011 on the website http：//en. dagongcredit. com/content/details20_5002. html.

类数据和报道仍未获核实或无法进行核实。

破坏一个国家稳定性的行动不仅由各利益相关国发起，还可能由与该国无正式联系的其他国家发起。根据独立消息来源可知，一些与美利坚合众国国会存在某种联系的非政府组织通过美国国家民主捐赠基金会在某些信息操纵过程中发挥了重要作用，此类操纵的目的在于促进西方强国及其地区盟国的政治和经济议程①。例如，"叙利亚人权瞭望台组织"（总部设在伦敦，代表人为一名已移居国外 10 年以上的个人）与英国政府之间保持密切联系。此外，该组织还与"叙利亚自由军"之间保持密切联系，来自"新"利比亚、土耳其的雇佣兵和来自海湾国家（沙特阿拉伯、卡塔尔国和巴林王国）石油君主国聚集于此②。而碰巧的是，不同的西方新闻机构在未考虑此类组织的萨拉菲-凯达矩阵的情况下理所当然地选取该来源及其他不可靠来源的声明③。然而矛盾的一点是，我们发现在过去几十年的战争中，西方强国公然支持最恶劣的伊斯兰原教旨主义。这一矛盾是由与波斯湾石油君主国之间的关系引发的。尽管此类国家的政府有时公然支持恐怖组织（此类恐怖组织是引发该地区持续不稳定的根源所在）（或出于这一原因），但是经济伙伴关系对于能源供应、石油美元的回收利用以及基地和各种军事后勤设施的建立而言是比较重要的，其赋予这些石油君主国一种战略性地位④。这也正是美利坚合众国在过去几十年的时间中得以巩固其在阿拉伯半岛和波斯湾地区地位的原因。

因此，现如今的中东混乱是当今不稳定、不确定和复杂国际关系所造成的另一个结果。所有这些混乱局面都是由所谓的保护人权而引发的。除此之外，按照种族和宗教取向划分中东似乎是美国为排挤那些过度独立于华盛顿共识的棘手政治体系（例如叙利亚）而明确推行的一项战略。国防情报局（D. I. A.）于 2012 年解密的一份报告中就这一点给出了清晰的说明，该报告中承认美国政府的目标与哈里发（即推翻阿萨德）的目标是一致的。在这种情况下，意大利在美国超级大国战略中处于从属低位，并且仍然是大西洋联盟的成员国。意大利因其在地中海的地理位置而在大西洋联盟中发挥重要的战略性作用⑤。总之，我们必须牢记的一点是，从 20 世纪 90 年代到 21 世纪初期，《北大西洋公约》的法律和本质与其实质性地域部署之间存在一定的差异。

---

① Video：http：//tv. globalresearch. ca/2011/ll/ngos-and-war-libya；http：//tv. globalresearch. ca/2011/09/humanitarian-wars-libya-syria-algeria.

② Cartalucci and Bowie, *War on Syria：Gateway to WWIII*, 2012. Free book available here http：//landdestroyer. blogspot. com/p/war-on-syria-gateway-to-wwiii. html.

③ Salafism is a branch of Sunnism（one of the two main interpretations of Islamic thought along with Shiism）which since the 1930s has embarked on a radical deviation.

④ Today the USA boasts of a fix military presence in the area thanks to the bases in Saudi Arabia（with a permanent staff of 319），Kuwait（with 11. 313），Bahrain（with 3. 369）and Qatar（with 349）.

⑤ The US military presence in Italy remains substantial as seen in the expansion of the second American base in Vicenza（Dal Molin），which accommodates among other military units the US Army Africa（the ground component of US-AFRICOM），or the Niscemi base in Sicily.

### (二)"反恐战争"：一个戏剧性的故事

于 2001 年 9 月 11 日恐怖袭击后开始发动的反恐战争并非什么新鲜事，因为这一反恐战争的强度和动机再次超越了里根政府在整个冷战期间(20 世纪 80 年代)为打击桑地诺主义而发起的战争。因此，我们应承认我们已经处于"反恐战争"的第二阶段(Chomsky 2002)。

值得注意的一点是，对于反恐战争的新对象一直以来缺乏明确的定义，这对北大西洋公约组织(NATO)在欧亚大陆的的新扩张计划(此类计划与布热津斯基再次提出的 20 世纪的经典地缘政治理论一致)产生了一定的影响。就这一点我们应牢记，"基地组织"一词的分析和解释价值很小：用美国前外交大臣罗宾·库克的话来说，基地组织"数据库"只不过是"由中央情报局(C. I. A.)招募和训练并用于击败苏维埃军队的成千上万圣战者的档案"。除此之外，在冷战结束后的很长一段时间内，中央情报局(C. I. A.)、巴基斯坦情报局(ISI)、塔利班和奥萨马·本·拉登之间仍然存在联系：美国众议院国际关系委员会的宣言可准确无误地证明这一点。尽管尚未明确塔利班和奥萨马·本·拉登的有效功能(包括苏维埃战争期间以及最近的西巴尔干和中东战争期间)，但中央情报局(C. I. A.)仍然将其视为"情报资产"，即对美国的对外政策发挥一定作用的资源。据大量文献记载，ISIS 在某种程度上也属于美国的"情报资产"，尽管这一点很少在媒体中提及。例如，ISIS 与英国、法国、沙特阿拉伯、卡塔尔国、土耳其、以色列和约旦共同为此类军事活动进行征募、训练和筹资。直到最近，有人将 ISIS 称为伊拉克基地组织(AQI)，并且将其重新命名为伊拉克和叙利亚的"伊斯兰国/达伊沙"。事实上，"反恐战争"打击的对象是主权国家，而非恐怖集团。并非偶然的一点是，雇佣兵和游击队的极端派别(期望施行与沙特阿拉伯瓦哈比教派相关的伊斯兰教政治)在 15 年的"反恐"战争中在其本来不存在的国家以及在"政权更迭"之前存在世俗政权的国家(伊拉克和叙利亚)有所发展。总体而言，媒体、政治战略和战争之间的腐败关系以及旨在操纵战争活动的伪造或完全虚构的媒体政治做法使得此类矛盾得以缓和。从针对塞尔维亚开展的科索沃战争开始，美国-北约系统所作出的军事干预决定无视所谓的"人道主义原因""促进民主"或"反恐战争"，变得更为具体化。

(译者：蒋新芬)

# 对于人权的语境观分析

Jan Campbell（扬·坎贝尔）*

**摘　要**：鉴于地缘政治和国际关系中的信任缺失、不同国家与文明之间的残酷竞争等问题，本文认为，关键的基本人权无法得到绝对的保护。本文有两个中心论点：第一，《欧洲人权公约》是当下有效文件，其试图凭借无说服力的理由而不改变其管辖权从而建立法律确定性和裁决可预见性的立场，与《公约》其他条款所确立的权利发生冲突，《欧洲人权公约》的自主性解释所允许的保护范围比国家法律规定的保护范围要大得多，以上都实际上导致了对国家主权的限制。第二，由于当前的地缘政治和地缘经济环境缺乏信任、对话、线性技术发展、普遍接受的价值观和国家利益，加之人权概念缺乏科学渊源①，任何对人权的对比研究结果都是有限的且仅有理论价值。但是，如果致力于和平行为的科学理论被确立并纳入教育计划，那么人权对比结果也可以在未来得到应用。

**关键词**：《欧洲人权公约》；中国人权；矛盾；和平学

## 一、对人权的语境观分析

鉴于地缘政治和国际关系中的信任缺失，以及各个国家与文明围绕这个话题所展开的残酷竞争，我们不得不说，对人权概念的保护不可能是绝对的。以下将基于四个论据简短展开，并辅以文献支持：①《欧洲人权公约》的历史背景。②广义的语言和表述事实。③不可解决的矛盾和悖论事实。④人权概念的非科学渊源。

总的来说，对于目前《欧洲人权公约》的状态，我们可以用一个词来概括：美中不足，意思是说(按照作者自己的解释)，完美中仍存在缺陷。人们对东方和西方关系基本面的理解似乎越来越不足。甚至在中国于 2001 年加入 WTO 之前，有关优惠条件的讨论都是基于美方人权角度展开的。

## 二、相关概念的历史背景

如果您问欧洲的权利论述始于何时，您会得到很多答案，时间上可能相差几个世

---

\* 独立政评家。

① HR concepts belong in the understanding of the author to pathological science as defined by Nobel Prize laureate（1932）Irving Langmuir（1881-1957）.

纪，具体取决于涉及权利及其按照不同欧洲语言可算作起源的关联词和前身的相关概念和实践持续演变的阶段。而且还要了解人权的真正含义，以及为什么人权成为日常生活、政治和经济中备受关注的国际话题。

如果您问包括俄罗斯和中国在内的东方国家何时开始权利论述，您并不会得到很多答案。为什么？许多人认为，由于传统思想中没有权利的概念，东方权利论述的开端应该更容易定位。不幸的是，这并非完全正确。为什么？让我们着眼于中国展开分析。

首先，我们需要审视一下权利观念具体是在哪一刻从欧洲引入中国的，并思考：我们是否真的能在今天的中国找到独特的权利观念？其次，我们需要研究其近代史，包括1949年中华人民共和国成立之前和之后的时期。如果希望了解更多有关中国权利论述的信息，那么你可能需要追溯中国古代史，了解孔子教义及其他更多教义。

不幸的是，同样很难明确权利的观念具体在哪一刻从欧洲引入中国。权利观念在其他东方国家的存在也面临类似的问题。但是，当我们审视有关权利的欧洲文本的早期翻译，包括中文在内的东方语言译本，并考虑相关历史事实时，我们可能会更接近答案。以下简要介绍了可以追溯参考的事实以及应予以考虑的因素。

中国对权利的讨论以独特的方式出现和发展，与中国以外的权利发展情况具有部分共通之处。对正当欲望的满足、国家建设、对个体个性发展能力的保护等，在中国权利论述中都起了重要作用。

在西方，《欧洲人权公约》是在第二次世界大战之后由欧洲委员会主持起草的，其目的有两个：①保护某些基本权利和自由；②在整个欧洲促进建立稳定的民主法治国家。因此，《欧洲人权公约》明确涉及政治、有效的政治民主及这样一个信念，即法治是各民族与国家和平共处的前提。《欧洲人权公约》的理念是基于英国、法国和欧洲委员会其他成员国最强大的传统而发展起来的。

因此，毫无疑问，东方概念与相应的西方概念有所不同。基于这种不同，我们需要进一步了解概念彼此不同意味着什么。通常，概念是从社区规范中相对稳定的协议中产生的，而不是人们为了达成交流而必须共享的单一不变的事物。概念比人们想象的更加混乱和复杂。通过分析中国驻维也纳代表团团长刘华秋先生在26年前的1993年6月撰写的关于"权利"论述的文章①，就足以理解这个问题的复杂性：是什么造成了概念之间的差异？文章提出了可以为人类历史所佐证的两个重要主张：①各国可以有不同的人权概念。②我们不应该要求各国遵守不同于自己的人权概念。这两种主张包含在中国现行

---

① In June of 1993, His Excellency Mr. Liu Huaqiu, made the following statement in the course of his remarks to the United Nations World Conference on Human Rights in Vienna: The concept of human rights is a product of historical development. It is closely associated with specific social, political, and economic conditions and the specific history, culture, and values of a particular country. Different historical development stages have different human rights requirements. Countries at different development stages or with different historical traditions and cultural back-grounds also have different understanding and practice of human rights. Thus, one should not and cannot think of the human rights standard and model of certain countries as the only proper ones and demand all countries to comply with them. [Liu Huaqiu 1995, p. 214]

政策中，也是中国人所支持的。

自 26 年前在维也纳提出此主张以来，权利的论述发生了重大变化。在 20 世纪 10 年代，儒家对权利的论述渊源和西方观念的刺激对权利概念的动态变化产生了同等重要的影响。从 1910 年代中期到 1930 年代中期，我们可以发现，中国在实现国家稳定、赋权和社会发展方面取得了一些进展，也遭受了诸多挫败。在此时期，中国饱受外国入侵和内战的摧残。尽管如此，从 1915 年到 1935 年这段时期，中国在思想学术上呈现出蓬勃发展的状态，各种有助于人们理解和改善自身世界的理论经历了认真的辩论和严格的分析。西方哲学在中国得到越来越成熟的解释和采纳，许多年轻人出国留学后返回中国，美国和欧洲的思想家也来华访问并开展讲学等等。

比较俄罗斯帝国、苏联和目前俄罗斯联邦的情况(情况类似，但本文将不予考虑)，有助于增强后续的探讨与对话。

自 1949 年中华人民共和国成立以来，对权利的论述一直在持续进行中，它受到马克思主义总体上对权利的矛盾态度的影响。尽管事态发展既不简单也不连续，但中国的人权问题仍受到政府和察哈尔学会①此类非政府机构的极大重视。一般说来，大多数参与中国权利论述的学者对权利的认知仍然停留在 20 世纪初的状态。② 这与当前的趋势和世界状况相矛盾，情况与之前截然不同。有何不同？

权利与儒家传统的大部分显性联系均已消失，与儒家词汇及其权威来源更加疏远。与此同时，国际合作的潜力消失了，区域甚至全球对抗的可能性都在增加。尽管事实上中国人越来越直接和完全地参与到当代西方权利论述的主题中，但所有这些改变仍然在发生。成千上万来自中国的学生在西方学习，其所受到的影响不仅限于所在国的人权话语。他们中的许多人回到了中国，如今代表着未来多方面发展的潜力，同时在充斥着复杂的操纵、虚假新闻、技术滥用和个人、国家和文明之间残酷竞争的时代，他们也是需要实现自身管理和由政治家管控的复杂风险因素。因此，显而易见，我们都需要更好地理解刘华秋先生提出的这两个主张。毫无疑问，它们影响着当今中国国内外的政治人物、活动家和律师，其影响从过去延续到今天，并将一直持续下去。

30 年前(1989 年)，《国家利益》杂志发表了由弗朗西斯·福山撰写的著名论文——《历史的终结?》，③ 福山认为，在西方式的自由民主制崛起、冷战和苏联解体之后，人类不仅到达了……战后历史特定时期的过去，而是历史的终结：也就是说，人类意识形态演变的终点和西方自由民主作为人类政府的最终形式的普遍化。

无须对文章的语言、内容和哲学进行深入的分析，近 30 年来的发展情况也足以说

---

① Founded in October 2009, Charhar is a non-governmental and non-partisan think-tank focusing on foreign policy and international relations.

② Angle Stephen, Human Rights and Chinese Thought: A Cross-Cultural Inquiry, Cambridge University Press, Print publication year: 2002, Online publication date: August 2009, https://doi.org/10.1017/CBO9780511499227.

③ Fukuyama, Francis (1989). "The End of History?" The National Interest (16): 3-18. ISSN 0884-9382.

明，该文章本质上是基督教末世论，具有有限的参考价值。福山的论文没有充分考虑种族忠诚、宗教和伊斯兰原教旨主义以及激进伊斯兰教的力量。他的思想和理想，即人权概念，没有得到经验证据的证明。为什么？因为这些思想诞生于黑格尔哲学理念，属于哲学或宗教领域，因此它们无法得到证明，属于非传统科学范畴。

近期的主要事件，例如 2001 年 9 月 11 日的袭击，2008 年的全球金融和经济危机，俄罗斯和中国等国家在世界舞台上的出现、成为西方的重要竞争对手（在经济、政治和军事上同样强大），英国脱欧，特朗普总统及其政府的行动等，都不能不考虑现在以及在可预见未来的人权问题。这些事件表明了显而易见的事实：我们的世界存在道德多元化。

不同群体作出道德判断所依据的概念互不相同。它们是激进的还只是一般意义上的不同并不重要。从这个意义上讲，即使在对道德多元主义的含义及其可能的影响进行批判分析之后，刘华秋先生的主张也是有效的。

另一个要考虑的方面是语言、心理学、行为的历史和原型和一些重要问题。比如：母语①不同的人使用同一语言讲话时，其对权利概念的理解与讲另一种语言的人理解不同，这究竟是什么意思？如果演讲者的概念不同，他们是否还能互相交流？② 使用同一语言讲话的人是否真的拥有相同的概念理解，尤其涉及权利、爱、罪恶之类的术语？从这些问题的简单答案可以得出：①概念内容取决于我们在使用语言时所承担的推定承诺；②约束这些推论的规范是由我们所属群体的实践制定的；③随着我们承诺的内容和我们自身的改变，我们的话语含义甚至我们使用的词汇本身也会改变。

因此，在权利论述中也不能忽视语言的含蓄性、明确性和特殊性，以及它们对思维、信仰、行为和我们所收到的多样反馈的影响。

## 三、《欧洲人权公约》的广义表述

相比于《英国人权法案》《美国人权法案》《法国人权宣言》或《德国基本法》的第一部

---

① The term mother tongue should not be interpreted to mean that it is the language of one's mother. In some paternal societies, the wife moves in with the husband and thus may have a different first language than the husband. Mother in this context originated from the use of "mother" to mean "origin" as in motherland. Also in Malaysia and Singapore "mother tongue" refers to the language of one's ethnic group regardless of actual proficiency, while the "first language" refers to the English language that was established through British colonization. The first language of a child is part of their personal, social and cultural identity. Another impact of the first language is that it brings about the reflection and learning of successful social patterns of acting and speaking. It is basically responsible for differentiating the linguistic competence of acting. One can have two or more native languages. The order in which these languages are learned is not necessarily the order of proficiency.

② Margaret Thatcher once stated that there is no need to agree with the other party in order to find a common language.

分，《欧洲人权公约》是以更现代的方式从广义上起草的，对原则的表述就法律角度而言并非决定性的，需要法院进行广泛的解释才能在特定的事实情况下发挥意义，因此它们不仅与东方和中国的历史、传统和价值观念不同且相距甚远，也与东方语言和其他语言、表述方式、心理和行为的关键原型相去甚远。

鉴于人权概念在东西方的历史背景，《欧洲人权公约》的广义表述、其判逻辑及其影响，在当今都比以往更加重要。如前文所述，当今世界的种种发展和趋势，包括对信息沟通和安全的需要，形成了种种非常复杂的矛盾事实和悖论，其中语言和表述方式成为一个重点。语言将思想、理想和西方人权概念转变为一种多用途的工具。我们每天都能看到在政治、经济、军事和技术意义上的滥用权力概念内，语言如何被用于操纵公众、制造假新闻上面。毫无疑问，如果我们接受这样一个事实，也就是，即使我们说相同的语言，内在的概念差异也会始终存在，因此东西方之间也会始终存在差异，那么一切就能变得更加生态、高效和经济。这并不意味着语言差异会阻碍个人、社区、国家和文明之间实现成功的沟通和发展高质量的关系。可以佐证这句话的代表性国家是印度尼西亚。

毫无疑问，中文知识及文学的深刻性与复杂性对每一个处理中文文本、文档，与中国人和中国组织接触的人都构成了严峻挑战。类似的情况也适用于其他东方国家和语言。全球化正在经历复杂的转型，一个新的多边世界即将终结，我们所有人不仅面临着影响人权、政治与合作的语言上的挑战，而且还面临着一个更复杂的挑战：解决矛盾。

## 四、《欧洲人权公约》内部无法解决的矛盾

本文提到的矛盾[①]的产生有多种原因：对人权的表述，《欧洲人权公约》作为不受先例正式约束的当下有效文件所带来的评断，试图凭借无说服力的理由不改变其管辖权从而建立法律确定性和裁决可预见性的立场。此外，还有世界多元化包括道德、伦理和其他标准的多样性造成的矛盾，与《欧洲人权公约》其他条款中所确立的权利相冲突的原因。例如，言论自由权经常与私人生活权相冲突。除了矛盾之外，还有悖论。

这些矛盾的产生主要来自于双重标准、道德缺失，政治上普遍的虚伪行为，新市场的缺陷(基于扩张的制度)和《欧洲人权公约》的自主性解释。它们构成了有挑战性的一对概念：不可解决的矛盾和悖论。

同时，这对概念所带来的保护范围比国家法律所规定的保护要广得多，受到《欧洲人权公约》强制的积极义务的支持。这意味着各国有义务采取行动并采取积极措施，以确保公民有效享有《公约》所保护的权利。保护和积极义务的概念都代表着国家主权的局限或(和)限制。仅出于这个原因，当前的人权概念永远无法享有绝对的保护。对于真正的主权国家来说，主权是不可谈判的。因此，《欧洲人权公约》(作为一项国际公

---

① Campbell J., Consent Not Needed (Zustimmung nicht noetig, Souhlasu netřeba, Согласие не требуется) 2016 ISBN 978-3-00-052470-7.

约）往往具有包容性和均等性，因此忽略了社区在传统上被划分为"我们"和"他们"的事实，因此它只能发挥指导性作用，绝对谈不上"完善"。

欧洲作为西方的一部分，受美国的影响更多，并逐渐走向美国制造的单极世界。美国第一比之前的两极世界更为残酷。仅举几例，它不允许对经济和政治现实做调整。所有这些以及更多的观点都证明了，《欧洲人权公约》只能具备参考性意义。

## 五、缺乏科学渊源

考虑到以上所述，包括缺乏普遍接受的价值观和国家利益的事实，我们也不能忽视对科学方面的思考。实际上，人权的概念缺乏科学渊源。这意味着，仅仅基于政治、有效的民主和信念的，在争议中经历了数十年推广的概念达不到可以称之为科学的标准。因此，它属于病态科学①的类别。诺贝尔奖获得者欧文·朗缪尔（Irving Langmuir（1881—1957））对该术语的定义如下：科学家们在遇到不符合预期的发展时，往往被其主观性错误所自我欺骗而导致的"科学式"的研究，以致完全陷入错误的泥塘之中。

## 六、结论

东西方的人权价值比较不能忽略所提及的标准。因此，人权价值观的比较结果只能具有有限的理论意义。它可以应用于教育计划和被称之为"和平学"②的科学。

因此，我对刘华秋先生的主张持肯定意见。随着时间的流逝，权利概念在中国的概念化方式有其延续性，也发生着变化，并且也不断受到西方和东方许多积极的和消极的发展和趋势的影响。

西方和东方产生的概念能够丰富彼此。在这些概念出现并受到争议的情况下，它们都在东西方历史上具有重要地位。西方的观念是西方的，东方的观念是东方的。中国的文化和政治历史始终借鉴了既有的概念和关切，即使它们批判了对西方所倡导的现有价值观而言至关重要的一些承诺。一个国家或共同体可以单方面宣布其价值观和做法不受

---

① Langmuir Irving（1881-1957），Nobel Price laureate（1932）：There are cases where there is no dishonesty involved but where people are tricked into false results by a lack of understanding about what human beings can do to themselves in the way of being led astray by subjective effects, wishful thinking or threshold interactions. These are examples of pathological science. These are things that attracted a great deal of attention.

② Černoch Felix：Theory of Peace as a Contradiction to War Science, Czech Military Review, volume 2014, issue 4. The peace is a state of affairs among states, nations and mankind, characterized by a friendly coexistence, solving matters in dispute by means of negotiations and accords, without use of armed and physical forces or psychological coercion. For preserving peace it is important to respect state sovereignty, independence, the right of nations to define their own courses. The theory of peace, dealing with those items is called paxology.

他人审视的唯一方法是通过战争或狭隘主义①获得胜利。这两种做法都不可能成功。

　　如果我们真的需要、想要建立并享受一个社会共同体，让和平成为主导而战争只是纠正问题的小插曲，那么西方和东方政府(更不用说像跨国公司这样的其他参与者)的所有活动和期望都需要进行调整和修饰以开展持久的对话，而不是进行永无休止的讨论。对话与讨论存在质的差异：时间方面，思维方式和争论方式不同。它们与其他更多交互形式构成了世界的多样性：也是我们美好生活的意义所在。

(译者：牛惠仔)

---

　　① Parochialism is the state of mind, whereby one focuses on small sections of an issue rather than considering its wider context. More generally, it consists of being narrow in scope, like a synonym of "provincialism."

# 非洲国家与国际刑事法院

Christian MESTRE(克里斯蒂安・梅斯特) *

**摘　要：**非洲联盟一直倡导建立一个专门的国际法院，以追究其政治和军事领导人的罪行，终止其在领土犯下严重罪行却有罪不罚的文化。大多数非洲国家认为，设立一个国际法庭以起诉和审判大屠杀罪犯是最好办法。《罗马规约》由此通过并且产生了国际刑事法院，许多非洲国家领导人由此受到起诉，从而产生了反对国际刑事法院司法权的声音，许多非洲国家驳回国际刑事法院检察官办公室作出的决定来反对国际刑事法院司法权。由此，本文中将讨论三个要点：首先，非洲国家对国际刑事法院诞生的贡献；其次，非洲联盟一些成员国对本法院司法权的不信任甚至拒绝；最后是希望建立一个具有专属司法权的大陆刑事法院。

**关键词：**国际刑事法院；非洲联盟；管辖权

非洲各国和非洲大陆组织——非洲联盟一直倡导建立一个专门的国际法院，以追究其政治和军事领导人的罪行，终止其在领土犯下严重罪行却有罪不罚的文化，这些罪行有侵略罪，战争罪，危害人类罪和种族灭绝罪。

此外，大多数非洲国家认为，设立一个国际法庭以起诉和审判大屠杀罪犯是避免谈论胜利者的正义和为公正审判提供一切保障的最好办法。另外，许多人一方面认为他们没有汇集所有手段(人力、财力、物力)来组织这样的审判，另一方面，非洲国家的元首们担心被告的支持者会举行游行示威。

该国际刑事法院规约 1998 年在罗马会议上获得通过，对此非洲国家非常满意。这一新的国际独立机构，根据《罗马规约》最后条款的规定，在获得 60 个国家的签署和批准后，于 2002 年 7 月 1 日正式成立，仅适用于审理在此日期之后在缔约国领土上或由缔约国公民犯下的罪行。

然而，国际刑事法院活动在经历了第一个十年的狂热后，很多人逐渐意识到起诉的对象主要是非洲领导人，其中包括一些在任国家元首，他们的感受和理解都发生了变化，我们不仅可以听到反对国际刑事法院司法权的声音，而且可以听到支持撤销《罗马规约》的声音。为了表示反对，许多非洲国家驳回国际刑事法院检察官办公室作出的对

---

　＊ 法国斯特拉斯堡和布鲁日欧洲学院教授、罗伯特舒曼大学荣誉校长、斯特拉斯堡大学法律、政治学及管理学学院荣誉院长。

被告的逮捕和引渡的决定。

但是，在政治层面，鉴于非洲大陆冲突期间发生的屠杀事件，不可能让犯下严重罪行的人逍遥法外，因为他们担心有罪不罚的情绪蔓延，这完全违背了非洲各国的承诺。

鉴于这种情况，这个大陆组织的成员国与联合国安全理事会共同采取了有利于一个或若干区域刑事法院的行动，对最残酷罪行的肇事者进行审判。但是，在非洲联盟成员国缺乏真正的政治意愿的情况下，决定与联合国缔结协定，设立新的审判机构，称为混合法庭，国际刑事法庭或混合刑事法庭，其性质为半国家半国际。

## 一、国际刑事法院的成立和非洲国家

正如我刚才所说，国际刑事法院在成立初期，无论是在国际法委员会（联合国起草公约草案的机构）的筹备工作期间，还是在 1998 年 7 月的罗马会议期间，都得到了非洲国家的大力支持。非洲国家坚决捍卫建立一个国际刑事法庭，以起诉和判处国际罪行的肇事者。

不久前，非洲联盟（现名为非洲统一组织）正在处理 1994 年卢旺达种族灭绝和阿鲁沙和平进程。然而，卢旺达问题国际刑事法庭是联合国根据《联合国宪章》第七章由联合国安理会通过的一项决议设立的。因此，这是一个"特设"法庭，负责审判对 1994 年 1 月 1 日至 12 月 31 日期间邻国境内犯下种族灭绝和其他这类罪行的卢旺达公民。

在罗马会议上，非洲国家的代表要求国际刑事法院内的独立检察官有权发起调查，而不仅仅是联合国安理会，因为根据条约草案，只有这个机构才有权接管检察官办公室。最后，非洲的立场占了上风，并采取了三种启动调查的途径：由一个缔约国在安理会和法院首席检察官的倡议下转交。非洲国家还推动建立一个拥有良好资源的法院，并敦促非洲国家充分合作。

在《罗马规约》的 122 个缔约国中，有 34 个非洲国家首次批准了这项国际文书，在布隆迪于 2017 年撤出后，现在有 33 个国家批准了这项文书，比例近 30%，成为缔约国大会上最大的区域集团。1999 年 2 月 2 日批准《罗马规约》的塞内加尔是第一个国家。2002 年 6 月，乌干达批准了《罗马规约》，成为第 60 个允许国际刑事法院生效的缔约国。两年后，乌干达成为第一个向法院提起诉讼的国家，要求审判上帝抵抗军的战争罪行。

2009 年，国际刑事法院审理的第一个案件被告人是刚果军阀托马斯·卢班加，因招募和使用儿童兵而被判犯有战争罪，他因绑架 15 岁以下的男孩和女孩并强迫他们为他的军队作战而被判有罪，并被判处 14 年监禁。同时，非洲国家和国际法院之间的关系也开始恶化。

## 二、关系的信任危机

第一阶段可以追溯到 2008 年，当时非洲联盟对欧洲国家越来越多地使用普遍司法权作出了反应，通过了一项决议，谴责某些西方政府和法院，主要是比利时和德国，滥用普遍司法权，并敦促各国不要与以其名义对非洲官员和人士发出逮捕令的任何西方政府合作。

普遍司法权是指国内当局在法律基础上有权逮捕、审判、定罪和判处任何因战争罪、危害人类罪或种族灭绝罪而被起诉的人，无论罪犯的国籍也不论其犯罪位于何处。

但是，在苏丹总统奥马尔·巴希尔（Omar al Bashir）因达尔富尔武装冲突期间犯下危害人类罪而被首次发出逮捕令之后，2009年3月非洲联盟与国际刑事法院关系出现分水岭。这个大陆组织不仅决定放弃起诉，而且还谴责法院的行为，这有两个主要原因。

首先，国际刑事法院的决定阻碍了非洲联盟促进苏丹和平与和解进程的努力。其次，这是刑事法院第一次起诉现任国家元首，其结果是压制了许多公约和习惯法所承认的最重要的国际规则之一，即外交豁免权。

此外，在本案中，苏丹不是《罗马规约》的缔约国，而且对于许多非洲国家来说，法院的裁决滥用了国际公法，因为它未对缔约国和非缔约国进行区别。非洲联盟及其成员国就裁决表现出不同意见，对苏丹国家元首表现出对增进友好酌情斟酌的考虑。

因此，一些非洲领导人针对调查中的情况，批判了国际刑事法院的有选择性和不公正的司法，将其定性为种族主义和殖民主义机构，并提出以下问题：国际刑事法院是否仅仅起诉非洲人？非洲人是唯一触犯《罗马规约》所禁止的罪行的人吗？

对这些领导人来说，国际法院无法对非洲以外的国家和强国提起任何诉讼，这使人们对其独立性和起诉侵犯人权行为的能力产生了巨大怀疑。而这种不良状况正是国际刑事法院起诉政策所造成的。

因此，非洲成员国经过强有力的游说，在2012年由非洲的冈比亚人法图·本苏达接任总检察官，尽管换成了非洲人，但是并没有什么实质性变化。实际上，如果调查针对的是11种严重侵犯人权的情况，其中有10种发生在非洲大陆：布隆迪、中非共和国、刚果民主共和国、科特迪瓦共和国、肯尼亚、利比亚、马里、苏丹和乌干达，此外，还有一个地处非洲以外的国家——格鲁吉亚。此外，检察官办公室正在对11种情况进行初步审查，其中3种罪行发生在非洲：加蓬、几内亚和尼日利亚。

2013年，乌干达总统在一次正式会议上宣布："我将向非洲联盟提出一项动议，要求所有非洲国家退出国际刑事法院，仅保留自己国家的法院。"这一声明发表后，发生了一场大辩论。2017年1月，非洲国家通过了一项不具约束力的决议，要求成员国退出国际刑事法院，增加了大规模退出的可能性。很快，这项决议就在南非、冈比亚、布隆迪政府采取行动之后通过。最后，布隆迪是2017年10月唯一离开国际刑事法院的非洲国家。

回到所谓部分起诉的指控，我们必须明确指出，在政府更迭后，这些国家元首要求审理的公开案件中有一半涉及非洲。其他案件中有很大一部分是由联合国安理会发起的，我要强调这一点，当时所有这些案件都得到了安全理事会非洲代表的支持。因此，我们可以认为，非洲联盟的立场与事实相去甚远，更多是体现一种政治姿态。

然而，五个月前，国际刑事法院作出一项裁决，宣布科特迪瓦前总统洛朗·巴博在近八年监禁后，反人类罪罪名不成立，立即释放。法院宣布，首席检察官无法证明被告有危害人类罪的"共同计划"和"攻击平民的政策"！这一判决加剧了对检察职能公正性和公平性的疑虑和担忧。

如前所述，在辩论期间，大多数非洲国家要求设立一个非洲大陆刑事法院，审判犯下国际罪行的非洲罪犯。

## 三、一个非洲刑事法庭的诞生？

首先，我提请您注意以下事实：国际刑事法院旨在对现有的国家司法系统进行补充：只有在国家法院不愿或无法调查或起诉此类犯罪时，它才能行使其司法权。因此，调查和惩罚犯罪的主要责任留给了各个国家，因此该原则意味着国际刑事法院是一个最后才行使职权的机构。但是，在许多情况下，非洲国家倾向于限制其司法权并完全控制国际刑事法院。

其次，大多数非洲领导人对非洲大陆和区域司法法庭和委员会，如非洲法院和人权法院或非洲人权和人民权利法院，不屑一顾或一笑置之。

条约于1998年签署，并耗费了16年才生效，在55个非洲国家中只有30个国家是成员，其中仅有6个国家承认这个机构有权接受申诉。此外，它还允许国家元首和政府高级官员免于受罚。

关于现在的非洲法院和人权，非洲联盟成员国在2014年决定通过一项附加议定书，以解决一个名为刑事法院的第三司法部门，但这项国际文书仅有9个国家签署，没有得到批准。

再次，一些非洲国家应其请求，得到国际刑事法院的协助，审判犯下战争罪和危害人类罪的领导人。因此，在乌干达高等法院成立了一个国际犯罪司，审判被取消大赦法受益资格的上帝抵抗军的高级别官员，该司审判并判刑了前上帝抵抗军指挥官托马斯·奎耶罗。

在中非共和国，一个对2003年以来发生的严重侵犯人权和严重违反国际人道主义法行为拥有司法权的法庭已经略具雏形。

例如，利比里亚设立了一个委员会，负责审查查尔斯·泰勒统治下的侵犯人权行为，并设立了一个特别战争罪法庭。根据联合国安理会决议，联合国与塞拉利昂政府达成了一项协议，设立了一个名为塞拉利昂问题特别法庭的混合法庭。2013年9月26日，利比里亚前总统查尔斯·泰勒在上诉中被定罪，他是第一位因战争罪被定罪的非洲国家元首，并被判处无期徒刑。

最后，2012年8月22日，非洲联盟和塞内加尔签署了一项协议，在国际刑事法院的支持下，在塞内加尔司法系统内设立了一个由国际人员组成的特别法庭。

乍得前总统侯赛因·哈布雷（1982年至1990年执政）被推翻后，流亡塞内加尔至今。他曾最早被控犯有危害人类罪、滥用私刑罪和战争罪，被塞内加尔警察逮捕，并在审前被关押。六个月后，这个混合法庭，即非洲特别法庭，将其定罪。

9月8日，侯赛因·哈布雷的审判在非洲特别法庭举行。2016年5月30日，哈布雷总统被判犯有危害人类罪、战争罪、滥用私刑罪，包括性暴力和强奸罪，判处终身监禁。他还被命令向7396名受害者支付1.23亿欧元的赔偿。侯赛因·哈布雷提起上诉，指控部分诉讼程序存在错误，但上诉分庭于2017年4月27日确认了这一判决和赔偿。

总而言之，这个惩罚犯有最严重罪行的肇事者的新机构与非洲国家之间的关系非常复杂：检察官把调查的重点放在这些非洲国家，忽略了许多其他情况，而这些非洲国家拒绝正式承认国际刑事法院的地位和司法经验，虽然在大多数情况下，他们都秘密地通过该机构进行审判。总结一下它们之间的关系，这句话非常适用：我爱你，但我也不能再给予你更多的爱。

（译者：刘冬）

# 对话和普遍性的过程

Francisco Granja de Almeida（弗朗西斯科·格兰哈·德·阿尔梅达）*

**摘 要：** 1999 年，人权理论学家海库·帕瑞克认为普世价值产生于自愿的跨文化对话。1994 年，哲学家罗伯特·布兰顿认为交际是分享合作实践而不是分享意义，而社会认知论学家海伦·朗吉诺认为共识来源于一个互动对话社区。本反馈论文使这些作者和其他作者强调把跨文化对话视为普遍性自给自足实践的关联性。

**关键词：** 跨文化对话；普遍性；认知性

## 一、引言：普遍性与跨文化对话

人权是人们仅凭固有的人类尊严而获得的权利。人权被赋予全世界每一个人，主张一种道德诉求，即在一个人的基本人权范围内，其性别、阶级、种族和文化从道德上而言都与之无关。[①] 依照这种说法，没有人存在于文化真空之中，而各种文化又因时空而各有不同[②]：文化动态理念———一种理论态度，信奉传统具有动态、相互影响的本质作用，将各种文化视为动态的、竞争的过程而不是静态的概念，它是人权话语的中心。正如史蒂芬·安格尔所说，"社区形成和共识构建的真正机遇存在于动态之中"。[③] 普遍性和特殊性是有关跨文化人权中规范性矛盾的对话理论。当代人权理论家超越了普遍性问题严格的二元陈述。[④] 尽管宣称[⑤]一词会令人在辩论中放松，但有趣的是，很多英语写作的理论家还是坚持使用该词来处理两种理论。在英文中，宣称意为"一种可以公开挑战的主张"[⑥]或者"虽然别人可能不相信，但部分内容真实或是事实的声明"[⑦]。该词似

---

\* 荷兰乌得勒支大学法学硕士学生。

① Chan（1999），p. 216.

② Donnelly（2007），p. 294, para. 1. Donnelly uses the term 'cultural relativity' instead of 'cultural dynamism' hereafter adopted in order to consistently read cross-cultural theory presented infra.

③ Ibid, p. 7.

④ Ibid, p. 298.

⑤ Besson（2018），p. 35；Donnelly（2007），p. 281, regarding universality, per example.

⑥ Merriam-Webster Dictionary, online.

⑦ Cambridge Dictionary, online.

乎带来了可能的争论和争吵的趋势。有趣的是，宣称一词似乎从对话的起点就控制了语言框架。

回到普遍性问题，海库·帕瑞克的工作嵌入对话而非批评中，才是国际人权话语的主要模式："如果普世价值受到广泛支持并具有民主有效性，而且没有种族中心主义偏见，那么它们应当产生于开放自愿的跨文化对话中。"①帕瑞克对普世价值起源的规定将基于下列讨论，讨论的内容是对话作为普遍性自给自足实践的关联性。

首先，帕瑞克不建议宣称普世价值。反之，普遍性似乎产生于跨文化对话的连续过程。阅读史蒂芬·安格尔有关该建议的观点后，帕瑞克辩称，通过集体推理的过程，人们可以达成"人类共性"，所有文化都可以呈现给预先假定②。此外，产生一词的使用似乎表明一种出现和变化的过程。安格尔发现并论证了这一过程特征(或连续元素)，他建议帕瑞克拒绝接受普遍性的"发现"因为他认为在跨文化语境③下的推理值过程中发生了一定的变化。可以说，这一观点启发了联系普遍性与对话概念的过程特征。它证明普遍性可以通过一个持续交际的过程来实现。

## 二、安格尔关于布兰顿的观点——交际是共享实践

本文的下一节写道了安格尔对跨文化语境下交际的分析。借用安格尔对"语言、概念和多元化"的推理，本节旨在强调有必要放弃完全共享意义中心的对话范式并采用更有利于实践的观点。因此，它将一段会话从语言学科转移到普遍性问题与人权话语中。可以说，安格尔对不可通约性的想法持怀疑态度。他在其著作的前两章中反复剖析这一看法，证明它在人权话语中是多么随处可见。在关于多元化的第一章中，他通过批评阿拉斯戴尔·麦金泰尔的论点来证明自己的观点。麦金泰尔认为，不同道德传统价值间的差异太大，因此用于表达这些价值的词汇无法翻译成另一种文化道德语言的词汇，所以二者之间"不可通约"④。在这里，安格尔认为不可通约性"作为一种工具而言太过直接"，无法处理不同价值跨文化冲突的复杂性，并且将其降低为一种极端场景下的概念差异⑤。在第二章中，安格尔再次将不可通约性作为"棘手且常出现问题的观念"的典型，认为只有当道德语言间的差异过于巨大、处处存在差异并且跨文化对话的任何任务"似乎都无望"的时候才会有用(如果它确实有用的话)。⑥

跨文化对话很容易带来不可通约性的观点令安格尔感到不适，他首先对这一棘手的概念发出警告，称成功的交际必会与它者进行共享。他通过采用我们(作为人类而言)

---

① Parekh（1999），p. 139.

② Angle（2002），p. 17.

③ Ibid.

④ Angle（2002），p. 6.

⑤ Ibid.

⑥ Ibid, p. 44.

各不相同，至少在某些概念上都会存在一些细微差别的假设来证实这一点。因此，两个人，即便是在同一个社区中，比起无法完全共享其意义，其价值的概念化也会愈加不同。此外，一种更不严格的观点认为交际实际上是共享类似的（而不是完全相同的）意义与信仰，但由于难以精确地说明什么算"拥有类似信仰"，因而这种观点也是有问题的。面对个体相对性的复杂性中显见的意义不可比性，安格尔转而对交际的内容寻求不同的理解。①

兰登·布兰顿提出交际是实践中的合作，安格尔通过与该提议保持一致，迈出了他所说的"关键性一步，即摒弃交际就要共享的想法"②。罗伯特·布兰顿提出"放弃作为对某些普通事物的共同占有的交际范式，有利于（或朝着另一方向作出调整）交际范式作为一种实践中的合作而存在"③。布兰顿意见的某一方面似乎是说成功的交际带来互译上的连续协作，是一种真正的参与实践。可以说，这一提议并没有完全抛弃"共享"的概念——相反，它强调了共享的需求，但它去除了从意义到实践的必然性。正如安格尔所写的那样："交际是可能的，因为我们都能参与诠释不同语言和我们自身的共享实践中"④。

根据这种说法，这种知性的方法提出一种概念，称交际是共享参与互译的连续实践（而不一定是共享价值或意义）。

## 三、具有争议的共识——认知性辩论

安格尔开展工作，旨在"就人权的意义和内容形成更大的共识"⑤，但是，将共识称为跨文化对话的一个目标后，安格尔谈到预防其有关共识的讲话产生误解的必然性⑥：首先，他辩称，即便在理想情况下，他也并不认为共识是会话的必然结果；其次，他并不认为当人们努力与他人交际时，就可以假定会产生共识或一致的意见。⑦ 可以说，这一说明对上文提到的安格尔有关文化动态的评价施加了影响，因为任何假设有必要找到跨文化共识的观点似乎都削弱了文化和传统内在复杂性的认识，而它确实是跨文化对话取得成功的核心因素。按照这一论点，有必要重新审视一下什么是共识。因此，本文利用认知性思维来领会"知识科学家"所理解的共识的含义。如果相信共识与普遍性和对话的现有看法之间存在关联性，那么紧接着就可以简略读一下阿维泽尔·塔克尔的《共识的认知意义》。塔克尔研究共识的认知内容，主张一种"知识性假设"。

首先，塔克尔阐明了信仰的共识既不是假设某些信仰构成知识的充分条件，也不是

---

① Ibid, p. 33.
② Ibid, p. 35, footnote 6.
③ Brandom（1994），p. 485.
④ Angels（2002），p. 35.
⑤ Ibid, p. 5.
⑥ Ibid, p. 6.
⑦ Ibid, p. 16.

其必要条件①。反之，共识不过是某个非强制性独特异质的大群体中可能存在知识的指示标志而已②。塔克尔认知建议的第一节已经令我们回想起安格尔的看法(即交际中无须共享意义。在两种思想中，它更像是一种可能而非必要的关系)，共识或共享的意义可能存在于对话中，但对对话而言不是必需的。塔克尔清楚地表示："不存在普遍的信仰共识，因为总有人持不同意见。"③这并不是说共识是不可通约的，而是在人权理论中采用它的时候对其挑战性的意义提出警告。按照示例，唐纳利④和陈祖为⑤两人作为普遍性辩论的经典代表，为"重叠的共识普遍性"而争论，希望一种基于人权准则的"重叠的共识"可以从跨文化对话中产生⑥。从认知性上看，这种看法似乎是有问题的：如果不存在一种普遍的信仰共识，肯定是不会有很多重叠的共识。此外，人权中确实充满了围绕共识含义进行争论的理论。按照示例，埃雅尔·本韦尼斯蒂批判性地反驳欧洲人权法庭法学中的"共识原则"，认为全球在例如童工等许多人权问题上基本没有达成一致，共识的言论会损害促进普世人权所作出的努力⑦。

继续回到共识认知性分析的最后一条言论。在塔克尔的著作中有一则论述似乎与本文的论点尤为相关：他对于海伦·朗吉诺有关社会认知学的批评⑧。塔克尔认为共识是仅能表明知识可能性的事件，不同于塔克尔的观点，朗吉诺认为信仰共识来源于观点不同的个人和群体之间的批判性对话："一个互动对话社区"⑨。在其社会认知学理论中，朗吉诺认为批判性话语可以解释不同的偏见和观点是如何转变为信仰共识的⑩。这一改变共识信仰过程的概念与帕瑞克的观点产生了共鸣，帕瑞克认为跨文化对话实际上转变了本论文引言中提到的普世价值。

最后，塔克尔并不赞同朗吉诺有关共识含义的观点⑪。虽然塔克尔称不存在普遍共识的言论比将共识一词在普遍性人权言论中的误用问题化还要珍贵，但实际上，他对朗吉诺的批评表明了后者如何更加有益于本文关于对话实践的观点。

正如塔克尔所说，朗吉诺恰巧对共识本身并不感兴趣，而是对产生知识的连续过程

---

① Tucker (2010), p. 501.

② Ibid.

③ Ibid, p. 511.

④ Donnelly (2007), p. 282.

⑤ Chan (1999), p. 212.

⑥ Ibid.

⑦ Benvenisti (1999), p. 850, 852.

⑧ Tucker (2010), p. 510.

⑨ Longino (1994) pp. 142, 143.

⑩ Ibid.

⑪ Tucker (2010), p. 510. He writes: "the conditions she [Longino] stipulated have never been satisfied in any historical case of consensus, and are of doubtful utility in explaining actual historical cases of consensus on beliefs."

感兴趣①。在塔克尔研究何为共识的目标中，从认知的角度来看，朗吉诺对过程的关注并不令人感兴趣。塔克尔不认为认知性共识使"共识沦为一个过程"，因为"如果只有遵循一个特别的过程，共识才具有认知性意义的话，那么这个过程是重要的，而非随后产生的共识是重要的"②。按照朗吉诺的观点和与塔克尔对其批评相反的观点，可以选择将朗吉诺的思想引入本论点中，因为它强调过程的意义。依据这一说法，朗吉诺的理论启发了最后两种言论。

## 四、结论

思考朗吉诺的理论并回顾本文对于多学科关系的论调，可以看出朗吉诺认知性的提议与上述帕瑞克的人权理论产生了共鸣。如前文提到的那样，帕瑞克辩称通过集体推理的过程，人们可以达成"人类共性"。现在，读过本文的人了解到朗吉诺辩称通过一个"互动对话社区"，人们可以达成共识。此外，我们还记得安格尔的观点称，交际是可能的，因为我们都能参与到诠释不同语言的共享实践中。通过此举，该论点调整多学科的知性方法，它们似乎都强调过程和实践在人权中实现普世价值的意义。这些联系可能加强了对人权话语中跨文化对话连续实践的保护。

---

① Ibid.

② Ibid, p. 502（Cf. p. 510；Although the critique to Longino's position happens in p. 510, Tucker frames her position has an "Habermasian stipulation" and uses his critique to Habermas, done in p. 502）.

# 东西方在发展权上的价值分歧与可能的共识

汪习根 *

**摘　要**：人权意味着每一个人有尊严地活着、过上体面的生活。然而，当今世界，发展严重失衡、贫富分化日益加剧，饥饿、疾病、经济危机、军事冲突和贸易战时刻威胁着人类。发展与人权成为全球性的关键议题。为此，联合国在 1986 通过《发展权利宣言》确认了发展权是一项人权。但是，东西方围绕发展权发生激烈争论。这一争议的实质是在形式正义和实质正义、绝对自由主义和相对自由主义、以布雷顿森林体系为核心的国际旧秩序和国际政治经济新秩序、个人主义和集体主义之间的价值分歧。只有消除分歧，求同存异，才能为全体人类谋求平等发展的权利。通过研究古中国传统文化及其在当代的演绎与创新以及西方自古希腊以来的人权法哲学思想，可以发现：东西方在发展权问题上可以达成六个方面的的价值共识：以人为本、博爱、公平正义、社会连带、共同善和可持续发展观。

**关键词**：中国；西方；人权；发展权；价值

人权意味着每一个人有尊严地活着，过上体面的生活。然而，当今世界，发展严重失衡、贫富分化日益加剧，饥饿、疾病、经济危机、军事冲突和贸易战时刻威胁着人类。在全球 76 亿总人口中，每日可支配收入低于 1.9 美元的绝对贫困人口高达 7.83 亿，占 10.3%。[①]可见，发展与人权成为全球性的关键议题。但是，在国际社会，围绕发展权（right to development）的分歧和争议从来就没有停止甚至愈演愈烈。为此，有必要揭示在发展权问题上的尖锐分歧及其深层次原因，探寻在多元人权文化背景下求同存异、达成价值共识的可能路径。

## 一、东西方对发展权的不同态度：发展是人权吗？

发展权作为一项人权，得到联合国的正式确认。1979 年联合国通过《关于发展权概念的决议》，1986 年联合国通过《发展权利宣言》。宣言第 1 条指出："发展权利是一项不可剥夺的人权，由于这种权利，每个人和所有各国人民均有权参与、促进并享受经

---

＊　中国教育部长江学者特聘教授，华中科技大学法学院、人权法律研究院院长。

①　UN, World Population Prospects, New York, 2019.

济、社会、文化和政治发展，在这种发展中，所有人权和基本自由都能获得充分实现。"①但是，发展权从提出之日起，便存在重大争议，在表决《发展权利宣言》时，美国投了反对票，六个发达的西方国家(比利时、法国、前联邦德国、以色列、英国、卢森堡)投了弃权票。目前，全球对待发展权的态度归结起来有三种：

1. 发展不是人权，相反，人权是发展的基础。有的学者认为，联合国通过的《发展权利宣言》是含糊的、内在矛盾的，重复表述了其他已经成文的权利，并且缺乏能够承担明确义务的主体。② 发展权不过是一种"修辞性话语"，并没有什么实质意义，相反，它似乎只是持续性地掩盖了当前的现状，存在着现实的危险。③

有的认为，在自由、平等权利得到保护之后，才能实现发展。不发达的根源在于不讲人权。如阿玛蒂亚森提出"以自由看待发展"。森把发展解释为对能力或是实质人权的扩张，"即有能力去过他或她有理由去珍视的生活"④。森力主消除那些限制自由的主要因素，并把这些因素解释为"贫穷和专制、糟糕的经济机会以及系统性的社会剥夺、对公共设施的忽略还有压迫型国家的排除异己或是过度参与"。森认为自由对于发展而言既是工具性的，亦是构成性的，还是建设性的。⑤

2. 发展与人权相互融合形成为一项新兴人权——发展权，被称之为第三代人权。被称为"发展权之父"⑥的联合国人权委员会委员、前塞内加尔最高法院院长 Kéba Mbaye 于 20 世纪 70 年代在法国斯特拉斯堡的国际人权研究所发表了一篇名为《作为一项人权的发展权》的演讲，首次提出了发展权一词。1979 年，联合国通过《关于发展权概念的决议》，正式确认发展权是一项人权。1986 年，联合国通过《发展权利宣言》，对发展权的概念、内容、重要性及其保护进行了全面确定。⑦ 1993 年第二届世界人权大会通过的《维也纳宣言和行动计划》再次确认了发展权的重要性⑧。在 20 世纪末，联合国

① UN General Assembly, Declaration on the Right to Development: resolution adopted by the General Assembly, 4 December 1986, A/RES/41/128.

② Allan Rosas, "The Right to Development", in Asbjorn Eide, Catarina Krause and Allan Rosas eds., Economic, Social and Cultural Rights. A Textbook, Dordrecht: Martinus Nijhoff, 1995, pp. 247-256; L. Amede Obiora, "Beyond the Rhetoric of a Right to Development", 18 Law and Policy 3/4 (1996), pp. 355-418. Http://www.unhch.ch/html/menu3/b/74.htm.

③ Peter Uvin, From the Right to Development to the Rights-based Approach: How "Human Rights" Entered Development, 17 Development in Practice, No. 4/5 (2007), pp. 597-606.

④ Amartya K. Sen, Development as Freedom, New York, NY: Alfred A. Knopf, 1999, p. 87.

⑤ Amartya K. Sen, Development as Freedom, New York, NY: Alfred A. Knopf, 1999, p. 1.

⑥ Provost, René, Review of Les Droits de l'Homme en Afrique, and: La Charte Africaine des Droits de l'homme et des Peuples—une Approche Juridique des Droits de l'homme Entre Tradition et Modernité. Human Rights Quarterly, Vol. 17 No. 4, 1995, pp. 807-812.

⑦ UN General Assembly, Declaration on the Right to Development: Resolution Adopted by the General Assembly, 4 December 1986, A/RES/41/128.

⑧ 世界人权大会重申，必须执行并实现《发展权利宣言》中的普遍不可剥夺的发展权利。参见 UN General Assembly, Vienna Declaration and Programme of Action, 12 July 1993, A/CONF. 157/23.

先后成立独立专家和高级别专家组，以及工作组研究如何实现发展权，开发出一套发展权标准(专家稿)供工作组审议，并致力于将发展权嵌入千年发展目标。发展中国家强烈主张发展权，并不懈地呼吁将发展权作为优先考虑的人权。① 目前，联合国继续高度重视落实和实现发展权，正在通过将发展权与联合国 2030 可持续发展议程连为一体，促进对发展权的保护。② 国际学术界共同致力于研究在可持续发展目标 SDGs 背景下的发展权实现道路与方式，形成较为丰富的理论与实践成果。③

3. 人权是实现发展的一种工具和方法，这被称之为"基于人权的发展方法"(human rights-based approach to development)。2003 年，联合国各机构、基金和项目发布了《基于人权的发展合作与规划方法》，规定：(a)所有的发展项目应当促进人权的实现；(b)人权标准应当引导发展进程的所有阶段；和(c)发展项目应当增进责任者的履责能力和/或权利人主张权利的能力。④

在原则上，基于人权的发展方法强调参与、可归责性、不歧视、平等和符合国际人权包括发展权的标准。

在功能上，基于人权的发展方法是促进符合人权的发展的一个工具，该方法的核心在于把基于国际人权标准的概念框架运用于发展权，以指导在发展项目中增进和保护所有人权，包括发展权。⑤

当然，也有人认为，基于人权的方法是一种非常精致的将人权与发展联系起来的方式。它更加务实而不是那么雄心勃勃，并不试图从根本上改变现有人权架构。⑥

他们以实践为导向，力图将人权原则引入发展思想和实践之中。⑦

---

① N. J. Udombana, the Third World and the Right to Development: Agenda for the Next Millennium, Human Rights Quarterly, Vol. 22, No. 3 (Aug., 2000), pp. 753-787.

② UN General Assembly, Transforming our world: the 2030 Agenda for Sustainable Development: Resolution adopted by the General Assembly on 25 September 2015, A/RES/70/1.

③ Xigen Wang, The Right to Development: Sustainable Development and the Practice of Good Governance, Brill Nijhoff, 2019.

④ The Human Rights-based Approach to Development Cooperation: Towards a Common Understanding among the United Nations Agencies, Second Inter-agency Workshop, Stamford, United States of America, May 2003.

⑤ 更多关于基于人权的发展方法信息，参见 Frequently Asked Questions on a Human Rights-based Approach to Development Cooperation (United Nations publication, Sales No. 06. XIV. 10).

⑥ Wouter Vandenhole & Paul Gready, (2014) Failures and Successes of Human Rights-Based Approaches to Development: Towards a Change Perspective, Nordic Journal of Human Rights, 32: 4, 291-311.

⑦ See L-H Piron with T O'Neil, "Integrating Human Rights into Development. A synthesis of donor approaches and experiences" (2005), available at storage. globalcitizen. net/data/topic/knowledge/uploads/201209121610859063_% E6% 96% B01% 20Integrating% 20Human% 20Rights% 20into% 20Development. pdf (accessed 10 May 2019).

今天，绝大多数西方国家包括欧盟承认了发展权，同意为落实发展权采取实际行动。但是，反对通过《发展权利国际公约》或任何具有强行法效力的相关文件。

对人权问题的实践态度和立场取决于特定的价值观。以上分歧在实质上是不同人权价值观之间的分歧。

## 二、东西方围绕发展权在价值观上的分歧

由于价值观上的根本区别，才导致了上述对待发展权的不同观点。归结起来，东西方价值观的差异主要体现为以下四个方面：

1. 对平等的不同理解：何为平等？平等究竟意味着形式平等还是实质平等？基于"平等"这一理念，衍生出公民权利和政治权利。但是，对平等本身存在着不同的理解。有的认为，平等意味着等价、等值，是一种数量上的对等；有的认为，平等是指起点的机会公平；有的认为，平等既是起点的机会均等，又是过程上的程序平等和结果上的实质正义。毋庸讳言，形式上的等值、等价与数量上的平等是必要的，对维护人类的权利具有重要意义。但是，平等是一个中性词，具有两个面向：形式上的平等有时会带来公平的结果，但有时又会导致结果的不公平。究竟是什么原因导致了不同的结果？这取决于不同的主体是否站在同一条起跑线，其起点、条件和前提是否平等的。有学者举例：让狼与羊同时开始比赛，看谁先吃掉对方。这一游戏在规则上看似平等的，其结果能够是公平的吗?! 同样道理，如果让一个身体健康的人和一个腿部残疾的人在同一条起跑线上同时开始起跑，其结果显然是不言而喻的。小到个人，大到国家和地区，道理是一样的。如果仅仅从形式平等出发，让不发达国家、极端贫困人口同发达国家和富人基于简单的形式平等规则进行经济竞争和技术交易，其结果显然也是不可能平等的。因为，前者在一开始就是出于能力缺失或严重不足的状态，根本没有竞争的实力，由此也就无法推导出全体人民和所有国家平等分享发展权这一命题。由于历史和现实的复杂原因，不同的个体、不同的地区和不同的国家之间在发展的起点上并不完全平等，甚至完全不平等。表面的形式平等和等价交换只会导致结果不公平。于是，社会正义、制度正义①、全球正义②应运而生，倡导实质上的公平正义而非简单的形式平等。例如，罗尔斯在《正义论》（A Theory of Justice）和《作为公平的正义》（Justice as Fairness）中提出了正义的两个原则：最大限度平等下的自由，和最大限度地保护在社会上处于最不利地位的

---

① Wenar, Leif, "John Rawls", The Stanford Encyclopedia of Philosophy（Spring 2017 Edition）, Edward N. Zalta（ed.）, available at URL = <https：//plato. stanford. edu/archives/spr2017/entries/rawls/>（accessed 10 May 2019）.

② Risse, Mathias, Global Justice, HKS Faculty Research Working Paper Series RWP11-001, John F. Kennedy School of Government, Harvard University. 2011. available at http：//web. hks. harvard. edu/publications/workingpapers/citation. aspx? PubId = 7521（accessed 10 May 2019）.

人即弱势群体利益最大化。① 在《万民法》(*The Law of Peoples*)中提出了旨在创设永久和平与宽容国际秩序的自由的对外政策。②上述理论在国际学术界存在较大争议，也不可能穷尽对正义问题的所有面向，但是，对探讨如何谋求全人类公平正义地发展提供了一条思路，在一定意义上为发展权提供了价值对话的基础。对此，联合国《发展权利宣言》(*Declaration on the Right to Development*)在序言中开宗明义地指出："发展是经济、社会、文化和政治的全面进程，其目的是在全体人民和所有个人积极、自由和有意义地参与发展及其带来的利益的公平分配的基础上，不断改善全体人民和所有个人的福利。"③

从实质公平出发，可以发现，现有的国际规则需要进行修正，以赋予发展中国家人民以特别优惠待遇，保护发展中国家的平等的发展权利。

2. 对自由的不同理解：究竟是绝对自由还是相对自由？绝对自由主义认为，市场自由竞争和优胜劣汰规律决定了发达国家和发展中国家之间是平等的，所以，只要能够实现自由竞争，保障市场开放，就可以做到等价交换，保障交易的平等，双方便都可以从中获利，于是，就不应该给予发展中国家更多的发展权。例如，诺贝尔经济学奖获得者哈耶克立足于新自由主义价值观，认为自由是最佳的救世良方，甚至主张干脆回到市场自由竞争的时代。但是，在相对自由主义看来，绝对的市场自由竞争必然导致无序和混乱、是贫困、灾难、经济危机和社会危机的根源，必须加以干预和限制，以确保在竞争中处于不利地位的弱势主体也能获利。于是，自20世纪初期，美国凯恩斯主义出现以来，国家干预主义和市场自由主义一直进行着激烈的争论，两者此消彼长，但总体而言，自由主义始终是西方的基本价值观。一个妥协的方案是，从相对自由主义看，既要实现市场自由，又要进行适度的外部干预，将自由约束在一定的限度之内。于是，人们纷纷开始探寻这个刻度或底线究竟在哪里。中国自1979年改革开放以来从计划经济到有计划的商品经济，再到市场经济的三次根本飞跃，聚焦于在发展中融入自由的价值。尤其是迈入新时代以来，中国再次进行价值重心的调整：把市场对资源配置的"基础性"作用改为"决定性"作用。④ 但是，这决不是要放弃公权力对市场自由的有效限制。在国际社会，全球化、贸易自由主义作为基本原则得到反复强调，但是，对过于自由的残酷的市场竞争所带来的恶果，有必要采取紧急措施予以消减。所以，无论是联合国人

---

① John Rawls, A Theory of Justice, Cambridge, MA: Harvard University Press. Revised edition, 1999; Justice as Fairness: A Restatement, E. Kelly (ed.), Cambridge, MA: Harvard University Press. 2001.

② John Rawls, The Law of Peoples, Cambridge, MA: Harvard University Press. . 1999.

③ UN General Assembly, Declaration on the Right to Development: resolution adopted by the General Assembly, 4 December 1986, A/RES/41/128.

④ 2012年党的十八大指出，使市场在资源配置中起决定作用。2013年党的十八届三中全会《决定》指出，建设统一开放、竞争有序的市场体系，是使市场在资源配置中起决定性作用的基础。必须加快形成企业自主经营、公平竞争，消费者自由选择、自主消费，商品和要素自由流动、平等交换的现代市场体系。

权理事会等人权机构，还是 WTO 以及多边发展机构等①②，都试图在自由发展与公平发展之间谋求适度的平衡，强调自由的共享性、均等性，即让每个人的自由度都与其他人的自由度尽可能同等大小。这似乎过于理想，但是，一直以来，却为弱势群体、不发达国家强烈呼吁和努力主张。

3. 对秩序的不同理解：究竟是维持现有秩序还是构建国际关系新秩序？旧的国际政治经济秩序是建立在美元霸权基础上的，导致全球利益关系严重失衡。发展中国家要求建立公正合理的国际关系新秩序，获得均等的发展权利。发展权正是在这一呼声中诞生和演进的。1974 年联合国大会通过《关于建立新的国际经济秩序的宣言》和《各国经济权利和义务宪章》，确认了"国际新秩序"这一概念。《关于建立新的国际经济秩序的宣言》宣称③：新的国际经济秩序，应当建立在一切国家待遇公平、主权平等、互相依存、共同受益以及协力合作的基础之上……将矫正各种不平等现象以及现存的待遇不公问题，从而能够消除发达国家与发展中国家之间日益扩大的鸿沟，并切实保证为当前这一代人以及子孙后代着想，稳步加速经济和社会的发展，增强和平与正义。《各国经济权利和义务宪章》强调④：发达国家在国际经济合作中应尽可能给予发展中国家非互惠的普惠待遇。但是，西方有人认为，新的国际经济秩序不过是发展中国家向发达国家要价的工具，而非发展和消除贫困的良方。只有资本主义制度才是经济增长的引擎。所以，发展权与新的国际经济秩序一样，都不过是国际斗争的手段而已，缺乏新的内容，没有国际强行法上的依据，不足以成为一项新的人权。

4. 对权利主体的不同理解：究竟是个人主义还是集体主义？西方从个人主义出发，不承认集体例如国家、民族的发展权。因为，人权的主体是人，人是有血有肉的个体，而不可能是什么集体。但是，自第一次世界大战以来，在国际社会，伴随着禁止奴隶公约⑤等相关国际文件的通过，开始把奴隶、少数民族、弱势群体等作为一个整体而非孤立的个体来看待，于是，集体人权这一概念应运而生。当然，目前，集体主义在一定程度认可了个人的人权地位，认为人权是集体人权和个人人权的统一，并最终为每一个个

---

① Wang Bei, Implementation of the Right to Development by Optimizing WTO Regulations from the Perspective of the Doha Development Agenda, in The Right to Development: Sustainable Development and the Practice of Good Governance, Brill Nijhoff, 2019, p. 288.

② 在联合国《2030 可持续发展议程》的 17 个目标中，目标 3. b 表明"对主要影响发展中国家的传染性和非传染性疾病的疫苗和药品的研究与开发予以支持，根据《TRIPS 协议与公共健康多哈宣言》规定，提供可负担的基本药品和疫苗，《宣言》申明发展中国家享有《与贸易有关的知识产权协议》中保障公共健康，尤其是所有人拥有获得药品的充分权利"。目标 17. 10 规定，"促进世界贸易组织下全体的、规则导向的、开放的、无差别的公平多边贸易体系，包括通过《多哈发展议程》谈判取得的结果"。The United Nations, Transforming Our World: The 2030 Agenda for Sustainable Development, A/RES/70/1.

③ UN, Declaration on the Establishment of a New International Economic Order, A/RES/S-6/3201, 1 May 1974.

④ UN, Charter of Economic Rights and Duties of States, A/RES/29/3281, 12 December 1974.

⑤ UN, Slavery Convention, Geneva, 25 September 1926.

人所享有。发展权起初是被当做一项集体人权而提出的，其初衷是为了保护发展中国家在国际社会享有平等发展机会。1986 年《发展权利宣言》对此进行了一定的调和，指明发展权是全体人民和个人的权利，也就是说，发展权既是集体人权，也是个人人权。

## 三、东西方形成发展权之价值共识的可能路径

人权是普遍性与特殊性的有机统一。尽管西方更多强调的是自由主义的人权价值观，中国秉持社会主义核心价值观。但是，"中国人民愿同各国人民一道，秉持和平、发展、公平、正义、民主、自由的人类共同价值，维护人的尊严和权利，推动形成更加公正、合理、包容的全球人权治理"。① 在国际人权法律标准尤其是联合国《发展权利宣言》的法律原则、中国和西方人权价值观三大方面进行比较分析，充分发掘东西方传统人权文化资源和现代人权理念的共性，通过东西方之间的理性对话，可以取得以下六大共识。

1. 从价值本源看，"人性尊严"是形成关于发展权的价值共识的理论基点。尊重人的尊严和价值、把人当做主体而非客体是人权的基本要求。其实，在中国，以民为本源远流长，成为中国传统思想文化的重要内涵。早在 2600 年前法家代表人物管仲就提出了"以人为本"②；孟子提出"民为贵，社稷次之，君为轻"③；《尚书》记载道："民惟邦本，本固邦宁"④；汉朝的贾谊提出"闻之于政，民无不为本也⑤"；东汉的王符强调"国之所以为国者，以有民也"⑥；宋朝的著名理学家朱熹提出"国以民为本，社稷亦以民为本"⑦。这表明，尽管古代社会皇权至上、不讲人权，但是，把人民而非君主当做主体和根本的思想，闪耀着人权的理性之光。在今天，中国提出"人民主体地位"和"以人民为中心的发展"⑧，以此为基本原则，致力于保障"全体人民平等参与和平等发展的权利"⑨。在西方：古希腊罗马时期，普罗塔戈拉提出了"人是万物的尺度"，但丁提出了"人权是帝国的基石"这一至理名言；在欧洲文艺复兴时期的人文主义直接催生了西方的人权思想。在国际社会，《联合国宪章》在序言中确认尊重"人格尊严和人的价值"⑩。

---

① 《习近平致信纪念《世界人权宣言》发表 70 周年座谈会强调坚持走符合国情的人权发展道路促进人的全面发展》，载《人民日报》2018 年 12 月 11 日，第 01 版。

② 《管子》。

③ 《孟子·尽心下》。

④ 《尚书·五子之歌》。

⑤ 贾谊著：《新书·大政上》，阎振益、钟夏校注，中华书局 2000 年版，第 338 页。

⑥ 王符：《潜夫论·边议》。

⑦ 朱熹著：《四书章句集注》卷一四《孟子集注·尽心章句下》，中华书局 1983 年版，第 367 页。

⑧ 中国共产党第十八届中央委员会第四次全体会议：《中共中央关于全面推进依法治国若干重大问题的决议》，载《人民日报》2014 年 10 月 29 日。

⑨ 中国共产党的十七大、十八大、和十九大报告连续不断地确立了全体公民的平等发展权。

⑩ The Charter of the United Nations, preamble.

人格尊严、人的价值得到《世界人权宣言》的反复确认和具体规定。①《发展权利宣言》提出："人是发展的主体。"联合国一直积极倡导"以人为中心的发展"②。可见，人性尊严是发展权的全球价值共识之一。

2. 从价值基础看，对普罗大众的"博爱"是发展权的一个价值共识。在中国，儒家早在 2000 多年前就提出了"仁者爱人"③，"己所不欲、勿施于人"④；墨家也提出了"兼爱"的宝贵思想⑤。在西方，法国大革命时期打出了自由、平等、博爱三面大旗。其中，基于"自由"产生了公民政治权利，基于"平等"产生了经济社会文化权利，而"博爱"则奠定了发展权等第三代人权的价值基础。在国际社会，《联合国宪章》第 1 条指出，联合国的宗旨之一在于"发展国家之间的友好关系"，"实现国际合作"⑥。《世界人权宣言》揭示了人权与"人类良知"的内在关系。⑦《发展权利宣言》第 1 条指出，发展权的主体是"每个人和所有各国人民"，即泛指全体人类或一切人。联合国 2030 可持续发展议程指出，发展的目的在于"保障人权（包括发展权）""不让一个人掉队"。⑧ 可见，立足于人与人的理性和互动关系，把人当人看，力争做到以爱我之心去爱芸芸众生，是发展权的重要的全球价值基础。

3. 从价值内核看，公平正义是达成发展权价值共识的关键。人权意味着人能够获得正当的利益。在中国古代，儒家早在 2000 多年前就提出了"天下为公"⑨；南宋农民运动领袖钟相提出，"法分贵贱、贫富，非善法也。我行法，当等贵贱、均贫富"。太平天国提出："有田同耕，有饭同食，有钱同使，无处不均匀，无人不饱暖。"今天，中国提出了社会公平理论，从机会公平、规则公平和权利公平三个层面建构社会公平体系。在西方，古希腊亚里士多德最早把正义分为分配正义和矫正正义。当代正义论的代表性人物罗尔斯提出了社会正义论，揭示了关于正义的两个定律：一是实现最大限度平等下的自由，二是机会开放和保护弱者，即社会的制度安排能够使社会上处于最不利地位的人最为有利。在国际社会，《联合国宪章》开宗明义地指出"正义"与自由以及和平是联合国的目的。⑩ 这得到《世界人权宣言》的直接全面地确认。⑪《发展权利宣言》序言最后一段强调指出，"发展机会均等是国家和组成国家的个人一项特有权利"。可见，

---

① Universal Declaration of Human Rights, preamble, Article 1, 22 & 23.

② Declaration on the Right to Development, Article 2.

③《孟子·离娄下》。

④《论语—颜渊篇第二章》。

⑤《墨子·兼爱》。

⑥ The Charter of the United Nations, Purpose 2 & 3 in Article 1.

⑦ Universal Declaration of Human Rights, preamble.

⑧ UN, Transforming Our World: the 2030 Agenda for Sustainable Development. A/RES/70/1, 21 October 2015.

⑨《礼运》。

⑩ The Charter of the United Nations, Article 1.1, Article 2.2.

⑪ Universal Declaration of Human Rights, preamble.

公平正义是发展权在对话中达成共识的核心价值。

4. 从价值场域看，全球社会的"共同善"是发展权之价值共识的考量维度。发展权不仅关注某一个人、某一个区域或国家的私利，而且从全球视角来保护全体人类大家庭中的每一个人的人权。对此，中国古代提出了"大同世界"的美好设想。实现"老有所终，壮有所用，幼有所长，矜寡孤独废疾者，皆有所养"。① 今天，习近平提出全体人类共商共建共享、"构建人类命运共同体"②，完善全球人权治理体系，"推动形成更加公正、合理、包容的全球人权治理"。③ 在西方，世界大同、世界主义在古希腊文明之中就依稀可见。德国古典哲学家康德曾提出"世界公民的权利"，美国现代法学家庞德（Roscoe·Pound）提出了"世界法"这一概念④，法国的米海依尔·戴尔玛斯-马蒂（Mireill Delmas-Marty）论证了世界法的三个挑战。⑤ 当代西方学者超越一国界限阐释了"全球正义论"。所有这些都为发展权提供了对话的价值基础。在国际社会，《联合国宪章》指出联合国旨在促进各国采取协调一致的行动以达成"共识"⑥。《世界人权宣言》在序言第一段采用了"人类家庭"这一概念来揭示全体人类而非某个人或少数群体的人权的重要性。《发展权利宣言》强调发展权是"全体人类"（序言）共享的权利，权利和义务主体是"所有国家"⑦，要在"国家一级和国际一级"⑧同时采取措施保障发展权。总之，基于共同的善德，进行理性的对话与交流，是在全球达成发展权共识的价值整合之重要路径。

5. 从价值关系看，"社会连带"是形成发展权价值共识的必然要求。人不是孤立的存在，人权不只是个人对抗政府的权利，应当把个人置于与他人相互关联的关系模式之中看待，才能发现人权的真谛。发展权是以社会关系的断裂与失衡为引发点，以修复断裂的社会关系、还原人的本质为依托的。其中，发展权特别依赖发达者和不发达者、穷人和富人、强国和弱国之间的互动、理性、公平、包容的关系。在中国，如前所述，2000 多年前的墨家就提出"兼相爱、交相利"的思想。⑨ 法国以里昂·狄骥（Léon Duguit）为代表的社会连带主义法学派提出了"社会连带性"是人的基本属性。社会连带为围绕发展权的全球对话奠定了价值基础，因为发达国家的发展离不开发展中国家的发展，合则两利、战则两败。《世界人权宣言》强调人类"应以兄弟关系的精神相对待"⑩。

---

① 《礼运》。

② 习近平：《论坚持推动构建人类命运共同体》，中央文献出版社 2018 年版。

③ 《习近平致信纪念〈世界人权宣言〉发表 70 周年座谈会强调坚持走符合国情的人权发展道路促进人的全面发展》，载《人民日报》2018 年 12 月 11 日 01 版。

④ Roscoe Pound, Jurisprudence, West Publishing Co., 1959.

⑤ Mireille Delmas-Marty, Global Law: A Triple Challenge, translated by Naomi Norberg, Transnational Publishers Inc., U. S. 2003.

⑥ The Charter of the United Nations, Article 1. 4.

⑦ Declaration on the Right to Development, Article 6 & 8.

⑧ Declaration on the Right to Development, Article 10.

⑨ 《墨子·兼爱》。

⑩ Universal Declaration of Human Rights, Article 1.

联合国《发展权利宣言》指出，发展权的实现立基于"各国间友好关系与合作"①"实现发展权利需要充分尊重有关各国依照《联合国宪章》建立友好关系与合作的国际法原则"。② 可见，从社会连带、包容与国际合作的价值准则出发，进行不同价值观的整合，是探寻发展权全球共识的必由之路。

6. 从价值功能看，新发展观为发展权价值共识注入了实践理性。发展权所指的发展历经了从经济增长到经济与社会二元互动再到经济社会环境多维共进的演进。其实，中国古代道家提出了"天人合一""道法自然"。当代中国提出"创新、协调、绿色、开放、共享"的新发展理念，以及"经济、政治、社会、文化和生态文明建设"五位一体的发展战略，把生存权和发展权作为首要的基本人权，以发展促进人权的实现。认为：发展是解决一切发展中出现的问题包括人权问题的关键，"发展是硬道理"（邓小平，1980年代）、"发展是执政兴国的第一要务"（江泽民、胡锦涛，2000年代）、"发展是中国的第一要务"（习近平，2010年代）。在西方，20世纪60年代提出了经济、社会与环境三位一体的"新发展观"③；"可持续发展"一词是1980年由国际自然保护同盟在《世界自然资源保护大纲》首次提出的；1987年，由挪威前首相布伦特兰夫人为主席的世界环境与发展委员会出版《我们共同的未来》报告，将可持续发展定义为："既能满足当代人的需要，又不对后代人满足其需要的能力构成危害的发展。"自此，可持续发展概念为联合国所接受并广泛传播④。在国际社会，《联合国宪章》指出其宗旨之一在于"解决属于经济、社会、文化及人类福利性质之国际问题"以尊重所有人权和基本自由⑤。1966年联合国通过的国际人权两公约（《公民权利和政治权利公约》和《经济、社会、文化权利国际公约》）以国际强行法的形式第一次赋予了人权的经济、政治、社会、文化属性。联合国《发展权利宣言》第1条宣称发展权是"经济、社会、文化和政治发展"的权利。联合国《2030可持续发展议程》确立了发展的三大支柱是"经济、社会和环境"（序言），并确认，"需要建立和平、公正和包容的社会……人权（包括发展权）得到尊重"（第35段）。⑥

---

① Declaration on the Right to Development, Para. 4 of preamble.

② Declaration on the Right to Development, Article 3. 2.

③ François Perroux, A New Concept of Development, The United Nations Educational, Scientific and Cultural Organization, Paris, 1983.

④ Report of World Commission on Environment and Development (WCED): Our Common Future, 1987.

⑤ The Charter of the United Nations, Article 1. 1.

⑥ UN, Transforming Our World: the 2030 Agenda for Sustainable Development. A/RES/70/1, 21 October 2015.

# 免于恐惧的自由

## ——欧洲和中国的不同方法

荆 超*

**摘 要**：大约在 70 年前，广为人知的"四项自由"就被列入了《世界人权宣言》的序言部分。欧洲国家将安全视为一项与个人自由相冲突的公共利益。中国采取了不同的方式，将其视为一项公共利益和个人权利。然而，近几十年来，这两种方法都遇到了挑战和问题。本文认为，尽管两者具有不同的文化和历史，但却可以相互借鉴。我们目睹了两种不同的方法殊途同归的趋势。

**关键词**：免于恐惧的自由；安全；公共利益；人权

免于恐惧的自由和其他三项重要自由由美国当时的总统富兰克林·罗斯福提出，并于 1948 年载入《世界人权宣言》(以下简称 UDHR)的序言。然而，在国际人权机制发展近 70 年的时间里，其后的各种公约及履行过程却已忘却了这种自由。

## 一、人权背景下免于恐惧的自由

### (一)历史起源与发展

特意将自由限定在人权的背景下可能会遭到质疑，因为二者一般是可以交换的。的确，免于恐惧的自由的内容不仅仅是一项人权，即便当时罗斯福总统提出来的时候也是如此。1941 年提出这一概念的时候，其原意就与当时的背景紧密结合在一起。

当法国已落入纳粹德国之手，英国在欧洲大陆独自挣扎的时候，美国领土远离战事，盛行"美国至上运动"与孤立主义观点。当时，和平是美国人的主要关注点。在这一背景下，罗斯福总统向国会发表了年度国情咨文，阐明了四大自由——言论自由、信仰自由、免于匮乏的自由与免于恐惧的自由。① 这次演说可以被视为政策甚至是宣传，而不是为了证实某些基本权利，其重要意图在于将对英国的经济支持合法化并准备

---

* 荷兰乌特勒支大学法学、经济与治理学院国际与欧洲法、人权博士研究生。

① 见富兰克林·D·罗斯福(1941 年 1 月 6 日)http：//www. voicesofdemocracy. umd. edu/fdr-the-four-freedoms-speech-text/. 2019 年 4 月 6 日访问。

参战。

四大自由试图提供共同的价值观或为各国人民所接受的未来世界蓝图，它们将美国人与世界其他地区联系在一起，从而对抗美国国内的孤立主义者。要记住，主要问题是国际和平与安全，免于恐惧的自由和免于匮乏的自由分别与达成这一目标相联系。免于匮乏的自由是为了削减战争的物质与经济原因，免于恐惧的自由则直指减少发动战争的方法，尤其是它呼吁在"全球范围内裁减军备"。在这个意义上，免于恐惧的自由实际上是以自由的形式呼吁裁减军备。即便在和平关切的范围内，其意义后来在联合国宪章中也发生了重大变化。首先，呼吁裁军以达到各国都再也没有能力发动侵略的程度，这本身就过于理想化，更不用说在战败轴心国内的执行过程。在国家主权的概念下，只要不威胁或破坏国际和平，一个国家有权发展自己的军事力量，从而保护自身或维护国际和平。从这个意义上说，免于恐惧的自由应该是通过制止使用力量而不是减少可用力量来实现的。

### （二）被人权公约遗忘？

联合国建立后不久，就起草并发布了《世界人权宣言》，这是一项保障一系列基本权利的国际化公约。四大自由被载入《世界人权宣言》的序言，并在《公民权利与政治权利公约》和《经济、社会及文化权利国际公约》（以下简称 IESCR）中得到重申。

在四大自由中，前两大自由（言论自由与信仰自由）直接反映在《世界人权宣言》、《公民权利与政治权利公约》和《保护人权与基本自由公约》（以下简称欧洲人权公约）的相应条款中。例如，《公民权利与政治权利公约》第 19 条和《欧洲人权公约》第 10 条分别规定了言论自由，《公民权利与政治权利公约》第 18 条和《欧洲人权公约》第 9 条分别规定了信仰自由。免于匮乏的自由散布于《世界人权宣言》的几项条款中，同样散布于另一项公约——《经济、社会及文化权利国际公约》之中。虽然这些条款及条约表达了上述三种自由的自然意义，但显然，其中并不包括免于恐惧的自由。

《世界人权宣言》确实有一些条款是包含在免于恐惧的自由的意义之中的。第 3 条称"人人有权享有生命、自由和人身安全"，第 28 条称"人人有权要求一种社会的和国际的秩序，在这种秩序中，本宣言所载的权利和自由能够获得充分实现"。在人权而非国际关系的背景下，免于恐惧的自由转变为一种权利，其主体是个人。后者尽管充分表达了免于恐惧的自由的原意，但这种自由却从未再在人权公约中加以规定。

第 3 条中，"获得安全的权利"的主要内容从其自然意义来看，有着反对侵犯个人身体的类似效果。但是，事后看来，该权利在后续几个人权公约中并没有包含反对侵害个人身体的意义。对此的简单解释可以归结为一个事实，即"免于恐惧的自由"确实是在人权的掩盖下提出，试图解决另一领域问题的。从这个意义上说，免于恐惧的自由从《世界人权宣言》以后就逐渐消失了。

## 二、欧洲的方法——将安全作为一种公共利益

如今看来，《世界人权宣言》是一项拆解的人权公约。因此，国际社会努力在人类应当享有的基本权利与自由上达成一项条约。欧洲委员会制定的《欧洲人权公约》，而非联合国 1966 年的两项公约，被认为是共同执行《世界人权宣言》的第一步。《欧洲人权公约》的文本甚至在最初起草的时候都没有提到过四大自由。欧洲国家享有"政治传统、理想、自由与法治的共同遗产"，采用了另一种方法来理解安全问题。

安全问题可以分为两个方面。一方面，从个人角度来看，安全应当包含在人权之中；另一方面，从社会的角度来看，安全被视为一项公共利益，例如国家安全就是其最严重最广泛的形式。

### (一) 限制自由的安全——采用和解的方式

《欧洲人权公约》明确表示，欧洲国家对安全的理解聚焦于其公共利益层面。个人安全与其国家起源理论紧密相连，社会契约论中对国家起源作了总结。保护个人自由、财产和安全是政治团体与政府形成的首要因素。换言之，保护人民免于"不安全"或"不安定"[1]因素，是一个国家存在的合法性基础。从这个意义上说，安全更多关乎公共因素而不是个人因素。

公共利益不一定会与个人利益相冲突，因为作为社会的一员，个人本身也会从中获益。但是，根据经典理论，人权仅指每一个个人而非群体享有的基本权利。国家安全作为局限的正当理由、克减的状况或保留的理由而出现，使西方国家倾向于在人权之外来看待他。此外，维护安全成为当局行使的一项权力，这一事实也显著放大了国家安全。因此，在《欧洲人权公约》下，自由与安全的关系直接呈现为二元对立。

通过《欧洲人权公约》提供的机制，除了加入的时候作出保留，对某些人权的限制与克减是仅有的可以衡量安全利益的法律基础。国家安全列入公约下第 6、8、10、11条，第 4 条第 2 项和第 7 条的第 1 项；第 15 条列明了紧急状态下人权的克减。原则上，并非出于安全考量的人权限制或克减则属于异常情况。

为了限制这种异常状态，欧洲人权法院(以下简称 ECtHR，或者法院)制定了三层要求来限制当局的自行决定权：合法、合法性与必要性。在合法性要求方面，只有彻底列明所有理由，才能援引法律使对人权的限制合理化，这些理由包括"国家安全""国家经济福利""领土完整"。

第一层要求进一步发展为要求法律具有某些品质——可及性和可预见性。在实践中，可及性品质通常通过法律的颁布来满足，既可以以特别法的形式，也将某些条款以一般法的形式颁布。而且，可预见性的品质要求则需要更多实质评估。在刑法有关危害国家安全罪的内容中，个人应当能够承认"什么样的行为或疏忽将使其负有刑事责任"

---

① 参见约翰·洛克《政府论》中的"政治社会和政府的目的"(1689)。

而且在那种意义上会产生什么样的不良后果。①

对必要性的评估分为两个方面：冲突中的利益，以及寻求目标所采用措施的合法性。前一个方面的平衡发生在不同目的之间，通常一方面有关某些公共利益，另一方面则是个人自由。尤其表现为异常状态时，法庭制定的底线是，无论何种公共利益处于险境，干预都不应损害上述权利的实质。对第二方面的评估聚焦于方法与目的间的比例。在各种情况下，国家安全都是至高无上的公共利益。

克减是一个国家减少其对国家安全问题所负义务的另一个允许的选项。他更像是规定限制的特别法，在更严重的情况下提出，带有实质性和程序性要求。限制情况下的国家安全问题包含从恐怖主义、间谍活动到公民权利的安排，而在克减情况下，国家安全问题则更为严重，它们强调军队安全、领土安全、主权安全、政治安全或公民安全，以及自国家诞生以来就一直关切的利益。

关于公共紧急状态，前欧洲人权委员会列出了如下特征：②

(1)必须真实而临近

(2)其影响必须涉及全国上下

(3)有序的社会生活的持续受到威胁

(4)危机或危险必须是异常的，在那种情况下，公约为了维护公共安全、卫生和秩序所允许采取的正常措施或限制规定明显不足以应对。

**(二)受到恐怖主义和恐惧挑战的方法**

近来一些有关反恐的做法加强了继续固守人权原则会危及国家安全的模式化观念。

"911"事件后，恐怖主义通常被视为对国家安全的威胁。尽管恐怖主义的目标或动机各有不同，但它可以被定义为"专门为了造成恐怖并恫吓部分或全部国民而过分使用暴力"③的活动。"过分使用暴力"具有不可预测的特征，随着其网络的不断扩大而放大，在心理层面引发恐惧机制。尽管国家安全是公共利益，但是在这一背景下则更多地与个人联系在了一起。它导致了一种表象，即人们必须在安全和自由之间作出选择。

我们已经见证了，一旦事件被标记为恐怖主义事件通常意味着人们会愈加担忧其预防性阶段、情报机关的支持、警方大范围授权调查和可能加重的判决。此外，最为重要的是首先要采取先发制人的措施来防止恐怖主义袭击，这就使得诸如秘密监视等一系列问题夹在自由与安全之间左右为难。在国家安全与人权关系方面，国家安全的"异常性"大大降低了。然而，至少在人权框架下，国家安全仍被视为公共利益，因而需要经

---

① 参见，例如，诺维科娃及其他对俄罗斯，25501/07，57569/11，80153/12，5790/13 和 35015/13 号，§125，《欧洲人权公约》2016；普罗托帕帕对土耳其，16084/90，§125，《欧洲人权公约》，2009。

② 参见丹麦、挪威、瑞典和荷兰对希腊(1968)25 CD 92，153 段。

③ 安娜·厄米希恩：《恐怖主义与反恐法——遭到恐吓的立法者？反恐怖主义法及其在英国、西班牙、德国和法国法律体系中对人权的影响》，因特桑提亚出版社 2009，p. 127。

过三层测试的调和。

自由对安全的二分法正面临着国家安全"异常性"不断退却的挑战。当代恐怖主义使得对公众的危害或威胁极大地"个人化"了。在人权框架下，当局获得了相当大的自行决定权，尤其是在自身对局势的判断的基础上。三层测试的焦点逐渐由合理性转移到保护权力不被滥用的机制上来。

## 三、中国的方式——作为公共利益的安全与个人权利

### (一)作为公共利益的安全

现代欧洲国家是在源于启蒙运动的自由主义学说上建立起来的。启蒙运动复兴了人的价值，并将人的自由与平等作为终极目标。结果，公共利益不过是实现个人自由的一种手段，这也就是其所谓的"异常"作用的潜在原因。

中国试图以一种截然不同的方式理解公共利益与个人权利之间的关系。现代中国作为一个社会主义国家，是在公平的理想上建立起来的，意味着它更加倾向于公共利益。然而，在与个人权利的关系方面，公共利益通过一种更加综合的方法而不是简单的二元对立关系被解释。

基于辩证唯物主义理论，公共利益不仅仅是所有个人利益的总和，而是经过抽象与整合、反映共同利益的利益。因此，它与功利主义有着明显的区别。更重要的是，它聚焦于与个人权利的和解而非冲突上。个人权利是公共利益的基础与目的，而实现个人权利就必须保护公共利益。公共利益的大小不仅归结于涉及人数的多少，而且要反映人民最基本的需求。明白了这一点，国家安全就必然是一种公共利益。

2014年，新成立的中国共产党中央国家安全委员会提出了总体国家安全观[1]，表明中国当局在理解安全的道路上树立了新的里程碑。这一理解来源于不能躺在过去的功劳簿上的理念。中国当局根据自身经验，深刻理解和平与稳定对于经济与人权的重要性。国家安全蕴含在每个人的利益之中，被认为是当局的首要关注点和人民福祉的重要前提。

中国对国家安全的这一理解并不局限于其传统内容，同时也反映了这一概念在当代的发展。该方法特别形成并总结了其内容的12个方面，包括人民的安全、政治安全、领土安全、军事安全、经济安全、文化安全、社会安全、技术安全、网络安全、生态安全、资源安全以及核安全。其中，人民的安全有着至关重要的意义。

人民的安全不仅仅是国家安全的一个方面，也是其根本目标。国家安全的其他方面不过是实现该目标的方法。这准确反映了伊曼努尔·康德令人信服的伦理，提议一个人不应仅仅作为方法，而应作为目的来加以对待。通过此举，即便没有引入人权来加以平

---

[1] 《习近平主席强调安全的重要性》，载环球时报网，2014年4月16日，http：//www.globaltimes.cn/content/854853.shtml 2019年4月23日访问。

衡，它仍然可以（当然是在理论上）阻止当局追求理性。就中国的政治背景而言，这一点更加真实，因为人民的福祉始终是共产党的第一要务。但是，目标的价值不能否认方法的重要性，否则目标就根本无法实现。国家安全的各方面都在为这一个目标服务，正如中国总体国家安全观所表现的那样。

### （二）安全作为一项个人权利

在人权话语中，将安全视为一种个人权利至少需要满足下列三个要求。第一个要求与内容有关，它需要从个人的视角表达其含义，指出能够获得免于身体侵害的利益或可能性。

第二，权利保护个人免受当局、其他个人和组织带来的身体伤害。前者通常引发人权背景下的死刑与酷刑问题。至于组织或其他个人的暴力，愈加受到关注的问题就是恐怖袭击。

第三，权利呼吁国家积极履行义务，对人权加以保护。对人权的经典理解仅仅要求当局不侵犯人权。由于安全的权利包括防止其他个人而不是政府带来的身体伤害，要实现这一点就主要需要当局积极参与，为居民提供此类保护。

在与现代人权理论相符的基础上，中国在话语上采取了综合的观点，与西方国家截然不同。当局认为，人权的实现不仅需要当局避免干预人们的人权，也需要当局积极履行义务来为其识别与实现提供条件并保护其不受侵犯。此外，这种观点也完美地反映出中国当局与人民之间的政治关系。在共产党的领导和组织下，中国人民建立了中华人民共和国完成了社会主义改造，实行了改革开放政策，最近正致力于建设小康社会。政府在公共事务和许多私营领域中发挥了关键作用。另一方面，人民期待当局有效参与并保护其利益。这种信任贯穿于中华人民共和国成立与发展的整个过程之中。

人权事业不仅需要得到尊重，还需要保护和推动。尽管中国目前并没有人权法案，但显然人身安全的权利包含在其理解"生命权"这一个人权利的含义里。在有关人权的数份政府文件中，恐怖袭击被视为对人民生命、卫生、发展权利及其他基本人权[①]的严重威胁，而保障个人安全成为最近数项国家安全法律的宗旨之一。[②]

有了对人权的现代化综合性理解，中国将人身安全的权利确认为一项不可分割的人权，而不仅仅是一项公共利益。在此方面，可以说它从《世界人权宣言》中继承了"免于恐惧的自由"的含义，并与动态释义相结合。

### （三）方法所面临的挑战

中国采取的这种"对立统一"的方法亦有其问题与挑战，其中一个主要问题是个人

---

① 见新华社，"新疆的反恐反极端主义斗争与人权保护"（新华社，2019 年 3 月 18 日）<http：//www.xinhuanet.com/english/2019-03/18/c_137904166.htm>2019 年 4 月 20 日访问。

② 见中国日报，"中国改革开放 40 年人权发展历程"（中国日报，2018 年 12 月 13 日）<http：//www.chinadaily.com.cn/a/201812/13/WS5c11a0dba310eff303290b39.html> 2019 年 4 月 20 日访问。

权利与自由变得越来越重要。它逐渐突出了公共利益与个人权利之间的矛盾，掩盖了二者之间的联系。

几十年来，人们的需求发生了变化。不同于欧洲国家，中国政府将"人民福祉"作为自身的总目标而不是诸如个人自由的特殊价值。该目标是综合性的，包含了个人自由，同时它还是动态的，也就是意味着其内容与目前的优先项都是可以变化的。近几十年来，中国国内稳定，经济发展，因而满足了中国人民的基本需求。值得注意的是，该问题并不是非此即彼的。在处理国家安全与人权关系的实践中，我们很少择其一而完全放弃另一个。但是，当人们的某些需求得到满足的时候，他们会愈加关注公民与政治自由。因此，政府正面临一种局面，这种局面要求保障从某些个人权利中抽象并整合的公共利益，在此，这种个人权利指的是人身安全，它将改善其他个人权利。

## 四、总结

采用《欧洲人权公约》后，免于恐惧的自由明显在欧洲人权的背景下逐渐消失。反之，它很大程度上被国家安全取代，而国家安全是克减人权的合法理由。恐怖主义及其带来的恐惧极大地增加了国家安全的权重，挑战其在自由与安全二元对立方法中的异常性。

中国采取"对立统一"的方法，认为免于恐惧的自由既是公共利益，也是个人权利。更重要的是，人民的需求正发生着变化，更强调个人权利。实用性需求要求调整方法而不是彻底打破它。

虽然中国社会与欧洲社会根植于不同的文化与历史，但它们仍可能，或者更准确地说，仍不可避免地朝着人类命运共同体的方向努力。它清楚地表明，人类文明多样性是世界的基本特征，也是人类进步的源泉。不同文明间能够并应当相互借鉴从而实现共同进步。

国家安全越来越常态化的原因之一在于安全不仅仅是公共利益，同时也是个人利益，只有在受到威胁和损害的时候才会显现。将安全视为个人利益将在某种程度上解决政治正确与现实情况之间进退两难的窘境。在这种意义上，倾向于安全利益并不意味着放弃个人自由并创造出警察国家甚至独裁国家，因为免于恐惧的自由同样蕴含在每一个个体的利益之中。

对中国而言，应当更加强调机制。由于人们越来越关注个人权利，将人权考量纳入国家安全管理体制就至关重要。从 2014 年开始，我们见证了一系列国家安全法律得到通过，其中包括国家安全法、反间谍法、反恐怖主义法、网络安全法、国家情报法和境外非政府组织境内活动法。此举是平衡国家安全与人权机制的法律基础。

70 多年前，《世界人权宣言》认为人们能够享有免于恐惧的自由及其他自由的世界是"普通民众的最高理想"。人类命运共同体的理念也具有同样的精神。尽管中国与欧洲国家理解各异，方法不同，它们仍拥有共同的终极目标——即"人"。这一目标是不同文化历史背景的人们能够共享未来的根本所在。

（译者：王晶晶）

# 主题二：人类命运共同体的人权意义

# 将国际人权体系建设成为人类命运共同体

Tom Zwart（汤姆·兹瓦特）*

**摘　要**：鉴于自由国际秩序的衰落，人们提出了一个问题，即中国将如何处理国际关系，特别是在人权领域的国际关系。习近平主席发表的讲话表明，中国将在维护国家主权和不干涉原则的前提下，继续致力于维护国际秩序和多边主义。它将忠于其与发展中国家的伙伴关系，同时呼吁发展中国家在国际治理体系中拥有更多发言权。应用到人权领域，这样的理念力图结束自由人权方法的统治，同时强调依据具体环境落实人权的重要性。这需要进行程序上的改革，以对话取代对抗，以鼓励取代批评，并开展最佳做法的学术交流。这些问题在《世界人权宣言》中有支持依据。

**关键词**：国际关系；人权；人类命运共同体

## 一、引言①

几十年来一直主导国际关系的自由国际秩序正在消亡。②特朗普基于民族主义纲领当选美国第 45 任总统，并且其政府也正在实施民族主义纲领，这就表明了自由国际秩序正在消逝的事实。就人权而言，美国选择退出"联合国人权理事会"，标志着它不再致力于实现多边主义。

因此，观察家越来越多地将目光投向中国，基于经济的不断增长，中国预计将在国际社会中发挥更加重要的作用。中国将如何处理现有的国际秩序，特别是国际人权体系？

---

＊　荷兰乌特勒支大学跨文化法律教授。

①　Some of the ideas developed in this paper were first presented during the International Seminar of Human Rights and Building a Community of Shared Future for Mankind, a side event to the UN Human Rights Council hosted by the Chinese Mission to the UN at Geneva and the China Society for Human Rights Studies on June 14, 2017. I am grateful to Ambassador Ma Zhaoxu and General Secretary Lu Guangjin for the invitation.

②　John J. Mearsheimer, *The Great Delusion*, *Liberal Dreams and International Realities*, New Have, 2018.

幸运的是，中国国家主席习近平发表了许多指导性演讲，呼吁建立人类命运共同体①。这些演讲及其所传达的中国传统思想将在本文中进行分析。这项分析有助于确定可能影响国际人权议程的观点。

本文之后的探讨将如下展开：第 2 节讨论了习近平演讲中提到的基本元素，这些元素一直是中国人权议程的一部分。第 3 节列出了新元素及其古典哲学基础。第 4 节确定了可以从演讲中提炼出来对国际人权体系的一些指导。

## 二、中国外交政策的延续性

习近平总书记在讲话中强调了一些传统上属于中国外交政策的元素。因此，习主席明确表示，中国致力于根据《联合国宪章》规定的原则维护现有的国际秩序。中国将继续致力于多边主义，并拒绝单边主义②。

毫不意外，中国还将继续高度重视国家主权，反对干涉别国内政。习主席认为，这不仅意味着所有国家的主权和领土完整都是不可侵犯的，而且它们的国家内政不受干涉。这也意味着，应维护所有国家独立选择社会制度和发展道路的权利，并应尊重所有国家促进经济社会发展、改善人民生活的努力③。

习近平主席还明确表示，中国将忠于其与发展中国家的伙伴关系。因此，中国支持发展中国家、特别是非洲国家在国际治理体系中拥有更多的代表权和更大的发言权④。

## 三、新时期国际关系：构建人类命运共同体

### (一)构建真正为全人类共享的世界

习主席认为，联合国的理想，例如和平、发展、平等、正义、民主和自由，尽管崇高，但并非已然付诸实践。因此，联合国成员国应继续努力实现这些目标⑤。为了实现《联合国宪章》的宗旨和原则，应发展一种新型的国际关系，承认所有国家都是相互依

---

① Speech by H. E. Xi Jinping President of the People's Republic of China at UNESCO Headquarters, 28 March 2014, available at: https://www.fmprc.gov.cn/mfa_eng/wjdt_665385/zyjh_665391/t1142560.shtml; keynote speech by H. E. Xi Jinping at the Boao Forum for Asia Annual Conference 2015, 28 March 2015, available at: http://www.xinhuanet.com//english/2015-03/29/c_134106145.htm; Working Together to Forge a New Partnership of Win-win Cooperation and Create a Community of Shared Future for Mankind, Statement made by H. E. Xi Jinping at the General Debate of the 70th Session of the UN General Assembly, 28 September 2015, available at: https://www.voltairenet.org/article188880.html. l.

② Xi Jinping, UN speech *supra* note 3.

③ Xi Jinping, Boao speech and UN speech *supra* note 3.

④ Xi Jinping, UN speech *supra* note 3.

⑤ *Ibid.*

存的，有着共同的未来。因此，应该构建人类命运共同体①。

为此，习近平主席援引了一句中国古谚语："大道之行也，天下为公。"这种说法使人联想到赵汀阳学者的著作，他认为当前的国际秩序是狭隘的，而不是世界性的，因为它是由国家利益决定的国家哲学的混合体。因此，当前的世界体系仅反映了属于世界的哲学，而不是为世界谋取普遍福祉的思想②。

根据赵汀阳的观点，应该通过发展代表世界的世界哲学来用世界性取代国际性③。就赵汀阳而言，这样的世界哲学应该基于古典的"天下"概念，这意味着"天下一家"。"天下"的概念认为世界是由物质世界(土地)、心理世界(人民的普遍情感)和制度世界(世界性制度)组成的④。世界秩序不能仅基于地理层面，还需要从精神层面上构建，这可以通过建立普遍和谐的政治制度来实现。这种政治制度可以成功地解决所有人民之间普遍合作的问题。⑤

### (二) 和谐是重要组成部分

习主席认为，和谐应该是人类命运共同体的重要组成部分。但是，不应将和谐与同一性混为一谈⑥。习主席表示，文化多样性使得世界更加丰富多彩。他提到了中国的传统格言："一花独放不是春，百花齐放春满园。"如果世界上只有一种花，无论它多么美丽，人们都会发现它很无聊。因此，文明的发展需要接受差异性。不同文明应彼此借鉴，以促进人类文明的创造性发展并实现进步⑦。

这些观点都起源于中国古典思想。中国传统提倡"通过多样性实现和谐"⑧。从哲学上讲，和谐是以不同事物的存在为前提的，并暗示着不同事物之间存在着良好关系⑨。只用一种原料制成的汤是无味的，只用一种乐器组成的交响乐是无趣的，只有一个声音组成的政府是停滞不前和危险的⑩。

---

① Xi Jinping, UNESCO speech, Boao speech and UN speech *supra* note 3.

② Zhao Tingyang, A Political World Philosophy in terms of All-under-heaven (Tian-xia), 221 (2009) *Diogenes*, 5-18, at 7. See also Zhao Tingyang, *Tianxia*, *Tout Sous un Même Ciel*, Paris, 2018 and Tingyang Zhao, *Redefining a Philosophy for World Governance*, Singapore, 2019.

③ Zhao Tingyang, A Political World Philosophy in terms of All-under-heaven (Tian-xia), 221 (2009) *Diogenes*, 5-18, at 5-7.

④ *Ibid.* at 9.

⑤ *Ibid.* at 6.

⑥ Xi Jinping, UNESCO speech *supra* note 3.

⑦ Xi Jinping, UNESCO speech and UN speech *supra* note 3.

⑧ Xing Liju, Traditional Chinese Culture and China's Diplomatic Thinking in the New Era, 2015 *China International Studies*, 33-50, at 4.

⑨ Chenyang Li, The Confucian Ideal of Harmony, 56 (2006) *Philosophy East & West*, 583-603, 584.

⑩ *Ibid.* at 586.

和谐的价值在于实现对立面的相互统一，对立面被转化为相互依存的元素①。相同会导致停滞，而多样性则会产生活力并推动成长。事物在不断变化和繁荣的过程中融合在一起。通过创造性张力中不同元素相互作用产生的能量来维持和谐②。

### (三)在交流互鉴的基础上开展合作

习主席明确表示，代表文明的多样性也应对合作形式产生影响。出发点应该是不同文明相互尊重、和谐共处。应当通过交流互鉴来弥合分歧。不同文明应该通过吸取他人的智慧来充实自身③。这种合作的特点应是通过对话和协商而不是对抗解决争端和分歧④。

这种方法在中国古典哲学中具有基础⑤。中国传统社会不需要外部力量来维持基本秩序，因为秩序始终处于集体无意识之中⑥。在此基础上，国际秩序可以依靠自我克制和道德而不是外部控制来实现和谐的关系⑦。

### (四)合作共赢

习主席明确表示，国家应放弃"赢者通吃"的零和博弈，而应选择合作共赢。各国应在追求自身利益时兼顾他国的利益⑧。

这一点也可追溯到中国古典思想。在儒家伦理学下，与家庭关系一样，关系不应该由霸权来决定，而应该在尊重群体意愿的基础上决定。因此，国家应抑制自己的私欲，谋求公益，以在国际层面上实现和谐与和平⑨。

### (五)以平等为基础

习主席明确表示，在人类命运共同体中，所有国家都应彼此尊重，平等相待。各国的大小、实力或发展水平可能有所不同，但它们是国际社会的平等成员，享有参加国际事务的平等权利。作为一个大国，意味着对世界和平与发展需承担更大的责任，而不是寻求对世界事务更大的垄断⑩。

---

① Xinzhong Yao, The Way of Harmony in the *Four Books*, 40（2013）*Journal of Chinese Philosophy*, 252-268, 255-256.

② Chengyang Li *supra note* 16 at 589.

③ Xi Jinping, UNESCO speech and Boao speech *supra* note 3.

④ Xi Jinping, UN speech *supra* note 3.

⑤ Zhen Han and Weiwen Zhang, *Contemporary Value Systems in China*, Singapore, 2018, p. 231.

⑥ Huiyong Wu, A Confucian Holistic World Order and China's Vision of a Shared Future, 20（2014） *Comparative Literature and Culture*, article 3, p. 4, <http：//docs. lib. purdue. edu/clcweb/vol20/iss2/3>.

⑦ *Ibid.* at 4 and 9.

⑧ Xi Jinping, Boao speech and UN speech *supra* note 3.

⑨ Huiyong Wu *supra* note 23 at 4 and 6.

⑩ Xi Jinping, Boao speech *supra* note 3.

这种方法也是中国古典思想的一部分，在这种思想中，强者不应该压迫弱者，富人不应该欺负穷人①。

习主席认为，这意味着所有人类文明在价值上都是平等的。他们都有各自的长处和短处。没有完美的文明，也没有一无是处的文明。因此，任何价值体系都不应该被认为具有优越性。对文明采取居高临下的态度是没有根据的，并且有可能令它陷入与其他文明对抗的状态。大国、强国和富国不应欺负小国、弱国和穷国②。

同样，根据古典思想，不可能为所有人民和所有文化规定一个相同的价值体系。没有哪个体系比任何其他体系都优越。每种经受了时间考验的文化都具有其合理性③。

因此，赵汀阳批评当前的世界体系允许一个国家或一个国家集团支配实力较弱的国家这一事实。占支配地位的国家的意识形态被认为是"普遍的"，但实际上是为了服务那个国家的利益。不应该有强加于世界的价值体系，而需要有一个由所有人构建、来自于所有人，因而也是由全世界构建、属于全世界的价值体系④。

## 四、将"构建人类命运共同体"应用于国际人权领域

从习近平主席的讲话中，根据他所遵循的古典哲学，可以提炼出一些指南，这些指南可以指导后自由秩序的国际人权体系。

### (一)结束自由人权方法的统治

首先，人权话语为北方偏爱的自由主义方法所主导。这种方法的支持者认为，他们认为具有普遍性的自由人权价值观不仅应指导其行为，而且还应指导国际社会其他成员的行为⑤。萨利·恩格里·梅里(Sally Engle Merry)所提的观点，即人权制度表达了"植根于现世跨国现代性的文化体系"，这就是这种方法的例证⑥。由于习主席明确表示，在一个人类命运共同体中，任何价值体系都不应当被视为优于其他体系，因此不再有任何空间允许自由人权观这种支配地位的存在。

习近平主席的立场得到《世界人权宣言》(以下简称《人权宣言》)的支持。鉴于其目的和宗旨，代表们致力于并成功地起草了一份对所有文明都公道的文件，并触动每个人的灵魂。他们竭尽全力将《人权宣言》变成"大帐篷"。尽管令人遗憾的是，来自亚洲和

---

① Zhen Han and Weiwen Zhang *supra* note 22 at 229, referring to the philosophy of Mozi.

② Xi Jinping, UNESCO speech, Boao speech, and UN speech *supra* note 3; Zhao Xiaochun, In Pursuit of a Community of Shared Future, China's Global Activism in Perspective, 4 (2018) *China. Quarterly of International Strategic Studies*, 23-37, 28-29.

③ Chenyang Li *supra* note 16 at 589 and 596.

④ Zhao Tingyang *supra* note 10 at 6-7.

⑤ Jack Donnelly, *Universal Human Rights in Theory and Practice*, 2d ed., Ithaca, 2003, 7-53.

⑥ Sally Engle Merry, *Human Rights & Gender Violence*, *Translating International Law into Local Justice*, Chicago, 2006, 90 and 220-221.

非洲国家的代表人数很少，但其高质量和适当的贡献弥补了数量上的不足，代表了在亚洲和非洲人民的世界观及其利益。因此，埃及和中国代表确保序言明确指出《人权宣言》也将适用于居住在殖民地的人民①。

尽管《人权宣言》中使用的某些语言让人联想到启蒙运动哲学②，但这不是起草者们的主要观点。莫辛克(Mersink)认为，大多数起草者并不认同启蒙运动关于价值观来源于天赋人权或自然法则的观点③。他们来自各种意识形态和哲学背景，例如犹太教、基督教、马克思主义、儒教、佛教和伊斯兰教，他们不认为《人权宣言》中的权利是任何特定哲学的特权④。因此，那些只从启蒙运动视角进行解读的人可能会对宣言产生误解⑤。

这些不同的方法在讨论中导致不同的立场也就不足为奇了。代表们非常清楚，他们必须克服这些分歧，必须做出妥协，而务实的选择是不可避免的。作为联合国教科文组织专题讨论会的一部分而发表的文件证实，当时并没有教义上的共识，而挑战在于，要在没有共识的情况下达成协议⑥。当一位代表在另一个国家讨论人权问题时，他会避免使用"暴力"一词和其他煽动性语言，以免影响达成共识的目标⑦。同样，与根深蒂固的信念有关的问题也不是由多数票决定的⑧。避免使用支持一种世界观但可能疏远其他世界观的语言，例如对上帝或造物主的提法⑨。

因此，起草者的意图显然是要在这两种方法之间达成共识，因为人们反复呼吁起草一份所有参与国都可以接受的宣言⑩。正如中国代表张彭春所指出的那样，这一进程旨在汇集不同文明的长处。宣言起草的过程既意在尊重又注重结果，因此得出了一份值得最广泛支持的文件。

### (二) 需要根据具体情境履行国际人权义务

习近平主席对"通过多样性实现和谐"的重视呼吁建立一种人权体系，该体系应颂扬而不是抑制不同地方之间的社会、政治和文化差异。习近平主席提出的观点再次得到《世界人权宣言》的支持。

---

① Johannes Morsink, *The Universal Declaration of Human Rights*, *Origins*, *Drafting and Intent*, Philadelphia, 1999, 98.

② *Ibid.* at 282.

③ *Ibid.* at 283.

④ *Ibid.*

⑤ *Ibid.*

⑥ Jacques Maritain (ed.), *Human Rights*, *Comments and Interpretations*, London, 1948; Morsink *supra* note 34 at 301-302.

⑦ Morsink *supra* note 34 at 32.

⑧ *Ibid*, 285.

⑨ *Ibid*, 286.

⑩ *Ibid*, 21.

《人权宣言》的目的和宗旨已在序言部分的最后陈述中表达，该序言描述了每个个体和社会各机构以促进和遵守其中所载权利为目的①。因此，用起草委员会智利成员的话说，《人权宣言》旨在成为人类的精神指南②：人民应在与他人的关系中实现《人权宣言》中规定的权利。这在《维也纳宣言和行动纲领》第二部分中得到了证实，其中强调人不仅是这些权利和自由的主要受益者，而且还应积极参与实现这些权利和自由。

文件中还以其他方式表达了主要由人民尊重和实现其同胞权利的思想。因此，在起草的最后阶段，《人权宣言》的标题从"国际"更改为"世界"。这样做的目的是将文件的重点从起草的代表和国家转移到该文件主要针对的全体男性、女性和儿童③。起草人还打算保持文件的简短，以便普通人都可以理解④。

鉴于《人权宣言》本应首先适用于人民及人民之间的关系，尽管该文件既反映了多样性，又使多样性合法化，但它认为需要在当地政治、社会和文化背景下落实人权，这一点并不令人惊讶。人权在与他人关系上的适用应当受到内驱力的推动。这就要求人权是嵌入式的，即与当地人民的价值观和规范相匹配的人权。下述许多协定具有区域性质，其意在尽可能适应区域性的社会、政治和文化背景，这体现了以反映人民诉求的方式落实人权的重要性。

《维也纳宣言和行动纲领》第5段指出，需要考虑到特定的文化、社会和政治情况。该条款强调了国家和地区特殊性以及各种历史、文化和宗教背景的重要性。《非洲宪章》序言指出，在应用该文件时将考虑非洲历史传统的优点和其文明的价值。根据《东盟人权宣言》第7条，人权的实现必须放置于区域和国家背景中，同时要考虑到不同的政治、经济、法律、社会、文化、历史和宗教背景。"欧洲人权法院"（以下简称ECtHR）也制定了类似的方法。ECtHR认为，允许缔约国在一定程度上根据当地文化和社会条件来适用《欧洲公约》的规定。这意味着对"裁量馀地原则"的承认，ECtHR不会触犯该原则。

北方自由主义对待人权的方法往往在于将人权条约的实施等同于赋予个人可执行的权利⑤。然而，在许多非洲和亚洲的公共社会中，诸如社区、职责和宗教等的结构是由社会制度而不是权利提供的⑥。在北方，南方不愿将人权义务转化为合法权利被视为无

---

① *Ibid*，35.

② William A. Schabas（ed.），*The Universal Declaration of Human Rights*，*The Traveaux Prépataratoires*，Cambridge，2013，719.

③ Morsink *supra* note 34 at 324.

④ Schabas *supra* note 45 at 161，784；Morsink *supra* note 34 at 33-34.

⑤ John Charvet & Elisa Kaczynska-Nay，*The Liberal Project and Human Rights*，*The Theory and Practice of a New World Order*，Cambridge，2008，223-288.

⑥ Makau Mutua，*Human Rights*，*A Political & Cultural Critique*，Philadelphia，2002，71-93；Daniel A. Bell，*East Meets West*，*Human Rights and Democracy in East Asia*，Princeton，2000，23-105.

法实施人权①。因此，问题在于，国际法和人权条约是否需要通过采取法律措施或赋予可强制执行的权利来实施，或者缔约国是否可以依靠其他社会安排来实施。

根据一般国际法，国家在市政秩序内履行条约义务方面享有酌处权②。只要履行所签署条约中规定的义务，他们就可以自由选择在国内一级实施此义务的最合适方法。换句话说，国内适用是结果的义务，而不是手段的义务③。因此，条约（包括人权公约）的执行受"国内至上"原则的约束④。

国际人权条约的执行条款再次确认了这种国内优先地位。因此，《公民权利和政治权利国际公约》（以下简称《公约》）第 2 条第 2 款规定，缔约国有义务"采取此类法律或其他措施，以使本《公约》所承认的权利生效"。《公约》视法律为手段，但并非执行条约的唯一手段。此外，《公约》不要求缔约国向其管辖范围内的人授予个人可强制执行的权利。确实，"人权事务委员会"已经表示，将《公约》的保证纳入国内法律可能会加强对它们的保护，但同时也明确指出，《公民权利和政治权利国际公约》第 2 条第 2 款不需要采取这种行动⑤。这驳回了塞伯特-佛尔（Seibert-Fohr）所表达的观点，即《公约》要求国内法律纳入保证⑥。此外，有些条款明确要求各国采取法律措施履行其义务⑦，但这些条款确认了他们通常可以自由选择自己认为合适的方式的规则。因此，根据国际公法和人权条约的执行条款，无论是通过法律还是其他社会制度，缔约国都可以自行决定采用何种手段履行条约义务⑧。

国际公法将人权条约的执行视为酌处权，由缔约国自行选择最合适的手段⑨。这些

---

① Jack Donnelly, Human Rights and Human Dignity: An Analytic Critique of Non-Western Conceptions of Human Rights, 76 (1982) *The American Political Science Review*, 303-316.

② Manfred Nowak, *U. N. Covenant on Civil and Political Rights*, *CCPR Commentary*, 2d ed., Kehl, 2005, 57.

③ Oscar Shachter, The Obligation to Implement the Covenant in Domestic Law, in Louis Henkin (ed.) *The International Bill of Rights*, *The Covenant on Civil and Political Rights*, New York, 1981, 311; Nowak *supra* note 51, at 57.

④ Douglas L. Donoho, Human Rights Enforcement in the Twenty-First Century, 35 (2006-2007) *Georgia Journal of International and Comparative Law*, 1-52 at12.

⑤ General Comment No 31 Nature of the General Legal Obligation Imposed on States Parties to the Covenant, *adopted* 29 March 2004, CCPR/C/21/Rev. 1/Add. 13.

⑥ Anja Seibert-Fohr, Domestic Implementation of the International Covenant on Civil and Political Rights Pursuant to its Article 2 para. 2, 5 (2001) *Max Planck Yearbook of United Nations Law*, 420-439.

⑦ Like the obligation to protect the right life by law laid down in Article 6(1) of the Covenant.

⑧ Shachter *supra* note 52 at 313-315; Nowak *supra* note 51 at 58.

⑨ Shachter *supra* note 52 at 319-320.

手段包括，例如，组织认识提升活动①，制订培训计划②，启动教育改革③，并提供托儿服务和类似的支助服务，以使妇女能够继续接受教育④。因此，人权条约采用了一种既具有酌处权又具有功能性的方法，由各国自行选择最合适的国家手段来履行其义务。

因此，南方各国完全可以自由执行这些条约义务，而无须使用法律手段或授予个人可强制执行的权利。他们被允许依靠其他社会安排，例如亲戚关系、社区关系和职责等可能更适合他们文化和传统的方法。适当的社会安排旨在使国家承担的人权义务有意义。只有当现有的社会制度达不到这一愿望时，这个问题才可以被提出并在国际层面上处理，而此时，国家将被追究法律责任。尽管北方国家可能偏爱权利，但其他国家则可以自由选择功能对等的东西。因此，如果一个国家选择通过除权利以外的另一种社会安排来执行一项人权条款，那它并非没有履行其职责，而是使用允许的几种合法行动中的一种来履行其职责⑤。

### (三) 程序改革

习近平主席呼吁在交流互鉴的基础上开展合作，同时通过对话和协商而非对抗来解决争端和分歧。如果这一呼吁得到重视，国际人权体系将得到加强。

国际人权体系内国家之间的关系将成为基于尊重和平等的伙伴关系，而不是一种等级关系，在该等级关系中，所谓表现好的会比表现不好的得到更高的评价。国际人权体系内的文化将得到鼓励和援助，而不是批评和谴责。对抗性程序将由和谐程序取代。在会议期间，各国将交流最佳做法，而不是就缺点而互相说教。重点将放在学习和自我修养上。

## 五、结论

作为构建人类命运共同体概念的一部分，习近平主席提出的种种观点为发展真正为所有人共享的和谐的国际人权秩序提供了宝贵的指导。这样一个以多样性实现和谐为基础、以实现基于交流互鉴的合作为目标、以国家平等为宗旨、力求合作共赢的国际人权

---

① Summary Record of the 630<sup>th</sup> Meeting of the Committee on the Elimination of Discrimination against Women, 30<sup>th</sup> Session, CEDAW/C/SR. 630, 3, 5.

② Summary Record of the 606<sup>th</sup> Meeting of the Committee on the Elimination of Discrimination against Women, 28<sup>th</sup> Session, CEDAW/C/SR. 606, 7; Summary Record of the 630<sup>th</sup> Meeting of the Committee on the Elimination of Discrimination against Women, 30<sup>th</sup> Session, CEDAW/C/SR. 630, 9.

③ Summary Record of the 606<sup>th</sup> Meeting of the Committee on the Elimination of Discrimination against Women, 28<sup>th</sup> Session, CEDAW/C/SR. 606, 6.

④ Summary Record of the 606<sup>th</sup> Meeting of the Committee on the Elimination of Discrimination against Women, 28<sup>th</sup> Session, CEDAW/C/SR. 606, 7.

⑤ T. W. Bennett, *Human Rights and African Customary Law*, Cape Town, 1995, 4.

体系将能够应对 21 世纪的种种挑战。

通过防止某种人权观的主导地位，同时强调其依据具体情境落实人权的重要性，并进行以对话代替对抗、以鼓励取代批评的程序改革，并开展最佳做法的学术交流，国际人权体系将得到长期保障。

（译者：牛惠仔）

# 构建"人类命运共同体"

## ——全球人权治理的中国理念与贡献

戴瑞君 *

**摘　要**：全球人权治理肇始于第二次世界大战，以联合国保障人权的"宪章机制"和"条约机制"为体系框架。2006年联合国主导的全球人权治理体系的重大改革实现了人权主流化，并重申其平等、对话、合作、普遍、非选择性和去政治化的基本原则。但现实中，全球人权治理仍然面临结构性障碍、传统与非传统安全威胁以及单边主义的冲击。中国提出的人类命运共同体理念正逐步成为国际共识，它所秉持的对话协商、共建共享、合作共赢、交流互鉴、绿色低碳原则与全球人权治理的基本原则和价值追求高度契合。中国通过消除贫困、引领一带一路建设、援助其他发展中国家、广泛开展文明交流等举措，以实际行动推动建立更加公正合理的全球人权治理体系，努力与世界各国一道建设人类命运共同体。

**关键词**：人类命运共同体；全球人权治理；联合国；一带一路；可持续发展

2018年12月10日，中国举行纪念《世界人权宣言》发表70周年座谈会，国家主席习近平致信祝贺。他在贺信中表示："中国人民愿同各国人民一道，秉持和平、发展、公平、正义、民主、自由的人类共同价值，维护人的尊严和权利，推动形成更加公正、合理、包容的全球人权治理，共同构建人类命运共同体，开创世界美好未来。"。贺信重申"和平、发展、公平、正义、民主、自由"的人类共同价值，[①] 提出全球人权治理"公正、合理、包容"发展的价值目标；同时指出全球人权治理的路径方案——共同构建人类命运共同体。

"实现人民充分享有人权是人类社会的共同价值目标"，[②] 充分保障人权是人类命运共同体的题中应有之意；推动全球人权治理体系健康发展是构建人类命运共同体的重要组成部分。

---

\* 中国社会科学院国际法研究所副研究员。

① 2015年9月28日，习近平在纽约联合国总部举行的第七十届联合国大会一般性辩论的讲话中，就提出"和平、发展、公平、正义、民主、自由，是全人类的共同价值"。习近平：《携手构建合作共赢新伙伴，同心打造人类命运共同体》，载习近平：《论坚持推动构建人类命运共同体》，中央文献出版社2018年版，第253页。

② 《习近平致"2015·北京人权论坛"的贺信》，载新华网，2015年9月16日。

# 一、全球人权治理体系：框架与原则

## （一）基本框架

全球人权治理，肇始于第二次世界大战，以《联合国宪章》的通过和联合国的成立为标志。

第二次世界大战的爆发让世界震惊于一国国内严重侵犯人权的问题，而战争的结束让心有余悸的世人不得不反思今后如何避免再发生类似惨剧。在时任美国总统罗斯福先生著名的"四项自由"的演讲中，"人权"被宣布为世界每一个角落所有人的权利，实现对人权的尊重成为盟军击败希特勒的首要战争目标。第二次世界大战催生了普遍性的人权国际保护；作为战争产物的联合国在其章程中明确规定了会员国尊重和促进人权的义务，"人权"第一次被明确写入了国际法律文件。自此，"人权"从过去纯粹的国内管辖事项进入国际视野，成为国际社会的正当关切。随后通过的《世界人权宣言》奠定了人权国际保护的基石。宣言作为"所有民族和人民努力实现的共同标准"，在人类历史上首次宣示了人人应当享有的基本人权包括公民权利、政治权利、经济、社会和文化权利。1966年通过的《公民权利和政治权利国际公约》以及《经济、社会和文化权利国际公约》进一步将宣言的内容具体化、法律化。这两个公约与宣言共同构成了著名的《国际人权宪章》（International Bill of Human Rights）。"国际人权宪章"由各国的代表制定并经各国认可，它不仅规定了个人的人权和国家保障人权的义务，而且规定了保障其执行的机构和程序。"国际人权宪章"的构成标志着国际人权法的正式诞生。

"国际人权宪章"为全球人权治理在规范和制度方面的进一步发展奠定了坚实基础。此后，国际社会一方面通过各种条约、宣言、决议不断充实和扩展国际人权宪章中的权利内容，另一方面以国际人权宪章的实施机制为参照，逐步发展和完善对于人权的全球实施机制。

联合国从两方面发展了制度化的全球人权治理机制：一是以《联合国宪章》为基础，以人权委员会（Commission Human Rights）①为核心，通过赋予联合国大会、安全理事会、经济及社会理事会（下称"经社理事会"）、托管理事会等各主要机构具体的尊重和促进人权的职能来实现全球人权治理的"宪章机制"；另一是以联合国主持制定的各项核心人权条约为基础，以条约机构为核心，通过审议缔约国定期履约报告、受理个人来文、调查、访问等等程序来保障国际人权法得以实施的"条约机制"。

## （二）体系改革

联合国在其成立的头20年里将主要精力放在了国际人权规范的创制上。从20世纪60年代开始，联合国人权委员会经经社理事会第1235号决议授权，开始对"世界上所

---

① 2006年3月15日起被人权理事会（Human Rights Council）取代。

104

有国家中存在的严重和系统的人权侵犯进行公开讨论和审议",这一决议奠定了联合国讨论国别人权状况的基础。从此,"人权和基本自由的侵犯问题"成为联合国人权委员会年度会议的一般性讨论项目。每年都有超过 3000 位来自成员国、观察员国以及非政府组织的代表参加人权委员会一年一度的巨型人权大会,讨论世界各国各地的人权形势,国别人权状况自是讨论的焦点。但一段时间的实践显示,在人权委员会年度会议上接受审议的往往是一些小国、穷国、弱国,而大国很少遭遇审议。在审议之时,某些西方国家的政府和民间社会所推崇的羞辱(shame)手段被看作是促进人权保障的有效办法。然而事实并未如其所愿,反倒加剧了国家间的对抗。人权委员会在国别程序中所表现出的将人权问题政治化、选择性、搞双重标准等问题愈演愈烈,与联合国所立在人权问题上"促进国际合作"的宗旨①渐行渐远,因此也日遭诟病,改革人权治理体系的呼声日渐高涨。

2005 年,联合国秘书长发表《大自由:实现人人共享的发展、安全和人权》的联合国改革报告,将发展、安全和人权并列作为联合国的三大支柱,其中提出建立人权理事会并设立"同侪审查"职能的构想,希望在新的体制下,联合国每个会员国的人权状况都能定期受到审查。秘书长的构想得到了联合国会员国支持。2006 年,联合国大会通过第 60/251 号决议,决定新设人权理事会(Human Rights Council),以取代原人权委员会。

联合国人权理事会的设立是联合国系统人权主流化的重大进展,一方面人权理事会是大会的附属机构,在地位上高于原经社会理事会的职司机构——人权委员会。地位的跃升表明人权保障成为联合国系统的优先事项。另一方面,人权理事会被赋予促进联合国系统内人权问题主流化的职能。为克服人权委员会时代选择性、双重标准等诟病,人权理事会决心坚持普遍性、公正性、客观性和非选择性以及建设性对话与合作等原则,以加强促进和保护所有人权。为此,人权理事会创建了普遍定期审议制度(Universal Periodic Review,UPR),根据该制度,人权理事会将"根据客观和可靠的信息,以确保普遍、平等对待并尊重所有国家的方式,定期普遍审查每个国家履行人权义务和承诺的情况",以此与人权委员会时代的国别审查划清界限。

**(三)基本原则**

改革之后的全球人权治理体系一再强调其平等、对话、合作、协商的基本原则。这与《联合国宪章》所确立的宗旨和原则一脉相承。在人权问题上,联合国以主权平等为基本原则,以"促进国际合作"为基本路径。

新设的普遍定期审议制度的运作原则凸显了全球人权治理的原则与价值。首先,普遍定期审议强调对话而非对抗,强调它是建立在互动对话基础上的合作机制,受审议的国家能够从始至终充分参与,在工作组互动对话阶段和理事会全体会议通过结果文件之

---

① 《联合国宪章》第 1 条规定联合国的宗旨之一是"促成国际合作……增进并激励对于全体人类之人权及基本自由之尊重"。

前，国家都有机会作出回应和发表评论；对其他国家的建议和评论可以坦诚地表示接受
或不接受。其次，普遍定期审议强调普遍而非选择。普遍性体现在审查对象的普遍性和
审查内容的普遍性两个方面。前者是指联合国的所有会员国均须接受审查。为确保所有
国家，特别是那些经济上有困难的国家能够充分参与到普遍定期审查的程序中来，联合
国秘书长还专门成立了参加普遍定期审查的自愿信托基金，目的之一就是资助最不发达
国家完成与普遍定期审查有关的工作。所谓审查内容的普遍性是指考虑到所有人权的普
遍性和不可分割性，在审查时人权的各个方面，即公民、政治、经济、社会和文化权利
以及发展权应当受到同等重视。再次，普遍定期审议强调非政治化地运行。联大第 60/
251 号决议在序言部分明确，审议人权问题要"消除双重标准和政治化"；人权理事会第
5/1 号决议在表述普遍定期审查的原则时强调它应"非政治化地进行"。这些措辞表达了
人权理事会希望走出其前身人权委员会"搞双重标准、政治化"的阴霾、与之划清界限
的强烈愿望。

可以说，联合国从成立至今，见证了全球人权事业的发展进步，平等、对话、合
作、非选择性原则成为全球人权治理体系的基本原则。

## 二、全球人权治理的现实挑战

### (一) 传统安全与非传统安全对人权的威胁

军备竞赛、核武控制、恐怖主义、网络安全、气候变暖、环境问题、金融危机、全
球贫困，这些传统与非传统安全威胁相互交织，又无一不与人权保障相关联。而这些问
题所具有的全球特征，导致没有一个国家可以独善其身，同时这些问题也不是哪个国家
可以凭借一己之力能够解决的。

### (二) 全球人权治理面临的结构性挑战

全球人权治理的现状并不如它所期待的那般理想。

人权政治化倾向有所上升，双重标准仍大行其道。这些"人权乱象"拷问着人类良
知，侵蚀着人权的基本价值，也暴露出国际人权领域的"治理赤字"。① 而乱象背后的根
源是国与国之间的不平等，包括发展的不平衡和影响力的不平衡。南北发展的差距并未
缩小。美国利用霸权广泛实施干涉，"美国优先"凌驾于国际秩序与价值之上，保护主
义持续升温，封锁遏制他国发展的做法愈演愈烈，对全球治理和多边主义造成重大
冲击。

---

① 王毅：《共同促进和保护人权 携手构建人类命运体》，载《人民日报》2017 年 2 月 27 日，第
21 版。

### （三）人权"治理"的单边主义动向

2018 年 6 月，美国宣布退出联合国人权理事会，其行为对全球人权治理产生了较强的负效应。

与此同时，美国通过制定国内法的形式，对其他国家的所谓"人权"侵犯者实施经济和旅行制裁。不仅如此，美国还在其盟友之中广泛普及、推行这种制裁做法，积极推动其发展为一项未来的规则。[①]

美国以"人权"之名，大肆推行其国内法的域外管辖，随意选择适用对象，对其他国家的政府官员和实体实施制裁，明显违背"相互尊重主权""互不侵犯""互不干涉内政"的国际法基本原则。美国推行人权制裁，是其在国际人权事务上一贯青睐的"羞辱"（shame）文化的再现。这种做法延续了联合国人权委员会时代"国别提案"的政治化和选择性，与联合国建立人权理事会、进行人权体制改革的初衷背道而驰。美国广泛鼓励其盟友采用类似的人权制裁做法，大有在全球推广之势，难免让人猜测它意欲在联合国主导的全球人权治理体系之外另起炉灶，推行一套美国单边主导的人权制度。

## 三、"人类命运共同体"：改善全球人权治理的中国方案

人类社会已结成一荣俱荣、一损俱损，你中有我、我中有你的命运共同体，全球人权治理所面临的威胁和结构性障碍不是哪一个国家凭一己之力就可以解决的。为此，中国提出共建人类命运共同体，为加强和改善全球人权治理，推动全球人权事业健康发展提供了中国方案。

### （一）构建人类命运共同体与全球人权治理体系的价值追求相契合

人类命运共同体思想自 2013 年首次在国际场合提出以来，[②] 经过多次论证，其内涵不断丰富饱满。2017 年 1 月 18 日，习近平在日内瓦联合国总部发表了题为《共同构建人类命运共同体》的主旨发言，系统阐释了构建人类命运共同体的意涵和行动方向。他指出，构建人类命运共同体，关键在行动。为此，国际社会要从伙伴关系、安全格局、经济发展、文明交流、生态建设等方面作出努力，坚持建设对话协商、共建共享、合作共赢、交流互鉴、绿色低碳的世界。中国作为构建人类命运共同体理念的倡导者，将一如既往秉持维护世界和平、促进共同发展、打造伙伴关系、支持多边主义的基本原

---

① See *Digest of United States Practice in International Law* (2017), p. 669.

② 2013 年 3 月 23 日，习近平在俄罗斯莫斯科国际关系学院发表题为《顺应时代前进潮流，促进世界和平发展》主题演讲，指出"各国相互联系、相互依存的程度空前加深，人类……越来越成为你中有我、我中有你的命运共同体"。习近平：《论坚持推动构建人类命运共同体》，中央文献出版社 2018 年版，第 5 页。

则，同各国一道共同推进构建人类命运共同体。①

人类命运共同体理念所秉持的对话协商、共建共享、合作共赢、交流互鉴、绿色低碳原则与全球人权治理的基本原则和价值追求高度契合。

第一，对话协商体现了主权平等的国际法基本原则，亦是全球人权治理的运作原则。在人权问题上，不同国家之间应相互尊重、平等对话，没有哪个国家可以对别国颐指气使，将自己的主张强加于人。同时，应平等承认不同发展程度的国家为实现人权所作的贡献。习近平在致"首届南南人权论坛"的贺信中充分肯定了发展中国家对世界人权事业的贡献。他说："近代以来，发展中国家人民为争取民族解放和国家独立，获得自由和平等，享有尊严和幸福，实现和平与发展，进行了长期斗争和努力，为世界人权事业发展作出了重大贡献。"②这一论断有力回应了个别国家总以"人权教师爷"自居，对其他国家，特别是广大发展中国家审查评判的做派，引发人们认真思考和认识各国对人权事业的贡献。

第二，共建共享强调各国和各国人民共同享受尊严、共同享受发展成果、共同享受安全保障。各国之间应以合作方式共同发展。发展权是一项不可剥夺的基本人权。中国坚持生存权和发展权是首要的基本人权。这是解决中国所有问题的关键；同时，中国也主张每个国家在谋求自身发展的同时，要积极促进其他国家共同发展。世界长期发展不可能建立在一批国家越来越富裕而另一批国家却长期贫穷落后的基础之上。只有各国共同发展，世界才能更好发展。"以合作促发展，以发展促人权"既是中国几十年来人权发展道路的写照，也是中国对全球人权治理的经验贡献，"对广大发展中国家乃至世界人权事业发展具有重要的启发和引领作用"。③ 共建共享是对西方国家推崇的"人道主义干涉"等破坏性路径和"强者赢、弱者输"的零和博弈的超越。④

第三，合作共赢。全球人权治理需要放弃"各人自扫门前雪，莫管他人瓦上霜"、隔岸观火等心态。人权领域开展国际合作，包括经济、技术援助与合作，不仅是全球人权治理的原则，也是国家在国际人权法下的一项义务。以《经济、社会、文化权利国际公约》为例，公约要求每一缔约国承担"个别采取措施或经由国际援助和合作，特别是经济和技术方面的援助和合作"，逐渐达到充分实现公约承认的各项权利的目标；⑤ 联合国机构亦有义务"采取有助于促进本公约的逐步切实履行的国际措施"。⑥ 正如经济、社会、文化权利委员会所言，国际合作争取发展从而实现经济、社会和文化权利，是所

---

① 参见习近平：《论坚持推动构建人类命运共同体》，中央文献出版社 2018 年版，第 418~425 页。

② 《习近平致首届"南南人权论坛"的贺信》，载新华网，2017 年 12 月 7 日。

③ 柳华文：《为世界人权事业作出更大贡献》，载《人民日报（海外版）》2017 年 12 月 8 日。

④ 刘明：《人类命运共同体语境下全球人权治理的南南视角》，载《学术界》2018 年第 5 期，第 162 页。

⑤ 《经济、社会、文化权利国际公约》第 2 条第 1 款。

⑥ 《经济、社会、文化权利国际公约》第 22 条。

有国家的一项义务；在这方面有援助其他国家能力的缔约国更有这一义务。[1]

第四，交流互鉴，承认各种文明的价值，体现了不同文明之间相互尊重，平等相待的理念。全球人权治理体系的新发展——普遍定期审议制度，作为联合国人权"条约机制"下国家报告程序的补充机制，其初衷之一就是为各国提供交流良好做法的平台。交流互鉴承认人权价值的普遍性和实现人权路径的具体性。人权的普遍性基于人的尊严和价值，也基于人类的共同利益和共同道德。但在实现人权的问题上，不可能有放之四海而皆准的模式，人权事业发展必须也只能按照各国国情和人民需要加以推进。[2] 习近平号召发展中国家"坚持人权的普遍性和特殊性相结合的原则，不断提高人权保障水平"；同时呼吁"国际社会应该本着公正、公平、开放、包容的精神，尊重并反映发展中国家人民的意愿"。[3]

第五，绿色低碳是实现环境权的基本要求。让所有人在一个健康的环境中平等和有尊严的生活、充分发挥自己的潜能、充分享有人权，是 2030 全球可持续发展的目标，也是全球人权治理的目标。因此，构筑尊崇自然、绿色发展的模式与享有和实现人权相辅相成。

### (二) 对人类命运共同体理念的国际共识日渐达成

近年来，人类命运共同体理念先后被写入联合国大会及人权理事会的多项决议中，人权保障、和平与发展、消除贫困、外空安全、核裁军、环境保护等多项议题接受了人类社会是一个命运共同体的理念。

一方面，中国利用适当的场合向国际社会倡议和阐释人类命运共同体理念。例如，2016 年，中国和巴基斯坦联合递交《关于制定〈禁止生物武器公约〉生物科学家行为准则范本的工作文件》，指出全球生物安全命运共同体可能受到生物技术误用、谬用及生物恐怖活动的潜在威胁，因此提出有必要制定生物科学家行为准则。[4] 2017 年中国在《关于核裁军及降低核战争威胁问题的工作文件》中倡导"国际社会应以共商共筑人类命运共同体的历史责任观，积极倡导和奉行共同、综合、合作、可持续的安全观"。[5] 2018 年和 2019 年，中国两度提交《核不扩散工作文件》，提议加强核不扩散的努力应秉持人类命运共同体理念。[6]

---

[1]　UN Doc E/1991/23，联合国经济、社会、文化权利委员会：《第 3 号一般性意见：缔约国义务的性质(《公约》第 2 条第 1 款)》，第 14 段。

[2]　国务院新闻办公室：《改革开放 40 年中国人权事业的发展进步》，2018 年 12 月 12 日。

[3]　习近平：《首届南南人权论坛的贺信》，2017 年 12 月 7 日。

[4]　UN Doc BWC/CONF. VIII/WP. 30，中国和巴基斯坦：《关于制定〈禁止生物武器公约〉生物科学家行为准则范本的工作文件》，附件，2016 年 11 月 15 日。

[5]　UN Doc NPT/CONF. 2020/PC. I/WP. 36，《中国代表团关于核裁军及降低核战争威胁问题的工作文件》，2017 年 5 月 9 日，第 2 段。

[6]　参见 UN Doc. NPT/CONF。2020/PC. III/WP. 39，2019 年 4 月 26 日；NPT/CONF. 2020/PC. II/WP. 32，2018 年 4 月 19 日。

另一方面，这一理念也在众多议题下获得认可。

在发展领域，2017 年，经社会理事会在第 2017/11 号决议《非洲发展新伙伴关系的社会层面》中，"呼吁国际社会本着合作共赢和构建人类命运共同体的精神，加强支持，兑现在对非洲经济社会发展至关重要的领域进一步采取行动的承诺"。[①] 2018 年 12 月 20 日联合国大会通过《消除农村贫困以执行〈2030 可持续发展议程〉》决议，鼓励所有利益攸关方努力帮助发展中国家克服数字鸿沟以及促进信息和通信技术的使用，"促进经济和社会发展，特别是农村地区的经济社会发展，以构建人类命运共同体"。[②]

在安全领域，2017 年 10 月 24 日，阿尔及利亚、乍得、古巴等 15 个国家在联合国大会第一委员会联合提出《缔结关于保证不对无核武器国家使用或威胁使用核武器的有效国际安排》的决议草案，写道：大会应"……铭记构建人类命运共同体的愿望"。[③] 2017 年 12 月 24 日，联合国大会通过《防止外层空间军备竞赛的进一步切实措施》的决议，鼓励"所有国家积极防止外层空间军备竞赛……促进和加强为和平目的的探索利用外层空间的国际合作，以构建人类命运共同体"。[④] 2017 年 12 月 4 日，联大通过《不首先在外层空间放置武器》的决议，重申"应研究和采取切实措施，以求达成防止外层空间军备竞赛协定，协力构建人类命共同体"。[⑤] 2018 年 12 月 5 日，联合国大会再次通过同名决议，并重申了协力构建人类命运共同体的理想。[⑥]联合国大会于同日通过的《从国际安全角度看信息和电信领域的发展》决议，强调指出"促进为和平目的的使用通信技术符合所有国家的利益，目的是在网络空间构建人类命运共同体"。[⑦]

在人权领域，2017 年 3 月 23 日联合国人权理事会通过《在所有国家实现经济、社会及文化权利问题》的决议，提出人权理事会"相信需要作出广泛而持久的努力，来建设一个全人类享有共同未来的社会"。[⑧] 2018 年 3 月 23 日，人权理事会通过同名决议，重申"相信需要作出广泛而持久的努力，来构建人类命运共同体，使人成为人权和基本自由的中心主体"。[⑨] 2018 年 12 月 17 日，联合国大会通过《促进建立一个民主和公平的国际秩序》的决议，促请所有会员国"通过广泛持久的努力，在我们的共同人性及其

---

① UN Doc. E/2017/99，联合国经济及社会理事会第 2017/11 号决议，2017 年 6 月 8 日，第 41 段。

② UN Doc A/RES/73/244，2019 年 1 月 16 日，第 14 段。

③ UN Doc A/C. 1/72/L. 10/Rev. 1，《缔结关于保证不对无核武器国家使用或威胁使用核武器的有效国际安排》，2017 年 10 月 24 日。

④ UN Doc A/RES/72/250，大会决议《防止外层空间军备竞赛的进一步切实措施》，2018 年 1 月 12 日，序言。

⑤ UN Doc A/RES/72/27.

⑥ UN Doc A/RES/73/31，大会决议《不首先在外层空间放置武器》，2018 年 12 月 11 日。

⑦ UN Doc A/RES/73/27，2018 年 12 月 11 日，序言。

⑧ UN Doc A/HRC/RES/34/4，2017 年 4 月 6 日，序言。

⑨ UN Doc. A/HRC/RES/37/13，2018 年 4 月 9 日，序言。

广泛多样性基础上打造一个共同未来"，使全球化具有充分包容性和公平性。①

## 四、构建"人类命运共同体"：助力全球人权治理的中国实践

中国倡议以人类命运共同体的理念推动全球人权治理不断健康发展。与此同时，中国也以一系列务实行动，努力推动构建人类命运共同体。

### (一)消除贫困，一个也不能少

免于贫困作为一项基本人权不仅已是学术共识，也得到国际公约的确认，受到国际社会的肯定。《世界人权宣言》通过规定人人享有社会保障权、适当生活水准权、工作权、受教育权等具体权利以确保人人免于贫困权的实现；《经济、社会、文化权利国际公约》规定该公约的缔约国有义务确保人人免于饥饿的基本权利和免于匮乏的权利。"消除贫困"是联合国2030年可持续发展议程的首要目标，消除一切形式和维度的贫穷是实现可持续发展的必然要求。贫困的广泛存在严重妨碍人权的充分实现和享有。减缓和消除贫困，是人权保障的重要内容。

中国提出到2020年农村贫困人口实现脱贫，全面建成小康社会的目标。中国政府在减贫、脱贫方面的探索和实践，不仅是履行人权保障义务的内在要求，也是对全球可持续发展的积极推动和有效贡献。中国政府全方位采取措施，致力于消除贫困，早日实现全体人民免于贫困的自由。中国的扶贫脱贫举措蕴含着丰富的人权理念，包括确立以人权保障为导向的减贫目标，减贫与人权保障同步推进；坚持权利导向，突出贫困人口的主体性；通过教育、培训，提高贫困人口自身的脱贫能力；完善社会保障体系，强化保障扶贫的功能。与此同时，中国还通过国际交流，向全球减贫贡献中国智慧和力量。②

### (二)引领一带一路建设，共建共享发展成果

2013年，中国提出建设"丝绸之路经济带"和"21世纪海上丝绸之路"的"一带一路"重大倡议。"一带一路"所倡导的构建"利益共同体、命运共同体和责任共同体"，是全球治理理念现代化的体现，也是应对世界人权事业在发展过程中所面临的结构性挑战的本质要求。该倡议跨越不同地域、不同发展阶段、不同历史进程、不同文化宗教、不同意识形态，不搞政治联盟或军事同盟，以共商共建共享为原则，以沿线国家一同参与、共同发展，推动构建人类命运共同体。

2016年11月，联合国大会关于《阿富汗局势》的第71/9号决议写入"一带一路"倡议，欢迎并敦促阿富汗积极利用各种区域经济合作进程，包括通过"一带一路"等区域

---

① UN Doc A/RES/73/169，2019年1月18日，第4段。

② 戴瑞君：《2018年中国的人权法治发展：建设人类命运共同体》，载《中国法治发展报告 No.17(2019)》，社会科学文献出版社2019年版，第53~58页。

发展倡议实现稳定和发展。① 目前已经有百余国家响应共建"一带一路"的号召，"一带一路"已经从中国倡议转变为全球共识。自 2015 年《推动共建丝绸之路经济带和 21 世纪海上丝绸之路的愿景与行动》文件发布以来，"一带一路"已经成为发展成果惠泽各方的建设之路；沿线国家在减贫脱困、教育、医疗、卫生、环保等领域发生了积极转变，人权保障水平得到提升。

### （三）援助发展中国家共同发展

中国作为最大的发展中国家，长期以来，在保障本国人民生存权与发展权的同时，尽己所能，为其他发展中国家的发展提供力所能及的援助与支持。中非合作堪称中国援助其他国家共同发展的典范之作。

2018 年 9 月 3—4 日，中非合作论坛北京峰会举行。中国与 53 个非洲国家的国家元首、政府首脑、代表团团长协商一致，通过了《关于构建更加紧密的中非命运共同体的北京宣言》。宣言重申"人类命运共同体"和"中非命运共同体"理念。作为打造中非命运共同体的具体举措，中非论坛北京峰会通过了《中非合作论坛——北京行动计划（2019—2021 年）》。中国承诺在中非"十大合作计划"基础上，在未来三年和今后一段时间重点实施产业促进、设施联通、贸易便利、绿色发展、能力建设、健康卫生、人文交流、和平安全八大行动，支持非洲国家加快实现自主可持续发展。联合国开发计划署非洲区域局经济学家评价道，"中国对非洲承诺历来是言行信，行必果，中非合作论坛北京峰会的成功举办为非中关系发展注入了新动力"。②

### （四）包容互鉴，开展文明交流

对全球人权治理，中国一向坚持对话、反对对抗，主张不同文明、不同国家间相互包容、相互交流、相互借鉴，共同推进人权发展。国际人权事务应由各国共同商量，全球人权治理体系要由各国共同建设，人权发展成果要由各国人民共同分享。各方应该始终恪守《联合国宪章》宗旨和原则，坚持主权平等原则，建设性地开展人权交流与合作。③

中国平等对待不同文明的价值，认为"不同文明凝聚着不同民族的智慧和贡献，没有高低之分别，更无优劣之分。文明之间要对话，不要排斥；要交流，不要取代"。④
2019 年 5 月 15 日，亚洲文明对话大会在北京举行，中国以实际行动为亚洲和世界各国文明平等对话、交流互鉴提供了新平台。开幕式上，习近平主席提出坚持相互尊重、平等相待；坚持美人之美、美美与共；坚持开放包容、互学互鉴；坚持与时俱进、创新发

---

① UN Doc A/RES/71/9，联合国大会决议《阿富汗局势》，2016 年 12 月 6 日，第 53 段。

② 殷淼：《中非合作论坛北京峰会为中非伙伴关系注入新动力》，人民网 2018 年 9 月 10 日。

③ 国务院新闻办公室：《改革开放 40 年中国人权事业的发展进步》，2018 年 12 月 12 日。

④ 习近平：《携手构建合作共赢新伙伴，同心打造人类命运共同体》，载习近平《论坚持推动构建人类命运共同体》，中央文献出版社 2018 年版，第 256 页。

展的四点主张，希望为共建亚洲命运共同体、人类命运共同体打下扎实的人文基础。①

　　构建人类命运共同体是推动全球人权治理的使命担当。"一带一路"建设是构建人类命运共同体的重要实践平台。它超越社会制度和文化差异，尊重文明多样性，坚持多元文化共存，强调优势互补和互利共赢，顺应了国际社会对全球治理体系公正性、平等性、开放性、包容性发展的追求，是中国为当今世界提供的重要公共产品。中国以实际行动推动建立公正合理的全球人权治理体系，努力与世界各国一道建设人类命运共同体。

---

　　①　习近平：《深化文明交流互鉴 共建亚洲命运共同体》，新华网，2019 年 5 月 15 日。

# 构建人类命运共同体的人权意义

罗艳华 *

**摘　要：** "构建人类命运共同体"的理念由习近平主席 2017 年 1 月在联合国提出后已经在国际社会产生了巨大反响，并被多次写入了联合国决议，其中包括联合国人权理事会的决议，这表明这一理念已经被纳入了国际人权话语体系。构建人类命运共同体具有重要的人权意义，主要表现在会进一步提升人权的重要性；会为人权概念的发展创造新契机；会使人权领域的国际规范得到进一步的加强和发展；会使得人权的普遍性和特殊性更好地结合；会进一步促进人权领域的对话与合作等诸多方面。此外，构建人类命运共同体对于中国的人权发展也具有重要意义。

**关键词：** 构建人类命运共同体；人权；意义

"构建人类命运共同体"的理念一经提出就受到了国际社会的普遍关注和高度认同。这一理念内容丰富，会对很多领域产生深刻的影响，其人权意义也是多方面的。

## 一、"构建人类命运共同体"理念成为国际人权话语

2017 年 1 月，习近平主席在联合国日内瓦万国宫出席"共商共筑人类命运共同体"高级别会议时发表了题为"共同构建人类命运共同体"的主旨演讲，引起了强烈反响。习近平主席提出的"构建人类命运共同体"理念包含主权平等、对话协商、合作共赢、交流互鉴、绿色发展等多方面内涵，倡导坚持对话协商，建设一个持久和平的世界；坚持共建共享，建设一个普遍安全的世界；坚持合作共赢，建设一个共同繁荣的世界；坚持交流互鉴，建设一个开放包容的世界；坚持绿色低碳，建设一个清洁美丽的世界。[①]

2017 年 2 月 10 日联合国社会发展委员会第 55 届会议协商一致通过了"非洲发展新伙伴关系的社会层面"决议，"构建人类命运共同体"理念被首次被写入联合国决议。3 月 1 日，在人权理事会第 34 次会议上，中国代表 140 个国家发表了题为"促进和保护人权，共建人类命运共同体"的联合声明，在国际人权舞台上进一步阐释了构建人类命运

---

* 中国人权研究会理事，北京大学国际关系学院教授。

① 《习近平出席"共商共筑人类命运共同体"高级别会议并发表主旨演讲》，http://www.xinhuanet.com//world/2017-01/19/c_1120340049.htm。

共同体的理念及其对推动国际人权事业发展的重要意义，在国际社会引起了广泛共鸣。
3 月 23 日，在联合国人权理事会第 34 次会议通过的众多决议中，有两个决议即"在所
有国家实现经济、社会及文化权利问题"决议和"粮食权"决议明确表示要"构建人类命
运共同体"。其中，"在所有国家实现经济、社会及文化权利问题"决议指出"……决心
不遗余力，促进民主和加强法治，实现和平、发展并尊重一切国际公认的人权和基本自
由，包括发展权；相信需要作出广泛而持久的努力，来构建人类命运共同体……""粮
食权"决议指出，"决心为实现国际社会的承诺采取新的步骤，以通过加强国际合作和
团结，坚持不懈地作出努力，争取在实现食物权方面取得重大进展，从而构建人类命运
共同体"[1]。这是构建人类命运共同体的理念首次被载入联合国人权理事会的决议[2]，
被正式纳入了国际人权话语体系。

## 二、构建人类命运共同体的人权意义

构建人类命运共同体的人权意义表现在如下多个方面：

1. 构建人类命运共同体会进一步提升人权的重要性，使得人权在国际社会更受
重视

人权概念、人权原则和人权保护机制是人类文明发展的成果，是属于全人类的普遍
价值体现，因而也是人类命运共同体的核心价值体现。人权保障是构建人类命运共同体
的重要组成部分。因此，构建人类命运共同体对于保障人权是有促进作用的。在构建人
类命运共同体的过程中，人权在国际社会将会更受重视，人权的地位会不断得到提升。

2. 构建人类命运共同体会为人权概念的发展创造新契机

众所周知，到目前为止，在人权发展史上，已经出现了三代人权。

第一代人权指的是公民权利和政治权利，被称为"消极权利"，强调保护公民的自
由免遭国家的不当干预，主要包括生命权、人身自由权和安全权、私有财产权、选举权
与被选举权以及言论、出版、集会、结社自由和思想、良心和宗教自由等。第二代人权
是经济、社会和文化权利，被称为"积极权利"，包括工作权、劳动条件权、同工同酬
权、社会保障权、物质帮助权、受教育权、健康权等。第三代人权是集体人权，又称为
"社会连带权利"，主要包括民族自决权、发展权、环境权、和平权等。

尽管第三代人权提出已经有半个多世纪了，但仍然存在争议。社会连带性是第三代
人权的根本特征。"构建人类命运共同体"理念的提出，使得我们比以往任何时候都需
要国际社会的通力合作才可以更好地实现和保障人权。这就为第三代人权的发展创造了

---

① OHCHR | Session34 Resolutions，decisions and President's statements，经社文权利决议文件号 34/
4，粮食权决议文件号 34/12，联合国网站：https：//www.ohchr.org/EN/HRBodies/HRC/Regular
Sessions/Session34/Pages/ResDecStat. aspx。

② 《人类命运共同体理念首次载入联合国人权理事会决议》，人民网：http：//world. people.
com. cn/n1/2017/0325/c1002-29168281. html。

新的契机，同时也是人权概念发展的契机。

在人权概念的发展方面，中国提出的构建"人类命运共同体"的理念和联合国的 2030 发展议程也是殊途同归的。《联合国 2030 可持续发展议程》在进一步确认发展权方面发挥了重要作用。这主要表现在两个方面：（1）《发展权利宣言》成为了制定新议程的重要依据①。（2）进一步明确了发展权是人权的重要组成部分②。

这也从一个方面说明中国提出的"构建人类命运共同体"理念是符合世界潮流的，和联合国所倡导的发展目标是一致的。

3. 构建人类命运共同体会使人权领域的国际规范得到进一步的加强和发展

纵观当前的全球治理实践，比较缺乏的是各行为体都共同遵守的行为规范。规范的缺失使得各行为体依照自己的利益和判断各行行事，导致世界在一定程度上仍处于霍布斯的无政府状态，全球治理也时常陷于困境。

在全球人权治理方面，虽然已经有了国际人权法体系这样的坚实基础，但人权治理的规范仍然需要加强和发展。

构建人类命运共同体在巩固和发展国际人权规范方面是一个重要契机，它要求各国按照国际社会公认的国际法原则、国际人权宣言和国际人权公约，承担国际义务与责任，共同促进和保护人权。这首先要求遵守现有的国际人权规范，其次是要求发展新的人权规范来完善现有的全球人权治理体系。

4. 构建人类命运共同体会使得人权的普遍性和特殊性更好地结合

"构建人类命运共同体"理念尊重文明的多样性，认为人类文明多样性是人类进步的源泉。在人权领域，坚持人权的普遍性与特殊性相结合是促进和保护人权的重要原则，强调包容互鉴是促进和保护人权的动力，主张不同的国家、不同的文明之间应平等交流，相互借鉴，取长补短，共同进步③。因此各国应尊重他国的人权发展道路，坚持对话与合作，妥善处理分歧与矛盾，为促进和保护人权寻求更加有效的途径。

5. 构建人类命运共同体会进一步促进人权领域的对话与合作

对话与合作是促进和维系人类命运共同体的重要方式和有力手段。构建人类命运共同体会促进国际社会在各个领域的对话与合作，人权领域也不例外。目前，在国际人权领域存在的很多问题和矛盾的解决都依赖于对话与合作。

---

① 在议程共同原则和承诺（第 10 条）中，指出新议程依循《联合国宪章》的宗旨和原则，充分尊重国际法。它以《世界人权宣言》、国际人权条约、《联合国千年宣言》和 2005 年世界首脑会议成果文件为依据，并参照了《发展权利宣言》等其他文书。

② 在议程第 35 条关于和平、安全与可持续发展的关系中，新议程确认：需要建立和平、公正和包容的社会，在这一社会中，所有人都能平等诉诸法律，人权（包括发展权）得到尊重，在各级实行有效的法治和良政，并有透明、有效和负责的机构。

③ 王毅：《共同促进和保护人权 携手构建人类命运共同体》，载《人民日报》2017 年 2 月 27 日。

## 三、构建人类命运共同体对中国人权发展的意义

构建人类命运共同体对中国人权发展的意义表现在国内和国际两个层面：

1. 国内层面

由于人权原则是人类命运共同体的核心价值，人权保障是构建人类命运共同体的重要组成部分。作为构建人类命运共同体的倡导者，中国会在国内层面积极推动人权事业的发展，把尊重和保障人权落到实处。这将具体体现在人权的制度建设和法律建设方面，使得国内的人权保障机制日趋完善；同时在实践方面，会认真落实人权行动计划，使得国内的人权保障水平不断提升。

2. 国际层面

构建人类命运共同体会进一步推动中国对全球人权治理的积极参与。中国作为"构建人类命运共同体"理念的倡导者，中国势必会在各个领域努力作出表率，更积极地参与全球治理。在全球人权治理领域亦是如此。中国一直是全球人权治理的积极参与者，始终秉持平等互信、包容互鉴、合作共赢的精神，全面深入参与国际人权合作，推动建立公正、合理的国际人权体系。中国多年来已经与很多国家开展了双边人权对话和磋商，在消除误解、增进了解和达成共识方面起到了很好的效果。因此，在可以预见的未来，中国势必会在全球人权领域进行更积极、更全面、更深层次的参与，并发挥更重要的作用。

# 主题三：人权价值观的历史及其演变

# 人权的历史逻辑与社会逻辑

何志鹏 *

**摘　要**：强调人权的历史逻辑，就是要关注人权与历史的密切关系，而不是将人权视为一种超越历史的古老概念。同时，强调人权的社会逻辑意味着我们应该充分重视人权与社会生活的关系。人权与历史和社会之间的密切联系至少有以下四个方面：首先，对来自不同文化的人权概念和做法的平等和容忍概念非常重要。其次，在全球范围内得到承认和尊重的人权概念，是由于人类社会的沟通水平已经升级到全球化的新阶段。再次，人权在全世界被广泛接受的原因是因为随着人类社会生活的内容越来越近，他满足了人们对幸福生活的渴望和追求。因为人类面临着类似的挑战和问题，人权实践可以相互交换意见，相互学习。最后，人权的历史逻辑和社会逻辑也告诉我们，文明人权之间的人权对话是必要的，因为人权存在于许多不同的社会环境中。

**关键词**：人权；历史逻辑；社会逻辑；跨文化交流；国际合作

## 一、导论

基于人权的文化不理解、不宽容、不信任在当今的世界仍然存在。以一种人权观为真理去否定和怀疑其他的人权思想观念、制度实践的情况屡见不鲜。此时，要求我们进一步强调人权的本质及其历史属性、社会属性。具体而言，人权是人对于幸福生活的追求在制度上的映射。作为一种人们对资源掌控者提出的资格、利益要求和主张，人权具有受时空条件约束的特点。作为一种社会对上述要求予以支持、认可和尊重的文化和制度，人权也具有浓厚的时空条件特点。只有形成了这样的基本认识，才能够在跨文化的维度更好地促进人权的发展。

## 二、人权历史逻辑的内涵和指向

人权的历史逻辑，意味着从历史发展的角度认识人权，而不耽于猜想和想象。人权的历史逻辑要求充分尊重历史，结合不同历史时期人权的表现来阐明人权的基本原理。

---

\* 吉林大学人权研究中心执行主任。

人权可以被定义为人们追求更美好生活的制度表达。虽然在许多情况下，人们试图将人权视为一个独立的概念，所有文明都接受的共同理论，以及适合所有国家的共同制度，但事实并非如此。实践证据反复证明，人类历史上很长一段时间都不享有人权或人权观念。

首先，人权经历了一个从无到有、从少到多的过程。在相当长的人类历史时期，不仅没有人权的制度，也没有人权的理论和思想。人的服从、牺牲、奉献在那个历史时期是人类文明的主流价值。只有在西方进入启蒙时代以后，在一些经济力量、政治力量的促动之下，才出现了人权观念以及相关的制度。此后，人权的主体不断拓展，人权的内容也不断丰富。

其次，人权是在一定历史发展条件下的产物，而不是凭空而来，更不是某种外在于人类社会的力量植入人类头脑的芯片。从这个意义上看，尽管在 17 世纪以后启蒙思想家们所主张的自然权利理论对于人类社会尊重人的主体性、尊重人的权利有着一定的促进意义，但是随着人类认知的发展，坚持认为人权是一种自然理性在人类生活中投射和体现的观点，显然无法有效跟上社会发展的脚步。

最后，人权在不同的历史时期的文明体系之中，有着不同的进程，所以人权既有一个历史的渐开线，也呈现出一种多重发展的复线结构。从事实的角度讲，人权不是一个自始即存的客观存在，也不是一个不基于集体文化社会状况的、跨越文明的普世存在。人权存在着基于文化差异。人权的理念与制度需要适合于一个给定社会的时空条件，是针对具体历史阶段和社会状况的安排方式和制度形式。尽管在当代世界上可能存在一些人权领域的共识，但此种共识仅仅是各种文明可以通约的认知，而并不是超越历史、超越地理、超越经验的普世真理。只有建立在文明和经验的基础上，才能对这个问题有明确的认识。

人权依附于历史，而不能超越历史。人权是一条随着时间发展而不断变化的曲线。尽管在那些可以归入自然法学派的政治哲学和法哲学学者看来，人权是基于人类共同理性的法则而形成的理念和制度，但是从人类生活史、政治史、文化史、思想史的角度去观察就不难看出，人权具有深刻的历史依赖性和社会依赖性。

## 三、人权社会逻辑的内涵和指向

人权的社会逻辑意味着人权不可能超越具体的社会关系而存在。从人权出现的基础而言，如果没有社会动力，人权是不可能呈现在人类生活之中的。无论是西方的人权制度起源，还是中国的人权制度引入，都有着自身的丰厚社会力量促动。一些社会阶层会不满足于原有的社会地位、社会结构、社会秩序，他们选择了用人权的语言来表述自己的诉求。所以，在一些地区、国家，人权思想就会生根发芽，并且由于人权主张符合了大多数人对于幸福生活人权渴望的思想，从这些地区走向其他地区；进而，各国纷纷建立起人权制度。人权几乎成了一个时代的意识形态和主流、主导思潮。

人权发展的过程中，由于社会情势的变化，人权尊重保障的具体方式也会有所变化。例如，当国家出现紧急状态之时，人权的保护是可以克减的。换言之，人权的具体指向和保护方法都不能以超验的方式理解，而必须基于社会现实而与判断和衡量。我们还应该阻止将人权与社会分离的理论和主张。当前人类社会的实践也表明，不同文明中的人权存在着不同的表现形式。关于国际社会目前的人权问题，仍有一些观点和做法将人权视为一个统一的真理，以及通过一个单一的标准来评判人权，我们特别需要重申人权的历史逻辑和社会逻辑。人权的历史逻辑意味着人类出现时不存在人权。随着人类达到某个历史阶段，就产生了人权这个概念，这一概念的内涵和外延也将随着人类历史的发展而改变。

人权的社会逻辑意味着人权与社会生活的具体条件密切相关。理解人权不应脱离社会人民的生活条件和生存需求。人权属于社会，而不能脱离社会。人权是一个与文化、文明直接相关的思想制度、实践体系，是一套以历史气候、社会环境为基本背景的思想和制度，而不是一个超越人类自身的思想观念和生活状态的统一体系。一个合理的方法必须是在社会和历史背景下承认人权。只有当我们对人类生活的基本条件有清楚的认识时，我们才能对人权作出正确的判断。人权应该被视为人类社会在某个历史时期为人们的幸福生活所发明的术语。也就是说，如果有人试图超越人类的历史环境和社会环境来看待人权保护，那就不合理也不正确。我们不难理解人权的理念和制度在西方产生，具有其独特的历史背景，也具有其独特的社会目标。① 与此同时，在社会不断发展的进程中，人权的内容也在经历着变化，例如，人权的内容从最初的公民权利与政治权利，发展到经济、社会与文化权利，再发展到包括环境权、发展权、和平权在内的集体人权。因此，我们必须还原人权发展的历史逻辑与社会逻辑，将人权的产生、人权的存在形态、人权的发展方向与历史和社会充分的结合起来。

## 四、人权历史逻辑与社会逻辑的意义

确定人权的历史逻辑和社会逻辑的基本思路，就等于接受了开放地看待人权、客观务实地评价人权、动态地观察人权的可能性，也就为跨文化的人权交流与对话打开了思路。

第一，当我们论断人权是具有历史属性和社会属性的时候，就意味着我们并不认同将人权的思想、理论和实践进行超越历史、超越社会、超越经验分析的逻辑。即使在某个历史时期，某些人权观点、人权主张曾经具有过重要的意义，那也仅仅是在呼吁、倡导人权领域所带来的效果，这并不是一种对于真理的论述，更不是一种真理的传递。人权是文明的一部分，而不是文明之外的思想植入、神的启示，或人类理性的感悟。只有懂得了这种思想观念局限性，才有可能更有效的认识人权，在更为坚实的基础上实现人权。

---

① Marie-Luisa Frick, *Human Rights and Relative Universalism* (Palgrave Macmillan, 2019).

第二，正是由于传统的力量以及人们所认识的权利属于自然这样一个错误的观点，很多人不愿意承认国际社会以及相关国家在政治权利与公民权利之外产生的其他人权。一些学者和实践者甚至认为，只有政治权利和公民权利才是人权，其他领域的主张却没有真正的归属到人权的领域。尽管这些显然也是人们在社会生活中追求幸福、实现人的价值的重要方面，但出于固定的偏见，很多人仍然基于直觉而予以拒绝。也就是说，在一些国家和学者看来，人权仅仅是那些传统的内容，而不包括新生的权利要求。这显然是一种误读，是不符合人权的历史逻辑和社会逻辑的，但是这种误读却是广泛而深刻地影响着很多人。

第三，在不同时期，只要是符合一个历史阶段的人权主张、人权制度，就应当被视为是积极、健康、正面的制度，而不能够在超越历史的维度上过多苛责，更不能求全责备。所以，在 200 年前、300 年前提出的人权主张，尽管在今天看来有可能是幼稚了，甚至是存在着严重偏差的，但只要在当时看起来具有进步意义，就是一个重要的发展。所以，我们都会将英国的《大宪章》、法国的《人权宣言》、美国的《独立宣言》看成是重要的人权制度，是人权领域的巨大进步，而不会强调他们所存在的缺陷。同样，1948年《世界人权宣言》也标志着人权的发展。

第四，当人类面临越来越多类似的问题时，人类社会就出现了共同的人权要求。人权社会作为解决问题和挑战的解决方案，具有跨文化交流和借鉴的特点。此时，人权领域的合作已成为必要和可能。不同历史地理背景、文化传统背景之下的人权经验可以相互交流，也可以相互借鉴。因为任何人权制度都是人类面对客观现实环境所做出的选择和对策，所以借鉴经验和相互交流是整体提升和改进的重要途径。① 不同的生产方式、不同的社会制度、不同的地理环境造就了彼此差异的人权理解和实践；只要一个政府在为人民的幸福生活而真诚努力，则不论其优先程度、保护方式上，特别是保护次序上有什么差异，都应当认为是在为人权事业而努力，都是人权的积极建设者。在这个问题上，用一个单一的思想和实践作为唯一的标准来衡量和覆盖其他的实践就会有失公正。有一些人对于不同意识形态、不同社会制度难于宽容，态度较为激烈。他们认为，如果采取某种社会制度、采取某种政治体制，就一定是危害和破坏人权的，这种立场和做法非常荒唐。这就非常类似于，认为穿什么颜色的衣服就是好人或者坏人一样，既没有实质的联结，也没有符合逻辑的判断。因而，在人权问题上持一种开放的态度、包容的心态是非常重要的。

## 结论

意图在全球的地理范围之内，在未来的时间范围之内提升人权的保护水平，合适的方式并不是党同伐异，而是求同存异。批评和指责，即使是出于良好的出发点，也很有

---

① Claudio Corradetti, *Relativism and Human Rights: A Theory of Pluralistic Universalism* (Springer, 2009).

可能造成负面的效果，所以在相互交流、相互借鉴的基础上彼此融合、共同提升，才是发展的有效道路。期待着世界各国的人权理念制度与道路，在符合自身时空条件的前提下，借鉴其他文明的优秀成果和有效经验，予以妥善的提升。

# "获得正义"的人权话语及其文化阐释

廖　奕*

**摘　要：**在当今中国，获得司法正义的权利想象，成为一种促进人权和法治事业的文化动能。不仅政治家和法律人对"获得正义"的理念和制度发生兴趣，大众文化也开始从整体上勾勒其骨骼形体。从最初的自然权利到现代的社会权利，作为权利话语的"获得正义"在能指和所指上都发生了很大改变，相关话语分析具有多重面向。本文以《十二公民》为分析素材，以复合型均衡的内在紧张为线索，从系谱、生产和叙事三方面，建构了获得司法权利话语的文化阐释框架。首先，权利话语的系谱研究排斥确定的起源，移植和本土化很难完全剥离。其次，在权利话语生产过程中，还可以发现体制和市场的"双轨制"辩证以及法律家和文艺家、国家权力和民间资本的合作。最后，获得司法正义的权利话语要达成叙事框架，需要建立在精英和民众最低限度的正义共识基础上。获得司法正义的权利，不仅与法律职业内部文化有关，也与社会正义的交叠共识有关。将不同主体位置的人权话语生产加以连结性分析，探明其文化动员进程，是理解人权话语实践的一种新方法。经由移植而来的人权话语，要想掌握群众，改造世界，获得理论的物质力量，必须对自身固有的文化立场进行反思甚至翻转，产生革命性质变，真正说服大众。

**关键词：**获得正义；人权话语；大众文化

## 一、引　言

中国自改革开放以来，公民的人权意识苏醒，通过司法获得正义的观念逐步形成并日渐强化。获得司法正义的权利想象，成为一种促进人权和法治事业的文化动能。特别是中共"十八大"以来，随着一系列冤假错案的矫正，党和国家领导人对司法公正的再三强调，公众获得司法正义的权利观念进入新的勃发期。海外观察家提出，"司法正义是最基本的权利，是权利中的权利"。这样的观点，虽然法学家很难苟同，因为司法正

---

　*　武汉大学法学院教授，博士生导师。

　　本文系作者主持的教育部人文社科重点研究基地重大项目"中国发展权理论体系研究"（18JJD82006）阶段性成果。

义本身并不是基本人权。但他们也不至于反对，因其代表了某种文化心理的共意与同感。作为公正审判权的延伸和强化，获得司法正义的权利受到愈益广泛的关注。

从政治方面而言，良好的社会治理离不开司法公权力的有效运行，回应公众不断增长的权利需求。处于深度转型期的发展中国家，仅仅关注以法院为中心的"公正审判"，不足以全面彰显广大民众对司法正义的权利需求。以公正审判权为基础获得司法正义权利，正在由一种大众文化的想象变作精英政治理念，进入法律文本，影响司法实践。

从学术方面而言，法学家主张的权利理论话语面临时代危机，遭受各方面的诘问和非难。自上而下的政治话语对传统的法官中心主义提出批评，自下而上的大众话语对身披法袍、高高在上、仿佛不食人间烟火的法律贵族更是极尽揶揄。经典的司法正义及其权利理论，不断被新的话语主体质疑、戏仿或解构。在此背景下，发展新的司法人权话语，成为非常必要的理论工作。

从社会方面而言，社会正义对法律正义愈益呈现统摄趋势。法律作为嵌入社会的环节，其正义理念不能脱离"母体"独立成活。大众文化对精英司法正义观的反向影响，通过话语的规限和改造等方式表现。在发展不充分、不平衡的境况下，以弱者为名的社会正义，往往比因法之名的司法正义更加具有情感动员能力。获得司法正义的权利，与其说是法定的实在权利，毋宁是正在形成的社会权利，其规则边界尚未划定，具有广阔的话语阐释空间。

当今，"获得正义"（Access to Justice）运动正处于拓展升级的临界点。这场学术和实践高度叠合的运动，源于欧美，遍及全球，从上世纪中叶开始勃兴，影响不辍，余波未了。特别是在转型国家，"获得正义"更像一种超级话语框架，可以链接各种社会和法律问题，涵摄诸多权利及其实践需求，不仅体现在法规范的移植或曰翻译，也反映于公众法观念的更新改造。不仅政治家和法律人对"获得正义"的理念和制度发生兴趣，大众文化也开始从整体上勾勒其骨骼形体。由此促动的司法文化，以多元主体的人权话语为素材，在特定时空条件下的熔炉中冶炼锻造，生产出别具特色的复合型产品。如果用社会运动的术语表达，当前发展中国家的法治转型，正处于后政治动员时期，文化结果的产出成为测量人权事业成效的一个隐含指标。基于上述，本文以"获得正义"的人权话语为主题，通过学术史考察和实例分析，揭示话语表达及其实践机理，反思深描深层文化意涵，希冀对当前人权话语和法治建设有所助益。

## 二、"获得正义"如何成为人权话语？

严格而论，"获得正义"（Access to Justice），其概念表达既不符合植入概念的原意，也缺乏具体的实在法依据。它不是一个严格意义上的法律话语，甚至在法学话语的证成上也存在障碍。但这些并不妨碍它作为权利话语存在，并对政治话语和大众话语产生影响。从最初的自然权利到现代的社会权利，作为权利话语的"获得正义"在能指和所指上都发生了很大改变。作为勾连正义和权利的交融话语，获得司法正义的权利在中国又发生哪些流变？

### （一）"获得正义"的自然权利

为正义而斗争！这一响亮的话语，表征出一种历史悠长、无论西东的普遍实践。在古典时代，正义被哲人设定为生活和政体的核心目标，如柏拉图在《理想国》中所言，亦如孔子在《论语》中所示。自古而今，人们都向往正义生活、尊崇正义政体，此种实践理性正是法律得以存立的根本。

在十八、十九世纪，作为启蒙运动的重要成果，获得司法保护的个体权利被视为一种不证自明的自然权利，此种权利优先于政治国家，保障其实现的核心要求就是政体不允许他人的干预和侵扰。抽象的正义，被具体化为人权清单上的各种基本权利。为了让隐晦的理性之光折转为可观的经验之光，"'哲学家们'所不得不做的，就是要以启蒙的明灯在这个广阔的世界上下求索'普遍的人'"。① 以独立个人的人性尊严为核心的人权理念，成为普遍的自然法则。此种律则将政治正义转义为个人权利，将获得正义链接到自然权利话语。依此逻辑，政体的力量高度受限，国家被视为消极无为的自由守护者，公民被预设为自我负责的完备权能主体。然而，民众拥有正式的诉诸司法获取正义的权利，但他/她们究竟有没有这样的能力？在自然权利话语体系中，这并不是国家所应关心的问题，并不需要耗费公共资源解决。所以，权利的有无是一回事，其能否运转则是另外一回事。

### （二）社会权利的话语转向

20世纪中叶，保守主义对自由主义形成全面冲击，自然权利话语遭遇新社会正义理论的挑战。在列奥·施特劳斯看来，古典的"自然正义"（Nature Right）概念，被现代性转化为自然权利话语后，历史主义旗下虚无主义盛行，作为目的的"善"被作为工具的法律权利架空。② 就现代法律体系的实践而言，民众实现正义因程序迟延、资源匮乏、官员腐败、规则混乱等困阻重重。正义的面目变得模糊不清，司法的形象也与民众的期待相差甚远。获得正义的权利，在话语表达上逐渐由消极国家背景下的自然权利，转变为福利国家改革浪潮中的社会权利。例如，从1789年《人权宣言》到1879年革命后对社会权利的重视，直至1946年《法兰西第四共和国宪法》正式确认社会权利。有效获得正义的权利，被视为实现人权的最基本要求。

在回应现代法困境的背景下，欧洲法律学者率先组织起来，展开了以"获得正义"为主旨的研究行动。作为这一计划的领军人物，意大利法学家莫诺·卡佩莱蒂坦陈："获得正义"的语词含义并不容易界定，但其服务于法律体系完善的基本目标则相当清楚。一方面，法律体系应当为所有人平等进入；另一方面，法律体系应对个人和社会都

---

① [美]卡尔·贝克尔：《18世纪哲学家的天城》，何兆武译，三联书店2001年版，第85页。
② 参见[美]列奥·斯特劳斯：《自然权利与历史》，彭刚译，三联书店2006年版，第5~6页。

能导出公平的结果。有效获得正义权利的意义,关键在于对障碍的克服。① 显然,这场研究运动是现实问题倒逼的理论生产,也是司法改革导向的学术实践活动。在这场学术和实践高度叠合的研究运动中,"获得正义"逐渐从一种自由主义标识、个人权利象征,衍义为一种新的集体人权话语、一项系统社会法治工程。

### (三)话语表达的实践流变

过去十多年间,"获取正义"一词在法律学者、司法改革倡导者、政府决策者和媒体中越来越受欢迎。但是,也正是由于这些层出不穷的最新关注,对如何通过司法实现正义,似乎越来越难以产生共同理解或公认定义。为寻求概念理解的共识,有研究者针对家庭法进行跨国在线调查,希望通过各国法律、心理健康和争议解决专业人员的不同视角,探讨获取正义权的真实意义。样本包括来自 7 个国家的 442 名受访者(包括法官、律师、监护评估人员、调解员、家事法庭服务人员、法院行政人员、家长教育工作者等)。在总受访者中,398 名参与者完成了调查(回复率为 90%)。大多数参与者将获取正义权定义为争议者通过正式(例如法院)或非正式(例如调解)机构和服务寻求和获得补救的能力,目的在于解决争端。然而,法律界人士和精神卫生专业人员的观点之间出现了值得注意的差异,后者倾向于将诉诸司法的获取正义作为一个法律问题,而前者则侧重于家庭纠纷的替代性解决办法。② 从这个例证不难看出,获得正义问题即使可以在概念上形成一个命题式的话语表达框架,在实践场域中会出现许多难以预料的背反和歧义。

就中国的情形而言,作为初生甫兴的人权话语,"获得正义"尚未得到学术界的广泛认同,在大众文化中也是一个模糊不明的所指。对此,核心概念的话语翻译可为例证。在中国大陆,Access to justice 或翻译为"接近正义",或译为"获得司法正义的权利"。前者表明译者对正义实体存在的审慎怀疑,后者则明确将正义等同于司法正义,将获得正义默认为一种权利。相比而言,台湾地区的辞书则译为"通向公正",在某种程度上更为贴合语词原意。为什么这种译法没有为大陆地区学者借鉴?或许正是因为从话语表达上,这两种翻译语词分别代表了正义和权利的时代主题,同时凸显了正义实现的难度及司法的中心地位。前一种翻译可以彰显一种侧重社会正义的全民运动,后一种翻译则易于被法学界的研究者理解和接受。将二者结合起来阐释,我们可以看到这样一种隐秘的话语构造:大众正义可以通过精英主导的权利实现,但大众对正义的获取注定是附有条件、讲求程序的法治化过程。

在中国大陆,法学界更倾向于将"获得正义"译为"获得司法正义的权利"。此种话语翻译的背后,潜藏着转型时期司法实践的两难困境:一方面,司法在治理层面的价值

① Cappelletti, M., and B. Garth. "Access to justice: The newest wave in the worldwide movement to make rights effective." *Buffalo law review* 27(1978): 181-292.

② Salem, Peter, and M. Saini. "A Survey of Beliefs and Priorities About Access to Justice of Family Law: The Search for A Multidisciplinary Perspective *." Family Court Review55.1(2017): 120-138.

定位越来越高，人民群众在案件中的公正感受，成为衡量司法绩效的重要标准；另一方面，人类认知、记忆和决策的弱点，成为心理学家眼中的公正难行之源。① 人们不仅需要司法的程序救济，而且需要实质性的正义结果。替代性纠纷解决机制的兴起，便是一个明证。但它并没有否定正式司法的效用，反而从"中心-边缘"的格局塑造上强化了司法的权威和正义最后防线的地位。从公正审判权到获得司法正义的权利，无论法学家如何辨析二者的异同，从政治话语和民众话语的使用看，后者的表达力明显更强、且在心理效果上更为可感可及。

沿此思路，"获得司法正义权利"的话语分析可以具有多重面向：第一，在政治家和法律家合力构建的话语系统中，获得司法正义的权利是否以及如何证成？第二，在大众文化的视野下，获得司法正义到底是一种怎样的"人民的权利（力）"？第三，精英与大众在正义和权利的话语勾连上，体现出的目的和策略有无区别？二者的话语表达如何在文化实践中实现契合、避免偏离？

# 三、以《十二公民》为例

在一些法律人眼中，人权话语的传播弥散，通常会经历道德动员、政治认同、法律证立等阶段，然后才会进入大众文化的场域。这代表了形而上的人权理论。依此理论，道德优位于政治，政治优位于法律，法律证立又比大众认同关键和紧要。但这样的"构想"明显忽略了制度与文化的交融共在，将人权话语的复杂流变简化为一种"规范中心"的阶段论。就实际情形看，此种阶段论见解未免僵硬甚至有些武断。作为道德权利的人权话语，与政法场域中的人权实践如何能够切割？政法精英的人权话语表达，与大众权利的文化语境又如何能够脱嵌？

## （一）正义的文化阐释

在大众文化当阳称尊的时代，经由多数人对正义的普遍感知，立法和司法才能获得认同。无论民主主导型的立法正义、公众参与型的行政正义，或者大众感受型的司法正义，都离不开文化载体的沟通和呈现，相关话语也都会在大众文化媒介中接受衍义甚至重塑。在法律学术研究中，探寻获得正义的基本原理，也离不开斑驳多彩的文化进路。

在国外，大众文化中的法律研究将一种理论、一种实践、一个领域、一种教学法和一种思潮结合在一起。这种理论建立在结构主义洞见基础上，它告诉我们，话语、隐喻和图像等特定表达形式，对于被表达的真相具有根本意义。它采用一种多学科的研究进路，涵盖认知与文化心理学、语言学和修辞学以及媒体、电影和通讯研究，致力于阐释

---

① 参见［美］亚当·本福拉多：《公正何以难行：阻碍正义的心理之源》，刘静坤译，中国民主法制出版社 2019 年版。

法律意义在社会中是如何形成并传播的。[①] 比如，聚焦法律电影的文化研究，吸收了法人类学的方法，并将其拓展运用于阐释多元法律意识的互动，以及大众文化中司法图像的实证分析。[②] 研究影像中的大众法律表达，可以展示某种不同于法律人的司法正义图景。以某部或某类电影为素材，解析法理，折现民意，成为当今法律学术与文化研究勾连之通衢，成果蔚为大观。借助法律与文化话语研究的跨学科框架，以法律电影为切入，阐释特定社会背景下正义认知，逐渐成为一种比较成熟的研究领域和社会实践。

在中国，从 20 世纪 90 年代起，法学家开始运用"法制电影"素材，探讨有关获得正义的文化问题。例如，朱苏力对《秋菊打官司》《被告三杠爷》等电影的精彩解读，呈现出不同于传统法文化和权利研究范式的独特面向。[③] 苏力研究成为效仿样本，关注影像的法律与文学研究在中国出现了短暂的热潮。但时至今日，再来仔细观察此类研究，我们发现，其在旨趣上仍基于当时法制与国际接轨的现实需要，在方法论上主要依循西方法人类学的进路，在内容上并未脱离主流法学的基本预设及叙事范围。首先，理论和实践必须紧密结合，但前提是二者是相互独立的，不能因为现实问题而异化理论自身的逻辑。其次，法人类学取得了丰富的异文化研究成果，但它主要从纠纷解决和民俗法角度展开，对现代社会的大众文化产品缺少关注，其结构功能主义的方法在普遍性上存在欠缺。[④] 最后，对于主流法学而言，电影毕竟不是法律，更适合成为一种另类的抒怀工具。多数法律学者的电影解读，习惯秉持规范主义立场和思维，对其中有关法律的失真失实之处加以指摘，对文本的生产机理、叙事逻辑和系谱流变，往往不予置评。特别是对某些新近的文化标本，法律学者很少能认真对待。

对于本文论证的主题而言，理解获得司法正义的权利话语，在方法论上可以有新的选择和突破。在精英与大众、现实与虚构、理论与情感之间，究竟有没有一个沟通的桥梁？由此产生话语研究的文化阐释方法的均衡需求。此种均衡需求，立基于现实与虚构的辩证法，视获得正义的权利影像为一种活生生的文化事实，既将其置于特定语境中理解，又不限于某个孤立文本，通过多元文化比较的方式发现关联逻辑。此种均衡，也出于对大众与精英、法律内部文化与外部文化等二元对立的消解需要，通过对多学科研究方法的框架整合，寻求批判和反思之道。

### (二) 为什么选择《十二公民》?

《十二公民》于 2015 年在中国内地上映，颇受业界好评。它以美国经典法律电影

---

① 参见［美］奥斯汀·萨拉特编：《布莱克维尔法律与社会指南》，高鸿钧等译，北京大学出版社 2011 年版，第 107 页。

② 参见［美］奥斯汀·萨拉特编：《布莱克维尔法律与社会指南》，高鸿钧等译，北京大学出版社 2011 年版，第 113~116 页。

③ 参见苏力：《法治及其本土资源》，中国政法大学出版社 1996 年版，第 23~40 页。

④ 参见［美］劳伦斯·罗森：《法律与文化：一位法律人类学家的邀请》，彭艳崇译，法律出版社 2011 年版，第 44~47 页。

《十二怒汉》为原型蓝本，讲述了模拟陪审团对一起刑事案件的真相复原和正义裁决的故事。① 虽然对此片的评论众多，但严格意义上的法文化研究并不多见。②

选择这个样本作为素材，还有如下因由：第一，这个样本与权利话语的移植、本土化和系谱流变有关，其文化原型是多元文化混合构造的产物。第二，作为新时代中国司法文化产品的《十二公民》，不是纯粹的商业电影，也不是典型的体制内电影，而是民间资本与公共权力共同打造的混合式作品。透过这部电影的文化生产过程，我们可以发现权利话语背后的权力博弈，例如"政府及其所代表的主流意识形态，市场及其所代表的商业利润原则，精英及其所代表的艺术审美原则"③。第三，就文本叙事而言，电影剧本建构的精英对获得司法正义权利的认知和想象，以及大众对此种建构的反馈，展现出复合型均衡的紧张关系。如何从话语矛盾运动中发现法理的奥义，这是一个极具诱惑力的智识探寻开端。

**（三）权利话语的系谱、生产和叙事**

基于上述考虑，下文以《十二公民》为素材，以复合型均衡的内在紧张为线索，从系谱、生产和叙事三方面，建构获得司法权利话语的文化阐释框架。

1. 权利话语的移植系谱

权利话语的系谱研究排斥确定的起源，移植和本土化很难完全剥离。"电影，特别是那些有关法律和法律人的社会正义电影，像我们所有人一样，都是特定时代的造物。"④让我们先暂时搁置《十二公民》，回到特定的历史时刻，从它的"母版"《十二怒汉》谈起。

1957 年，《十二怒汉》在美国上映，迅速成为好莱坞经典电影，除了符合电影工业经济法则，还有赖于独特的大众法治文化背景。《十二怒汉》也是一部改编作品，其前身是 1954 年热播的电视剧集。20 世纪 50 年代，法庭剧已在美国很受欢迎，经济发展

---

① 该片讲述了模拟陪审团对一起真实案件的争议和讨论。暑期一所政法大学内，未通过英美法课程期末考试的学生迎来补考。他们模拟组成英美式法庭，分别担任法官、律师、检察官等角色，审理一桩社会上饱受争议的"20 岁富二代弑父"案。12 位学生家长和临时代表组成了陪审团。这些人来自社会不同阶层，有医生、房地产商、保安、教授、保险推销员、检察官等。他们在听取学生法庭审理后，将对本案作出最终"判决"。这 12 名陪审员互不相识，但按照规则，他们必须达成一致，才能结束审判。第一轮投票，就有 11 人认定"富二代"有罪，所有人证物证都呈现一边倒的局面。但随着审议的推进，在检察官家长的合理质疑下，原来看似坚固的证据链条出现裂缝，疑点不断出现，每个人背后的故事也浮出水面。参见十二公民剧情简介，http：//www. 1905. com/mdb/film/2223833/scenario/？fr＝wwwmdb_data_tab_20140918。

② 作为一个例外，蔡琳的研究关注到《十二公民》与《十二怒汉》在相似情节之外呈现出来司法认知差异，从司法哲学和传统的角度进行了很好的文化阐释。参见蔡琳：《司法的救赎？——从〈十二公民〉谈起》，载《读书》2017 年第 3 期。

③ 郦苏元、胡克等主编：《新中国电影 50 年》，北京广播学院出版社 2000 年版，第 321 页。

④ Rennard Strickland, Bringing Bogie out of the Courtroom Closet：Law and Lawyers in Film, in SCREENING JUSTICE, supra note 8, at xxi, xxxi.

与政治保守，高度统合与社会多元，制度稳定与纠纷激增——各种矛盾缠绕，既带来了变革的活力，也形成了纷乱的渊薮。人们对获得司法正义的权利想象，激发了电影工业的生产拓展。1955 年，美国观众第一次通过电视看到了真实的庭审直播，大部分民众认为这对司法公正并无影响。保守的司法界自然不会认同这种民意，但新闻界打开了这个缺口。1956 年，科罗拉多州开始允许记者到法庭拍摄，录制庭审实况。这进一步激活了大众对司法过程尤其是陪审团裁决的兴趣。鉴于陪审团的评议和裁决是秘密进行的，民众对此知悉甚少且鲜有体验。[1] 陪审团制度是否应当延续，一直是 50 年代美国的司法政策辩论的重要主题。这种情形带来了陪审团研究的"意外"繁荣，在福特基金会的资助下，许多社会学家开始关注陪审团运作的实然场景，采用多学科的方法对陪审员行为、裁决过程等问题深入研究，积累了丰富的数据和资料。[2] 精明的制片人从中嗅到商机，试图用虚拟案件的悬疑剧情，展示这一至关重要的英美法制度运作的内里细节，同时代表大众传达获得司法正义的权利信号，借以督促当局者启动新一波司法改革。1957 年《十二怒汉》上映后好评如潮，并非偶然。盖因现代法治的进程与大众文化的勃兴具有内在的重合性，现代法治保障了文化产业的理性繁荣，大众文化则进一步对法治加以情感塑造，达成法律运作所需的多元文化认同。法律电影在这一进程中功不可没，这已成为业内精英和普通民众的基本共识。法律电影反映的并非客观真实，但它的确可以塑造大众心中的法律真实。二十年后，《十二怒汉》在美国以电视电影的方式翻拍，就增加了不少颇能代表司法改革动向的内容，例如黑人陪审员和女性法官的加入。

最先对美国《十二怒汉》产生强大文化反应的，当属德国。在冷战中期，1957 年，《十二怒汉》在德国斩获柏林影展金熊奖，被评价为具有特别价值的电影，对青年的教育意义非常深远。事实上，《十二怒汉》为德国人喜爱，不仅因其展示了一种美国式的陪审制度，更是因为它代表了获取司法正义的新权利想象。在战后的德国，当专家治理体制遭遇严重信任危机，这种改革文化的感染力和冲击力不言而喻。在此背景下，20世纪 60 年代，德国推出了本土版《十二怒汉》：《大会议》(Die Konferenz)。尽管属于话语移植，德国版仍然体现了专家主义的文化惯习。电影主创设计了一个与《十二怒汉》完全不同的叙事环境：在一所学校，某男生被某女生家长指控强奸了其女儿，也就是这个嫌疑犯的同学。为裁断此事，校方指定 12 位各科教师开会决议。这与《十二怒汉》中的外行陪审员明显不同，这些教师是公职人员身份的教师专家，不能具有个人情感的牵涉，必须凭借专业的知识和经验。[3] 但事实上，这些专家还是难以摆脱个人偏见和痛苦

---

① Hans, Valerie P.. "Deliberation and Dissent: 12 Angry Men Versus the Empirical Reality of Juries." Chicago-Kent Law Review 2(2007).

② HARRY KALVEN, JR. & HANS ZEISEL, THE AMERICAN JURY at v-viii(1966); Valerie P. Hans & Neil Vidmar, The American Jury at Twenty-Five Years, 16 LAW & SOC. INQUIRY 323 (1991); Valerie P. Hans & Neil Vidmar, Jurors and Juries, in THE BLACKWELL COMPANION TO LAW AND SOCIETY 195 (Austin Sarat ed., 2004).

③ Peter Henning Feindt, Kommunale Demokratie in der Umweltpolitik Neue Be-teiligungsmodelle, B27/98 AUS POLITIK UND ZEITGESCHICHTE 39 (1997).

经历的干扰。不难看出，德国文本的叙事首先与既定的参审制有直接关系，这是一种不同于英美的司法制度；其次，虽然德国民众对专家体制多有抱怨，但电影还是坚持专家主义立场，但通过适度的反思和批判，展现出一种更具人情味的专家审断模式；最后，公众对长期以来法律形式主义和概念化的不满，在这一文本中体现于针对教育问题的反思话语。经由教育问题折射的司法专业主义的危机，既是人性偏见和社会矛盾的缩影，也是法律权利社会性的延生。此种关联被敏锐的德国艺术家率先捕捉，成功转换为缤纷的光影。在这个文本中，创作者有意识引导大众朝向一个深层问题思考：法律可接受的社会行为尺度究竟在哪里？强奸和自愿做爱的区分界限究竟在哪里？电影对罪案的"合理怀疑"，代表了大众权利话语对司法公权的"合理质疑"：作为被侵犯对象，女生的尖叫更像一种热情奔放的示爱，家长不直接报警，请求学校处理更像是信心不足的权利放弃。这些因素，都让体制内的正义"真相"疑雾重重。

同属大陆法系国家的日本，在权利话语表达方式上，与德国的严肃庄重很不相同。在日本，陪审制度有历史基础和大众记忆，但当时这种制度又成了过往遗迹，能否复兴绝非"电影人"所能所左右。这种境况下，1991年日本版《十二怒汉》（中文译名为《十二个善良的日本人》），反映出一种"戏谑而认真"的权利话语风格。片名中的"日本人"，带有鲜明的国族本位色彩；"善良"折射出不同于形式法治的伦理正义倾向；从始到终的"无罪"裁决，构造了"善良日本人"的权利主体镜像。电影人利用民众的文化记忆、权利想象和期待，制造了一部围绕真实罪案的陪审电影，但在风格上又具有明显的市民化幽默取向，让人并不觉得多么严肃、认真，反而有另类打科插诨的感觉。为了吸引观众，该片在情节上做了很大的改动，从"弑父"变作"杀夫"。在陪审员的构成上，有三名女性参与，年龄上代表了老中青三代，各自表现性格分明，表现出鲜明的改革话语导向。

2007年，《十二怒汉》上映五十周年，正当美国法学界从专业的角度集中研讨之时，俄罗斯推出了本国的版本：《12：大审判》。12，一个抽象而具体的数字，表明了一种莫名的神秘。大审判，则意喻着叙事格局的放大，也表征着电影人"野心"的膨胀。这部电影将弑父案置于波澜壮阔的政治、种族冲突和激烈、残酷的战争背景下，反复凸显、不断强调司法正义与社会、道德、商业利益的各种冲突和悖论。例如，墓地管理员说道："法律是死的，没有人情味儿。"然后他开始抱怨俄国社会的官僚主义和不负责任。他总结说，"七十年来，这个国家没有一点儿进步"。12位陪审员不像是围绕案件进行法律事实上的认定讨论，更像是一场以社会如何正义为主题的诉苦大会，他们讨论了局势的混乱，种族的歧视，社会的腐败和各种不道德现象。所有这一切，与案件没有直接关系——他们的话语并非司法场域设定的标准格式，而是通过案件引发的正义问题辩论加以串联。片中多次出现的"麻雀"镜像，都折现出浓郁的东正教背景和俄式人文主义关怀。

2. 权利话语生产逻辑

2012年以来，中国司法进入新时代。作为新时代的重要标志，中华文化的全面复兴，对司法的理念更新和制度改革都提出了更高的要求。"司法是人民的司法，法院是人民的法院，以人民福祉为核心，在司法上保证人民对美好生活的向往，就成为司法的根本行动指南。"①作为新的政治要求，司法机关的核心使命是公正，而司法公正最终要通过人民群众的切实感受来检验。在此背景下，聚焦大众感知的司法正义日显重要，不仅体现在改革顶层设计文本，也投射于大众权利话语的文化生产过程。

对大众文化生产而言，司法题材的作品并不具有显著的市场价值，很多时候成为有意规避的领域。在文化产业化大潮下，司法题材影视剧的制作看似很不景气。② 但这种不景气，是相对于市场化的文化工业标准而言的。③ 如果我们转换角度观察，事实未必如此。司法机关承担法律教育职能，理当对大众司法文化的塑造肩负特殊职责。从司法文化公共品供给来看，在新的全面深化改革顶层设计中，司法作为中央事务定位，与其有关的文化产品因而具有某种司法公共品的性质。基于此种属性，司法文化公共品不能完全由市场资本或自由文艺家提供。一种新的司法文化生产逻辑，正在铺展。此种逻辑类似政府与社会资本合作的 PPP 模式，当公共资本与民间资本取得共识，达成协议，司法文化生产项目制的运作即告启动。④ 主流的司法题材影视剧，多系最高法、最高检下设的作为"独立事业单位"的影视中心以立项方式出品。

除了正式的国家主导的司法文化项目，大众文化市场对司法正义塑造的"自发"热情也值得分析。在文化组织分类表中，居于核心领域的媒体通常偏重主流，创新动力有限。但在都市文化背景下的边缘组织，却有相对充盈的创造欲。"它们生产和广泛传播被那些强调联合大企业生产的流行文化的作用的人所遗忘的文化，它们在这方面发挥重要作用。地方文化组织通常是文化网络——亚文化或艺术世界——的组成部分，它们经常是新思想的源泉，其中的一小部分新思想最终进入文化活动场所。生产这些作品是一项社会活动，在从事这项活动的过程中，文化创造者时常注视其他创造者的作品，以便证实他们本人对审美问题和政治问题的看法。"⑤

在《十二公民》的权利话语生产过程中，我们可以发现体制和市场的"双轨制"辩证。

---

① 胡玉鸿：《习近平公正司法思想探微》，载《法学》2018 年第 6 期。

② 20 世纪 90 年代初期全面展开的市场化改革，使得计划经济体制下仿效苏联文艺生产模式形成的文化生产体系，逐渐被新的市场化模式替代。一个新的、面向城市市民以文化消费为主导的市场逐步建立起来，它以资本为纽带、以盈利为目的，在原体系之外，重新整合创作主体(体制内和体制外)，在市场空间中开掘新的文艺创作方式。参见陶庆梅：《网络技术霸权下失衡的文化生产机制》，载《文化纵横》2017 年第 12 期。

③ 有论者从中国法制电影的题材和表达方式角度看到了明显的进步，比如，把法律的理性语言转换成感性影像，成为传播法律信息的媒介，影响人们的思想观念，产生对法律理性的认同。参见程华：《新世纪中国法制题材电影概观》，载《电影文学》2013 年第 8 期。

④ 关于项目制的研究，参见渠敬东：《项目制：一种新的国家治理体制》，载《中国社会科学》2012 年第 5 期。

⑤ [美]戴安娜·克兰：《文化生产：媒体与都市艺术》，赵国新译，译林出版社 2001 年版，第 6 页。

从体制到市场，再由市场复归体制，最后回归一种新的复合化市场。① 这个过程的逻辑不难解释：首先，已有的司法文化组织，如法官、检察官文学艺术联合会等，常规化承担故事文本生产任务；成熟的文本以项目制方式，经由影视中心制作发行。其次，由于文化产业的迅猛发展，出于市场效益考虑，体制化的文艺项目不得不寻求盟友，从创作灵感、制作资金和发行渠道等多方面补足短板，以求最大限度站好边缘的舞台。再次，文化市场激烈竞争形成的分层和断裂，让一些新的企业在缝隙处谋求创新和突破，有计划展开司法文化产品试验。最后，当合作契机出现，众多参与主体的意思得以复合，理念框架形成，资源动员到位，权利话语的文化生产也就水到渠成。

从主体视角看，司法正义的权利话语生产需要法律家和文艺家、国家权力和民间资本的合作。文艺家的正义/权利想象，更多站在大众喜好的角度编织。法律家的正义/权利图景，通常围绕制度规范的要求设计。资本方则更需要整合的能力，为各方合作创构平台。就《十二公民》的创作团队而言，出品方是民间资本，联合摄制方为三家司法文化专业组织，导演和演员都是小有名气的文艺家，编剧包括检察官和文艺家。

首先，法律人和文艺家在权利话语上的交流和互动极为重要。《十二公民》之所以是一个新的文化复合产品，主要在于它是两个故事的合成。出品方手头的两个剧本，一个是检察官创作的电视剧剧本，一个是新生代导演正在构思的《十二怒汉》翻拍本。据韩大书检察官回忆，2012年的一个晚上，检察官与制片人、编导之间进行了一场朴实而深刻的对话。虽然学科专业、背景经历完全不同，但他们提出了一连串共同的问题，核心就是为什么司法缺乏公信力？② 虽然法律人对最后上映的电影存有遗憾，但还是表示了高度的认可。虽然文艺家最初不是为了宣传特定类型的司法人员，但还是收到了很好的普法效果。长期以来，我们对于法律人的文艺创作习以为常，但对文艺家的法治认知关注不够。像徐昂这样的新生代文艺家，他出生在70年代末中国法制移植勃兴的年代，虽未受过完整系统的法学教育，或像《十二怒汉》编剧有参与陪审的经验，但他们对司法正义的知识和体验，对人权理念的憧憬和敬仰，有更宏阔的视野和更主动的自觉。据其自述，他很早就有翻拍《十二怒汉》的想法。他在业界的成名作《喜剧的忧伤》，正是改编自三谷幸喜的作品《笑的大学》。《笑的大学》宣扬的是言论自由权。不无巧合的是，三谷幸喜也是日本版《十二怒汉》的编导。虽然这部作品在徐昂眼中质量不高，但这并不妨碍他在创作《十二公民》时认真参酌。

其次，法律人与文艺家的互动平台，搭建于资本方的理念框架下。从想法到创意，再从创意到产品，这一过程的支配者和主导者，在现代文化工业体制下，无疑是投资人。文化资本的运营者为什么萌生司法电影的创意？除了获得司法正义权利日益受到民众关注和官方重视的大背景，我们还可以补充一些细节的佐证。比如，出品方聚祺传媒

---

① 社会学家研究的项目制所体现的新的双轨制，表现为一种由体制（单位制）到市场，再到体制（项目制）的过程。而新的司法文化生产逻辑则以市场为起点，转向项目制，再回归一种复合化的市场。

② 参见李玉娇、徐昂、韩景龙：《十二公民》，清华大学出版社2015年版，第248页。

是一家正在打开市场的新企业，需要新题材吸引受众。投资方希望通过能够承受市场风险的小成本电影，完成这种创新实验的另类吸引。主要投资人徐小平等对美国人权文化的熟悉和推崇，选择一部好莱坞经典翻拍也就顺理成章。出于本土化的考虑，经典翻拍必须有鲜明的中国元素，于是在已买下版权的电视剧剧本中嵌入经典故事，构成了文化资源配置的最佳均衡点。为达成这种均衡，在《十二公民》的制作过程中，资本方对剧本的打磨煞费苦心，检察官创作的原本经职业编剧改写，完成框架设计，再由导演徐昂精心润色，呈现出最后的复合型的嵌套式文本。

最后，对于类型特殊的司法电影，投资人的意思并非绝对自治的，还需要随时吸纳司法机关的话语表达。依照法规和政策，像《十二公民》这样的电影，首先需要经过最高人民检察院的审定。我们看到了一种别开生面的权利话语生产方式：通过吸收检察系统的作家为主创人员，剧本创作与内容审查同步进行。原剧本被改造为一个检察官作为普通人出场的正义故事，完成了法律精英对社会公众的启蒙，不仅探查了真相，而且感动了人心。在此基础上，原国家广电总局的审查非常顺利，一刀未剪。作为承担重要法治职能的最高检察机关，电影审查显然只是其权力范围的细枝末节，但正是这样处于末梢神经的文化权力，在很大程度上限定了文化生产的框架和逻辑。"专业把关"，可以避免法律意义传播中的制度错误，让作品更严谨精准。

3. 精英主导的大众叙事

获得司法正义的权利话语要达成叙事框架，需要建立在精英和民众最低限度的正义共识基础上。就此而言，司法正义不仅与法律职业内部文化有关，也与社会正义的交叠共识有关。"每种文化都有其奠基性的神话、必要的信仰以及内在于自身规范的理性。"①司法体制文化的精英主义气质，突出表现在作为美德的古典正义观念。此种理念，通过民主代议制的运作得以展现。而其大众主义情结，属于现代性祛魅的后果，在政治与市场的共同作用下日渐滋长。试图消解精英与大众区隔的法律人，虽然秉持自由平等的理念，但在司法贵族传统和启蒙知识分子意念驱策下，其对于获得司法正义的权利话语，难免出现精英主导的大众叙事悖论。虽然法律人和文艺家携手创生新的司法文化生产模式，可以弱化单向度的精英想象，编织更多维度的大众叙事，用混合话语探试均衡方位。嵌在大众文化中司法精英，通过与文艺精英的合作，也可尽量面朝大众的正义认知，将法意表达与娱乐休闲整合一体，走向某种"娱乐-司法复合体"（entertainment-justice complex）的建构。它与文化工业的"司法-娱乐复合体"有方向上的差异，后者是声称实施精英的法律教育和启蒙，但实际上是利用法律程序和冲突引发观众的冲动，供其消遣，逗其开心。②此种复合体就目的而言，仍是为了传输精英司法正义的观念，不得不在形式上采用了大众文化的包装，在权利叙事上难以避免话语矛盾。

---

① ［美］保罗·卡恩：《法律的文化研究：重构法学》，康向宇译，中国政法大学出版社 2018 年版，第 26 页。

② 参见［美］奥斯汀·萨拉特编：《布莱克维尔法律与社会指南》，高鸿钧等译，北京大学出版社 2011 年版，第 115 页。

审视《十二公民》文本，不难发现其权利叙事的内部紧张和外部分裂。时代变换条件下的司法精英对法治理念的诠释，建基于立法、司法和守法的多重需要。刑事诉讼法的修改，司法与舆论的紧张、大众法律意识的薄弱，这些因素共同促成司法精英新的正义想象及其叙事框架。① 表面上看，《十二公民》照搬了《十二怒汉》的叙事：一起儿子谋杀父亲的罪案裁决。实际上，《十二公民》文本由多个故事复合而成。第一个故事是检察官的故事。原剧本名为《我们检察官》；第二个故事是法学院的故事。故事发生在政法大学；第三个故事才是陪审团的故事，它来自于《十二怒汉》系列，在框架中从属于前两个故事。改编后的故事具有多重定位：一是法律人对新司法理念及其载体的宣传；二是文艺家对人性特别是偏见的拷问；三是出资方对大众喜好的琢磨。

为了达成精英想象和大众叙事的平衡，同时维护精英叙事的主导，电影文本不得不设置英美法意义上的陪审团，本土化的角色成员由补考学生的家长、亲属和爱人，以及凑数的学校商贩、保安等组成。虚构的刑事案件本原于现实，但中国没有陪审团制度，故而以大学模拟审判的方式展开，顺带检讨和反思了法学院的教育问题。这也算是对大众喜好的一种回应。在影片中，案件进入存疑不起诉阶段。但强烈的舆情反弹，让主诉检察官不得不重思问题的逻辑，最后在参与大学模拟审判中，得到启示，顶住压力，维护了想象中的法律人的司法正义底线。这种虚拟与现实多重交织混杂的故事场景，不同于已有任何版本。这植根于国人对司法正义的欲望想象、情感体认和认知理性，都处于高度的不均衡状态。

在此背景下，法学院模拟叙事成为一个暂时的平衡点，寄放了各方的实验主义素材，借以传达司法改革讯息，规避法律叙事漏洞，激发公民参与热忱。如果将法学教育纳入获得司法正义权利的观念范围，这种模拟审判可以呈现深度反思的面相。② 但主创或许对当前中国法学教育不够了解，甚至存在偏见，不仅出现"家长参与补考"的离谱情节设计，还有大量对法学教师的刻意揶揄。如那位拿着梳子不停梳头的李老师，充当陪审团团长却怒气盎然的法学院研究生，都似乎是有意表达对法律知识人的不满和忧虑。本质而论，法学教育的公共平台可以为各方的正义论辩提供表达机会，但并不能确保中立无偏。

因为这种模拟审判的文化设置，这场罪案的评议应当更为艰难。但作为司法正义的精英符号，何冰饰演的 8 号陪审员，还是最终在短时间内成功说服了其他 11 位"陪审员"，完成了华丽的逆转。最后一幕的身份显现也别有用意：他原来是一位检察官！虽然这一情节并非原剧本的设计，但这种对专业司法官员能力的着重凸显，表明主创者对于精英法治意识形态的认同——代表国家正义的检察官，即使以普通人身份出场，也是气场十足、力挽狂澜的英雄。这隐喻了国家司法权威的超然合法性，表征着精英司法正

---

① 参见沈寅飞 、王志平：《李玉娇：第一个获得金鸡百花奖的检察官》，载《方圆》2016 年第 5 期。

② Benjamin L. Liebman，"Adopting and Adapting：Clinical Legal Education and Access to Justice in China." *Harvard Law Review*120. 8（2007）：2134-2155.

义观念对大众权利叙事的牢固支配。

在精英司法理念的构造下，《十二公民》中的"陪审团"，还可以理解为对舆论审判的仿真模拟。如今，司法和民意的紧张，大众舆论对司法裁判的支配或扭曲，成为法律精英极度担忧的症结性问题。但真是无药可救吗？或者，这究竟是不是一个真问题？须知，很多时候，病症也是一种文化心理强迫，一种常见的职业利益话语。《十二公民》的创作者为我们提供了一个形式逻辑上的乐观文本：首先，民意是可以也应当得到尊重，这有宪法和法律的规定作为大前提；其次，在制度保障的基础上，即使是虚拟的制度规则，也是可以穿透人心、逼近真相的，关键在于，人们要从公民责任和伦理深处探察善恶的本原；最后，多变混杂的民意可以在司法精英的以引领启蒙下，形成共识，变成一致同意。此种完美逻辑的呈显，必然会遮蔽现实生活的非均衡常态，用一种强理性主义的预设替代人权的情感本体。

对于大众的司法权利认知而言，《十二公民》这样的小众电影是否真正完成了理性的规训？当《十二公民》呈现给国人的时候，它与原初文本实际上已多次偏离。上映后良莠不齐的公众评价，也表明多元因素混杂的文本事实上很难均衡。电影业内的专家评价一致叫好，与大众网民不遗余力的吐槽找碴，形成了鲜明的对比。此种文化产品的衍义和再生产，固然可以表明被评论的对象有其生命力，但更合理的推论是精英主导大众叙事存在严重局限。例如，《十二公民》中审判的退场与缺席，法官被检察官替代，检察官与普通民众在身份出现混同。这些隐微写作，表明当前中国大众文化对审判中心主义的陌生，对连接国家和民众的检察官在"沟通正义"上的渴盼，以及对理性化民意、司法性民主和更大范围、更深程度的社会正义的混合式期待。而这些期待相互之间的冲突，却难以通过精英主导的正义叙事完美反映。梳理大众评论的诸多槽点，我们还可以发现大众有关获得司法正义权利的碎片化图像，竟然有着某种强悍的核心逻辑！此种逻辑大略由如下关键词组成：美国的人权、民主与法治—独特的陪审团制度—真实、细致、深刻的角色安排—难以逾越的经典—翻拍的失败。这种大众文化的心理机制可以用"模仿的悖论"简括：模仿者即使完美表演，也终归是他人的翻版。

## 五、结　语

作为中国特色人权事业的重要组成部分，人权话语建设在新时代中国亮点纷呈，战略地位日趋显要。在当今中国，着力解决发展不均衡、不充分的难题，必须坚持以人民为中心的发展思想，更好满足人民在经济、政治、文化、社会、生态等方面日益增长的要求，这就要求丰富人权话语表达，加强人权法治保障，进而促进人的全面发展和社会全面进步。

作为法精神的衍生，权利话语可归于各种事物的本质关联。就本文探讨的获得司法正义的权利话语而言，从移植到本土化，从精英表达到大众传播，从概念定义到理念塑造，都只是话语体系的局部。相比于真实个案，获得司法正义权利的大众认知，在文化影像中可以得到更为浓缩而丰厚的体现。无论秉持法律或艺术至上，或是信奉"娱乐至死"的乌托邦，处在大众文化旋涡的司法正义认知必定会复合多方权利观点。大众从外向内对司法过程的权利探奇，必定充满疑惑、猜想、误判和假相。这些在业内人士眼中的"错误"，对于大众而言，无比正常。有些时候，大众观察和想象的获得司法正义权利未必比法律人构建的意识形态混乱。在本质上，普通人的法律态度与精英并无二致，其话语差异源于不同的社会位置。从普泛意义而言，每个人都会在脑海中带有大众文化塑造的权利图像，由这些图像勾连出一系列合理或不合理的欲望、情绪，从各个幽暗的角落发出能量，影响着司法正义的认知判断。大众文化对司法正义的权利话语书写，带有列奥·斯特劳斯讲的"显白"和"隐微"技艺的双重特性。表面上看起来是一个普法宣教故事，但深底潜伏的可能是有关变法和改革的文化提案。如果研究者不从法律家的文本解释意愿中解放出来，对于大众文化的逻辑予以必要的尊重、精细的读解，获得司法正义权利只能停留在纸面论证的阶段。而这种结局，正是当初此种权利话语创生时极力反对的。

归根结底，人权话语是多元主体博弈的社会实践产物。"法律与社会运动"的话语框架理论认为，对人权进程的话语框架及动员过程应加以文化上的深描。① 人权话语形成并非机械的人与文字的交互，而是人们之间面对面的社会互动。除了司法空间中的话语交锋，人权话语在经济、政治、文化、社会、生态文明各场域都可能出现。将不同主体位置的人权话语生产加以连结性分析，探明其文化动员进程，是理解人权话语实践的一种新方法。经由移植而来的人权话语，要想掌握群众，改造世界，获得马克思所说的理论的物质力量，必须对自身固有的文化立场进行反思甚至翻转，发生革命性质变，这样的话语在新时代才可能真正打动并说服大众。

---

① See Benford, R. D., & Snow, D. A. (2000). Framing Processes and Social Movements: An Overview and Assessment. *Annual Review of Sociology*, 26(1), 611-639.

# 论中国古代对人的关怀

## ——以"合会"为例

李登垒 *

**摘　要：** 扶贫济弱，互帮互助一直是中华民族的优良传统，儒家思想一直倡导"仁义""兼爱""大同"等等，中国古代曾出现过许多慈善机构。为帮扶鳏寡孤独、老弱病残或贫穷士人，或为缓解农田劳作人手不足等，我国历史上还出现了合会这种互助性经济组织。不同历史时期的合会都蕴含着深刻的对人的关怀，充分体现在对人之生存、人之尊严、人之品格、人之能力、人之归属的关怀等方面。合会坚持以人为本，为弱者的生存提供了保障，维护了贫穷读书人的尊严，培养了合会会员的自律、诚信等品格，赋能弱势群体，让弱势群体找到归属感。在合会的运作过程中，所形成的互助精神、人本思想、自治理念、广大普通民众的诚信、自律意识、能力培养等，对于今天的全球治理、中国社会的治理和发展，好公民的培育等都富有启示：互帮互助的精神是任何一个时代都不可或缺的；完善村民自治是"和谐乡村"建设的重要途径；诚信是立人、立国之根本；授人以鱼不如授人以渔。

**关键词：** 古代；对人的关怀；合会；启示

扶贫济弱，互帮互助一直是中华民族的优良传统，儒家思想一直倡导"仁义""兼爱""大同"等。中国古代有许多慈善机构，例如行善布施的善会，救护婴儿的保婴会、育婴堂，帮扶老弱病残的救生局、恤孤局、施药局等。这些慈善机构主要的工作是荒年赈济贫民、收留无家可归的乞丐、助老扶幼、宣传节约粮食、爱惜字纸等。① 慈善机构基本具有官方背景，由官府来运行或官督民办。

值得注意的是，在此类中华优秀文化的熏陶下，中国古代历史上还孕育着各种各样的互助性民间组织。这些人们结社而成的互助团体为弱势群体的生存、发展提供了有力的帮助，也推动着社会的良性发展。合会就是一种非常典型的互助性民间组织，它存在广泛、历史悠久、名称各异。通过对合会的研究可以让我们认识到，合会中所蕴含着的深刻人文关怀。情同手足、帮扶弱小、诚信自律的精神理念在合会这种古代民间组织中

---

＊　西南政法大学人权研究院博士生。

①　郑显文：《从中国古代的民间结社看民众的法律意识》，载《中华法系国际学术研讨会文集》2006 年 9 月。

也体现的淋漓尽致。① 这对我们今天的社会治理也有很深的启示。

## 一、合会及其产生

结社是一种非常古老的现象，人们为了生存需要，通过结合成一个个团体，用集体的力量来对抗猛兽的侵扰和不可预测的自然灾害。"随着人类进入到阶级社会，出现了国家，于是就形成了与其相对应的民间组织。"②通常人们将根据组织的不同作用类别，将中国历史上的民间组织分成六类，包括：慈善团体(善堂和善会)、互助团体(合会)、工商团体(商会、行会、会馆等)、文化团体(诗文社)、政治团体(朋党)、秘密宗教团体(会党)。

为了缓解农田劳作人手不足问题，或为帮扶乡里的鳏寡孤独、老弱病残等，通常本里、本坊有一定威望的人士会发起合会成立的倡议，获得其他村民的拥护、支持，合会便可成立。当然合会有时是由大家提议设立的。③ 据考证，合会最早产生于隋朝，集众人之资，办众人之事。④ 合会是源于中国古代民间互助习俗的一种经济合作制度，也可以视为一种民间金融组织，其目的主要是为了救济合会会员。⑤ 因此，经济性互助是其主要特点。另外，通过合作来共同承担地方事务的团体(如锄社等)，多是围绕农收欠产、劳力不足等展开帮扶互助，救济贫穷，有时也被归为经济型结社，视为合会的一种。如明天启年间泉州有一钱会其特点是"人醵钱一文以聚众也"。⑥宋欧阳修《归田录》卷二："每岁乾元节醵钱饭僧，进香，合以祝圣寿，谓之香钱。""醵"意为"筹资、凑钱"，乃集众人之力而为。

合会的产生有其相应的历史背景，在落后的生产力条件下，人们创造生产，获取财富的能力十分有限，另外对于自然灾害的抵御能力也相当差，加之战争冲突不断，以一己之力有时很难应对这些困难。许多官方的救济措施流于形式，加之贪污腐败，真正惠及民众的少之又少。总的来说合会产生的原因主要包括以下几个方面：

---

① 《世界人权宣言》第一条 人人生而自由，在尊严和权利上一律平等。他们赋有理性和良心，并应以兄弟关系的精神相对待。https：//www. un. org/zh/universal-declaration-human-rights/index. html 2019. 5. 6 访问。

② 郑显文：《从中国古代的民间结社看民众的法律意识》，载《中华法系国际学术研讨会文集》2006 年 9 月。

③ 郑显文：《从中国古代的民间结社看民众的法律意识》，载《中华法系国际学术研讨会文集》2006 年 9 月。

④ 韩柳：《论我国结社自由之历史发展——以古代"民间结社"为视角》，载《商》2013 年第 13 期。

⑤ 王宗培在其书《中国之合会》中对合会一词作如下解释："自其方法言之，合会为我国民间之旧式经济合作制度，救济会员相互间金融之组织也，其源起于民间的互助习俗及其以丧葬互助为目的的丧葬社邑，其组合的根本目的在于经济互助。参见王宗培：《中国之合会》，中国合作学社，1921 年。

⑥ 《明熹宗实录》卷 32，台北中研院历史语言研究所 1968 年影印本。

第一，社仓、义仓形同虚设。虽然有官方设有义仓等救济体系，但其弊端很明显。可以归纳为以下几点：首先，积谷来源没有保障，许多义仓、社仓实际常常流于形式；[1] 其次，有些义仓、社仓周边城市或郊县百姓可得其惠，但身居偏远之地的却无法受及其惠；再者，负责社仓、义仓的社首、社正，往往假公济私，监守自盗，贪污腐败，故中央虽有社仓、义仓相关规定，但贫苦百姓确不能受惠其中。

第二，义田、义庄受惠面狭窄。由乡绅、士大夫所设立的义田、义庄，虽其作用明显大于社仓、义仓，但有身份限制，受惠面很窄，仅限于本族成员，或囿于贫困士子，并非人人皆可惠泽其中。[2]

第三，高利贷盘剥严重。"百姓头上三把刀，租重、税重、利率高"，平民百姓一直受到高利贷的过分盘剥。有些农户一旦背上高利贷，则很难翻身，代代穷困，苦不堪言。有甚之，落个倾家荡产、家破人亡。不得不说，高利贷是当时社会上的一块毒瘤，百姓深受其苦。

第四，平民贷款机构简单粗陋，民间储蓄机构低端落后。平民贷款机构资金匮乏、人员良莠不齐、工作效率低下。民间储蓄机构手续繁杂，信用无保证，非常落后。管理人员假公济私，中饱私囊。

第五，抵抗自然灾害的能力贫弱，政府应急敷衍了事，虎头蛇尾。古时普通百姓时常遭受自然灾害侵袭，但囿于能力贫弱，损失惨重。政府应急草草了事，杯水车薪。加之，偶遇婚丧嫁娶等大事时所费不赀，贫苦百姓常常无法独自承担，但又没有其他渠道可以筹措钱款。

由于上述种种原因，面对困境，为解燃眉之急，许多人不得不勠力同心，共谋生路，共渡难关。最好的办法就是基于共同的需要，以自助互助的形式在力所能及的范围内组织变相的社仓、义仓，这就是民间的"合会"。

## 二、合会中对人的关怀

从不同历史时期合会的设立、具体运行来看，都充分体现了深刻的对人的关怀。主要包括：对人之生存、人之尊严、人之品格、人之能力、人之归属的关怀等几个方面。

### (一)对人之生存的关怀

生存是人们最基本的需求，但历史上由于自然环境恶劣、生产力低下、猛兽攻击等种种原因，生存权时常遭受威胁，尤其对于一些贫弱群体，势单力薄。合会的宗旨是互帮互助，扶贫济弱。在许多鳏寡孤独者因年老体弱无力劳动、生存堪忧的情况下，普通乡民组成了一个团结的共同体，势单力薄的个体被聚集在一起，抵御风险的能力大大增

---

[1]　一种主要依靠家庭和宗族的力量实施的救济结社，兼具济贫和维护家族声望的功能。

[2]　义庄是古代中国社会风俗，是宗族所有之田产，始于北宋。仁宗时范仲淹在苏州用俸禄置田产，收地租，用以赡族人、固宗族，系取租佃制方式经营。

强，化解了一些身处极端困境中的乡民所面临的生存危机，而不至流落街头，无人问津。

隋朝时期，普通百姓婚丧嫁娶等需要大量钱财，使贫苦百姓的生存问题雪上加霜。在个体生存受到威胁的情况下，通过结社组成合会，对社会事务共同承担。婚丧嫁娶乃个人及家族重要事项，而有些百姓偶遇自然灾害，颗粒无收，一贫如洗，但婚丧嫁娶所费不赀，使生存境况极度恶化。合会的出现让集体出力，聚少成多，便可解燃眉之急，渡过生存难关。

唐五代宋初，敦煌地区私社盛行。敦煌地处西北大漠，常年风沙肆虐，干旱少雨，农耕乏力，作物歉收，另加之周边少数民族不断骚扰、进犯，势单力薄的个人无法与其抗衡，生存极其困难。大家迫切地希望团结起来共同应对这些问题。敦煌私社以物品、人力为主，如当社里某一成员的家属亡故时，都要求其余全体社员参与协助。①

清末北京还出现了"窝窝头会"，这是一种以慈善为目的的经济互助团体。② 社会动荡时期民不聊生，哀鸿遍野，灾民流离失所，四处逃荒要饭。"窝窝头会"主要就是为了救济这些食不果腹、衣不蔽体的极端困难百姓。不仅提供窝头等食物充饥，而且还募集大量御寒冬衣。窝头会赈济灾民任重道远，常常需要京城梨园演戏筹钱募捐以支持。

### (二) 对人之尊严的关怀

封建社会，等级分明，士农工商，高低贵贱，云泥之别。万般皆下品，唯有读书高。历史上，人们对读书的士人怀有很高的敬意。对于读书人而言，"士可杀，而不可辱"，尊严重于生命。虽不慕富贵，不食嗟来之食，但读书人往往不事生产，一文不名，恐落入乞讨之困境。合会的出现对他们可谓是雪中送炭，使他们能够有尊严的继续自己的求学之路。

在宋代，许多读书人都家徒四壁，生活非常拮据。为考取功名，日夜与书为伴，无暇从事生产劳动，也没有什么收入来源，其生活之困窘可想而知。此外，请老师和置备笔墨纸砚所费不赀，许多贫寒子弟捉肘见襟，甚至食不果腹。更甚之，进京赶考的盘缠给他们带来很大压力，有的东拼西凑，借遍左邻右舍、亲戚朋友才勉强应付。艰难成行后，不幸名落孙山，返乡路费又成难题。若遇丧葬等意外事故，更令其难以应付。诸此种种，常令贫穷士人贫不能归，流离失所，成异乡之鬼。③

据记载，宋朝时期，在庐山白鹿洞书院游士络绎不绝。每年的冬天，这些游士就醵金准备御寒，称为"黑金社"。④ 黑金社的出现对贫寒学子是一个极大的帮助。大多贫寒

---

① 史江：《宋代会社研究》，2002 年四川大学博士学位论文，第 103~104 页。

② 夏仁虎先生在《旧京琐记》中有所记述："窝头会者始于清末，慈善团体之一也。京师贫民搏黍屑蒸而食之曰窝窝头。此会专为救济贫民，故以名焉。"旧京贫民甚多，窝头会救助工作任重道远，且经济能力有限，为此，窝头会"集资于众，不足则演义务戏以充之"。

③ 对一这一问题，主要参考了张文《宋朝社会救济研究》第四章第一节，西南师范大学出版社 2001 年版。

④ 《器具·黑金社》，载《宋元笔记小说大观》(第 1 册)，上海古籍出版社 2007 年版，第 102 页。

学子家境困难，身无分文，隆冬之际，天气严寒，而这些贫寒学子却无力购买薪柴，常常忍受寒冷读书。黑金社集合众人之钱财置办薪炭，互相帮助让贫寒子弟度过寒冬。读书人不至于流落街头，颜面尽失，或放弃求取功名，难酬报国之志。

在宋代的福建，尚流行称之为"万桂社"的经济互助性会社，别称"过省会"。"万桂社"的规模在宋代已相当庞大，参与者达到 300 多人，其延续时间也相当长，一直实行了 20 多年尚未中断。从记载来看，过省会、万桂社长期流行于福建等地，成立的目的是为贫寒子弟读书、赶考提供资助。其成员构成主要为读书人，规模大小不一，多者达几千人，少者数百人而已。①

固然官方政府为了让读书人过上体面的生活，也采取了相应的措施。包括贡士庄、举子庄或助学义庄、义田等，大多由地方士绅捐资出田设立，但对于读书人来说，有接受富人施舍的难言之隐。过省会和万桂社则主张集合众人之力，贫困读书人之间互帮互助，靠自身的能力来解决费用难题，而绝不是接受达官贵人的"嗟来之食"。保持读书人的骨气，不为稻粱谋，不为五斗米折腰。

除了以上方式外，文人间的结社在明末也开始流行，复社最具代表性。文人结社的其中一个目的就是通过"醵和"或"鸠会"募集银两，以资贫寒之士，维护读书人的尊严。后来清代出现的"登瀛小会"，以及山西平遥的"宾兴文社"都是"官绅农贾莫不集腋成裘，举监生员偕来悉心而补衮"资助贫寒学子读书赶考、求取功名。②

### （三）对人之品格的关怀

消除差异，培育平等意识。

封建时代等级森严，不同阶级之间存在很强的人身依附关系，人被分作三六九等。但在合会这种互助性的民间组织中，特别强调人人平等的理念。唐朝参与"醵合之会"的人也是各种各样，各行业、各阶层的人员都有：官员、乡绅、贫苦百姓等。③ 但根据合会的会规，在合会的组织活动中人人都有发表意见和参与活动的权利，每个个体都是独立平等的。在这样一个小的共同体内，弱小者也具备自身的主体性，人格独立，而非依附于他人。合会消除了等级身份，让参与者感受到了切实的公平，这在当时的社会不

① 宋人真德秀曾详记其事石：林君彬之以万桂社规约示余。余叹曰：……忆余初贡于乡，家甚贫，辛苦经营，财得钱万，囊衣笠书，疾走不敢停，至都则已惫矣。此则举乡，人乃有为所谓过省会者(人入钱十百八十，故云)，偶与名其间，获钱凡数万，益以亲友之赐，始舍徒而车，得以全其力于三日之试，遂中选焉。

② 宾兴之举适于光绪五年。至光绪六年，程仲溪"善体父心，谨遵母训"，慷慨捐助 5000 两白银，作为首倡，建立"宾兴文社"，开始陆续募捐。《平遥县创立宾兴文社碑记》，载《平、祁、太经济社会史料与研究》，山西古籍出版社 2002 年版，第 353～355 页。

③ 在唐代，称为醵合之会。醵合之会者，其主要意思在于"醵"字。醵有两层意思：一是合钱饮酒称为醵；二是集众人之钱。由此可知集众人之钱的"醵"起源较早，而且中国历史上一直比较流行。这类醵会主要为集众人之钱来吃饭饮酒作乐的聚会，似乎没有多少经济互助的性质，但可将其视为带经济互助性质的醵合之会的起源及基础。

得不说是非常难能可贵的。

明代的"祭祀"和"火殃会"都属于民间互助性祭祀团体。所不同的是，"祭祀"是限于统一宗族之内，而"火殃会"的参与者不仅仅限于同族，同一乡里的不同家族都可以参加，打破宗族界限，同乡里的不同家族一视同仁，平等相待。

清末"窝窝头会"广受赞誉，就是因为它对破落旗人和其他贫民一视同仁。拾荒者、乞丐和手工业者也不例外。到了民国年间，许多团体的做法更加进步，它们在原来的基础上又邀请妇女成员的加入，赋予妇女主体性的地位，不再一味从属与丈夫。

制定规约，培植诚信意识。

合会对于民众诚信意识的培养也是有着深刻影响的，它为此提供了深厚的土壤。合会讲求人人奉献，众人拾柴，在这种良好风俗的影响下，民众在与他人的互动中都会信守规约，保持诚信，拒绝偷奸耍滑。另外，合会的会规中有不少关于会员诚信的规定，不诚信的会员会遭到严厉处罚甚至被开除合会，取消会员资格。民众在这种约束下定会恪尽职守，将不诚信当作极大的耻辱。合会会规的严格要求对于这样一个松散的民间组织来说，是必不可少的，在此之上养成的诚信之风对于组织的运行和发展也是相当重要的。

奖惩分明，培养自律意识。

宋代新安之社可视为无"合会"之名，而有"合会"之实的典型的经济互助性会社。[1]新安之社内部对互助方式、会员的权利及义务等都有明确的规定，而且奖惩分明。会员们严格要求自己，积极行使自己权利的同时，尽职尽责地完成自己的任务。在此过程中，会员们严格约束自己，善意全面履行责任，培养了自身的自律意识。新安社的这一特点影响深远，王宗培在《中国之合会》一书中，推测合会起源时间时，曾引浙江嘉兴的合会会规，尊之曰"新安古式"，可见宋代新安互助之社的组织形式、互助方式、会员权利与义务及传承情况虽不见于史籍，但确在民间长期流传，对后世合会会规、会约等的形成产生了较大影响。[2]

晚清水会由大户商家牵头，联合附近的中小商户共同协商成立。[3] 选出会首，制定防火公约，各商户按铺面大小分等级出资筹备经费，每月还须按等级交纳一定数目的会费。会员严格遵守约定，按时足额缴纳费用，坚决不违会规，养成了良好的自律习惯。

**（四）对人之能力的关怀**

"授人予鱼不如授人予渔"，注重对个体能力的培养是帮助一个人的长久之计。个体能力的提升往往受制于有限的资源，合会的出现使资源聚集一处，每个成员尤其是弱

---

① 宋代新安之社是以储积为目的，参与者主要是同乡的农民，农民为主要构成者。

② 参见《中国之合会》第 5~6 页及《中国的社与会》第 172 页。

③ 晚清时期，前门外大栅栏地区已发展成为繁华的商业区，建筑大多是砖木结构和纸糊门窗，故经常发生火灾。苦于当时尚无官办的消防机构，一些睿智的商贾富户便纷纷投资，自发组建起消防组织——水会。

势群体大大受惠其中。合会通过组织化的赋能为受助者提供了生产工具，同时使其学会了如何致富、如何自我管理、自我实现。

锄社，出现于元代，是北方农家在自愿基础上结合的以耕作为内容的互助组织，是临时性的。加入锄社的农家需要一起出力，生产工具共享，本家管顿饭就可以。"先锄一家之田，本家供其饮食，其余次之。"农业生产井然有序，"亩无荒秽，岁皆丰熟"。① 这就是后世合作社的起源。锄社的出现使某些农户在农忙时节劳动力较少的情况得到改变。锄社的出现提供了劳动力和生产工具的"聚合"与"借贷"，使生产能力薄弱的农户，如老弱病残，鳏寡孤独得到帮扶。能够实现劳动力和生产工具的"借贷"，对于这些农户来说是一种孵化性运作，由此保证自身生存的能力，有尊严的生活。②

明代还出现了"吃会"与"告助"。③ 河南尉氏县的"生殖"之会通过募集合作基金以赚取钱财，会内成员皆可受惠其中，成发财致富的一个手段。此外，"生殖"之会还可用共同基金来解决丧葬问题，共同基金就如一个蓄水池，人人都可以在其中获取更大的能力支持来应对生活中的难题。

合会内部有着非常系统的规则、程序，是通过乡民协商议定的。他们根据合会会规进行自我管理，自我监督，有条不紊，形成了良好的自治习惯。同时，根据合会的历史发展也可以看出，普通乡民除了满足自己的生存需要，还有着高尚的精神信仰，他们怀仁心，乐善施，追求老有所养，幼有所教，人人皆得其所的和谐社会。在和会这样一种民间组织中，他们可以实践自己的精神信仰，实现自我价值，获取更高的能力。④

合会还为个体能力的实现创造良好的社会环境，稳定的社会秩序。历史上，合会这种公益性质的民间团体在稳定社会秩序方面也发挥着不可替代的作用。合会所进行的公益活动使得老弱病残在灾荒之年不致流离失所，沿街乞讨或偷盗劫掠行，不义之道，扰乱社会秩序。如唐大中年间《儒风坊西巷社社条》成立的宗旨是"贩济急难，用防凶变"；《拾伍人结社条》中记述该社成立的宗旨是"凡论邑义，济苦救贫"。同时，合会也解决了婚丧嫁娶所费不赀的问题，使得每个农户都可以顺利完成这些人生大事，这对于维护家族伦理、社会善良风俗，稳定社会秩序都大有裨益。个体能力在种良好的社会氛围、稳定的社会秩序中定会茁壮成长。

### (五) 对人之归属的关怀

在遇到自然灾害或者婚丧嫁娶之重大事宜时，他们可以共同担当，过去个体的孤立无援、形单影只被集体凝聚的巨大力量所取代。在这个意义上，合会也是一种精神上的

① 王祯：《农书》卷十三。
② [美]玛莎·纳斯鲍姆：《寻求有尊严的生活——正义的能力理论》田雷译，中国人民大学出版社 2016 年版，第 31~32 页。
③ "告助"就是民间的互助之习。而"吃会"则是借助社庙祭祀会饮这一仪式，进而转化成为民间丧葬互助团体。
④ 郑显文：《从中国古代的民间结社看民众的法律意识》，载《中华法系国际学术研讨会文集》2006 年 9 月。

共同体。

在明代山东的兖州，有互助性团体"义社""粮社""祭社"。① 义社的成立主要是为了大家共同解决丧葬问题，丧葬事宜一般需要大量的人力、物力，每户百姓都需要其他乡邻的支持，非一己之力所能为。亲人离世乃人生一大悲伤之事，众人纷纷伸出援手，协力共济，入土为安是对当事之人的莫大精神安慰。粮社则类似河南"告锄会"，通过民间合作互助来共同应对租税问题。

清代湖南浏阳县上东乡，出现了一种共同充任保正的合会。② 此种合会解决了保正者负担过重的问题。类似的还有湖南的"牌甲会"，都是以合会的形式共同轮充乡里职役。

在合会这种精神共同体中，每个人都能够找到自己精神的依托，积极地融入社会，贡献自己的力量。在此过程中，合会就像一个精神纽带，很好地把孤独无助的个体链接在一起。个人在此与他人缔结关系，找到归属感，承担起自己在团体中的责任。

合会助力了互助之风的养成，善风由此大盛。合会的遍布也使得乡邻之间的互助之风流行起来，人与人之间真诚相待，互帮互助，帮扶弱小，救济贫困成为社会风尚。人人积善养德，乐善好施，民风十分淳朴，人人都容易找到自己的归属，建立关系。不再孤立无援，徘徊在团体之外，精神和情感无处归依。相反，世态炎凉、人心冷漠的社会不会让个体找到归属感，感受到的更多是排斥、割裂与压迫，也许有发达的机器和先进的制度，但没有文明，复杂的情感也无所归处。

### (六) 小结

由此可见，历史上合会的出现既是一种现实需要，又是一种精神需要。这个互帮互助的共同体对人的关怀使个体得以强大，无论物质上还是精神上。人是目的，而非工具，人的主体性在合会中得到充分展现。合会的发起、运行都秉持"以人为本"的理念，力求让合会成员平等、诚信地聚集在一起，共同面对困难。保障了弱者的生存权，维护了他们的尊严，培养了其诚信、自律的品格，赋予其再生产、再创造的能力，找到自己的归属感，营造良好的社会氛围，推动了社会的进步。

## 三、启 示

合会的悠久历史充分展现和传承了中华民族的优秀传统文化，互帮互助、共享富贵、共担风险、诚实守信、助人为乐、天下大同等。另外，包括在合会的运作过程中，所形成的人本思想、自治理念、广大普通民众的诚信、自律意识、能力培养等对于今天

---

① 所谓义社，即"常以月朔为饮食聚会，醵金钱生息，虽然家庭贫困，但是及时入土为安"。

② 按照清代管理，保正就役时，必须向县衙具状，申请委牌，称为"领委"。胥吏借此索钱，并加上往来旅费，保正无钱，只好持簿遍行乡村募钱，称为"销费"。保正会实行后，保正领委的费用就有合会基金的利息支付，不再募集"销费"。

的全球治理、中国社会的治理和发展，好公民的培育等都富有启示。

### (一)互帮互助的精神是任何一个时代都不可或缺的

回望人类历史的发展，古今中外，大到国际社会，小到一个生活的社区，没有一个国家是孤立的，也没有一个个体是一座孤岛。"二战"期间，许多犹太人面临着被纳粹抓捕的危险，在生死关头许多国家拒绝了他们的签证申请，封死了他们的逃亡之路。驻奥地利大使馆中国大使何凤山冒着巨大的风险发放了生死签证，大批犹太人飞到了中国上海，逃过一场劫难，在中国落地生根。① 人类是一个命运的共同体，从国际 NGO 的起源与发展来看，互帮互助的精神完全跨越了国界，如无国界医生组织、国际红十字会、国际儿童救助会等，他们都努力将援助之手伸向世界的每一个角落，每一个需要救助的人，不分国家、种族、性别、肤色。

党的十八大以来，习近平站在中国经济社会发展巨大成就的战略高地上，站在中国特色社会主义发展的新要求上，基于实现社会公平正义的考量，强调共享发展，提出了"共享发展理念"的新概念。② 他对共享发展、发展与人民的关系做了一再强调。③ "共享"与合会所大力倡导的"互帮互助"精神一脉相承，扶贫济弱，共同富裕，共享人类文明进步的成果。

马克思认为人是一切社会关系的总和。在人与人的互帮互助中，才能实现自我价值、找到归属感。古人云"投之以桃，报之以李"，个体的发展离不开他人的帮助，离不开集体的支持。"人人为我，我为人人"，是构建和谐社会之必需。

### (二)完善村民自治是"和谐乡村"建设的重要途径

建设"和谐乡村"一直是国家的重要发展战略，完善村民自治是构建"和谐乡村"的重要路径。合会的兴起和发展提高了人们自发地凝聚在一起，组成一个团体来解决问题的能力。合会的议事程序、选举方式等也培养了普通民众的参与意识。合会会规明确各方参与人的权利和义务，让参与者各司其责，养成自律的品格，合会会规可以说是基层自治条例的一种雏形。④ 完善乡村基层治理可以从合会中借鉴许多宝贵的经验，结合当地的风俗习惯、文化传统因地制宜，构建和谐乡村。

---

① 何凤山在其《外交生涯四十年》一书中提及救助犹太人事迹时，他平静地写道："富有同情心，愿意帮助别人是很自然的事，从人性的角度看，这也是应该的。"

② 吴传毅：《习近平共享发展理念的法治内涵、法治源流及法治实现》，载《国家行政学院学报》2017 年第 6 期。

③ 习近平强调："坚持共享发展，必须坚持发展为了人民、发展依靠人民、发展成果由人民共享，作出更有效的制度安排，使全体人民在共建共享发展中有更多获得感，增强发展动力，增进人民团结，朝着共同富裕方向稳步前进。"

④ 韩柳：《论我国结社自由之历史发展——以古代"民间结社"为视角》，载《商》2013 年第 13期。

### (三) 诚信是立人、立国之根本

古人云："人而无信，不知其可。"诚信是一个人十分重要的品格，诚信是良好人际关系的基石，一个诚信的民族才可以屹立在世界的强手之林。一个个诚信的公民才组成了一个个诚信的组织，一个信守诺言的政府和国家。当今，在经济发展的洪流中，不诚信的人和事屡屡见诸报端，值得让人深省。类似合会这种民间组织应当大力支持，因为这对于公民诚信的培养至关重要。比如在农业生产中建立起来的各种合作社，城市里的一些自助性的"抱团养老"小团体，救助大病的"水滴筹"，方兴未艾的"共享单车""社区厨房"等。除了法律的约束，这些大小不一、形态各异的组织的维系都离不开参与者的诚实守信。在这样的组织中，人们会渐渐养成诚实守信的良好品格。

### (四) 授人予鱼不如授人予渔

由上文可以看出，合会不是单纯的施舍，而是通过将资源的汇聚来助力弱者，赋能弱者。授人予鱼不是长久之计，如果坐享其成，有限的资源很快就会耗尽，且助长懒惰之风。授人予渔才是从长计议，教会弱者如何成长，如何利用有限的资源再创造，才是解决问题的根本。而且，这也维护了弱者的尊严。无论是政府部门还是社会组织，在具体的帮扶工作中都应当考虑如何赋予被帮扶者更高的能力，认清孵化性能力和腐蚀性劣势。① 从培育孵化性能力着手，消除腐蚀性劣势，找到问题的突破口。

---

① 玛莎·纳斯鲍姆：《寻求有尊严的生活——正义的能力理论》，田雷译，中国人民大学出版社，第69~70页。

# 主题四：新中国的人权实践及其世界意义

# 善治原则及其在中国的应用

乔聪瑞 *

**摘　要：**在过去的二十年中，善治成为人权辩论和政策中的热点话题。但是，现有的学术研究并未充分理解诸如中国这种处于治理转型环境中的国家接受善治来实现权利保护的情况，从 20 世纪 90 年代开始，中国就开始要求政府行为承担法律责任。为了填补这一令人遗憾的学术不足，本文以当代中国的政府控制实践为例进行了研究，聚焦于政府决策和执行的透明度、公正性和比例性（相称性），这些原则被广泛认为是全球善治的基础。本文分析了这些原则在法律和法规中是如何规定的，然后分析了司法机构在解决有关政府行为的争议时如何援引和解释这些原则，最后总结了中国政府控制框架的一些重大发展和挑战。

**关键词：**透明度；公正性；比例性；政府控制；中国

## 1. 引言

"如果人都是天使，就不需要政府了。如果天使来统治人类，就无需任何外部或内部的政府控制。在构建一个由人管理人的政府时，最大的困难在于：你必须首先使政府能够控制被治理者；下一步就是，迫使它自我控制。"

詹姆斯·麦迪逊，1788①

"人类不是天使"的隐喻可能是对政府②不受控制的最著名的警告。尽管这个隐喻的是作者基于当地的期许和特定的政治目标设定的，但它却在国际范围内产生了持久的影

---

＊　荷兰阿姆斯特丹自由大学，博士后研究员，荷兰乌得勒支大学，访问研究员。

①　詹姆斯·麦迪逊（James Madison）："联邦党人文集：第 51 号——政府的结构必须在不同部门之间建立适当的制衡机制"，1788 年 2 月 6 日发表于《独立日报》，于 2019 年 8 月 6 日从《重新审视西方传统》编著中获取，第 264 页。

②　在本文中，除非另有说明，"政府"一词指的是行使国家行政权力的机构。

响力，启发了各国的各种政府控制理论和实践。①上面引用的隐喻在《联邦党人文集》中得到恰当使用，本书被翻译成中文，并由北京商务印书馆在 1980 年出版②，在此之前，中国刚经历了残酷的"文化大革命"时期（1966 年至 1976 年），这个时期几乎不存在对政府行为的任何法律控制。③ 20 世纪 80 年代大量出现的有关联邦主义理论的诸多译本说明，中国学者们当时认真研究了其他国家（最显著的是美国和英国，日本和德国）的良好做法，然后与中国的决策者沟通，以恢复当时破碎的法律框架。④

正是在这种背景下，中国接受了政府控制的原则和机制，以防止政府对市场经济的非法干预，并防止政府侵犯法人和自然人的公民权利⑤，这为中国当前的治理规范和实践奠定了关键基础。但是，现有的学术研究对此话题的分析并不全面。可以说，这种认知上的差距一方面是由于固执的误解造成的，即中国决策者的动机和制约因素与西方国家（尤其是北美和西欧国家的决策者）有本质上的不同，从而导致人们认为，最受西方国家认可的治理原则与中国的治理实践不相容（即便不是应用无效的话）⑥；另一方面，是由于中国中央政府与地方政府之间以及不同地区之间的分化造成的，因此将中国的治理实践称为无差别的同质治理是自以为是的看法。

这就是我在此要纠正的问题：一个错误的假设——认为中国的治理规范是独一无二的，以及一个错误的尝试——从整体上解释中国的治理实践。从认知层面上讲，本文认为，在法律对政府权力控制的演变过程中，中国当代的治理转型是一个普遍现象⑦。启

---

① 伊恩·夏皮罗（Ian Shapiro）编辑：《重新审视西方传统》，耶鲁大学出版社 2009 年版，第 9 页。

② 姚昕璐：《〈联邦党人文集〉的中国奇妙旅程》，2015 年 9 月 25 日出版，2019 年 8 月 6 日从以下网站获取：https：//www.thepaper.cn/newsDetail_forward_1378865。
这种说法不应被解读为中国在 20 世纪 80 年代之前不存在对控制政府相关理论和实践的学术研究。例如，张世钊（1908 年在爱丁堡大学就读）研究了苏格兰行政法，王崇辉（1905 年从耶鲁法学院获得了民法博士学位）比较了美国法系和大陆法系的行政程序规则。参见王桂松：《现代行政法学的渊源》，载《法学家》2014 年第 4 期，第 155~156 页。

③ 胡建淼、吴欢：《中国行政诉讼法制百年变迁》，载《法律与社会发展》2014 年第 1 期，第 31 页。

④ 江平：《沉浮与枯荣——八十自述》，中国法律出版社 2010 年版，第 234~235 页。

⑤ 江平：《沉浮与枯荣——八十自述》，中国法律出版社 2010 年版，第 334 页。

⑥ 这种思维方式在所谓的"亚洲世纪"论文中得到了体现，该论文侧重于中国与其他在近现代历史中有影响力的大国之间的差异，并将中国以及其他新兴大国的崛起视为"后西方、非英语国家"的现象。参见，例如詹姆斯·B.加德纳（James B. Gardner）和宝拉·汉密尔顿（Paula Hamilton）：《公共历史的过去和未来：发展与挑战》，载《牛津公共历史手册》，牛津大学出版社 2017 年版，第 14~15 页。

⑦ 参见 20 世纪英国政府立法机关、司法机关和行政机关之间竞争的历史记载。彼得·凯恩（Peter Cane）：《控制行政权：历史比较》，剑桥大学出版社 2016 年版，第 43~46 页。

发这一假设的理论来自现代国家演化论①。从分析的角度来看，它并没有将地方政府看作中央政府的忠实代理；换句话说，涉及地方政府在多大程度上遵守了中央规范，中央政府对此往往缺乏有效监督②。因此，本文分析了选定的几个案例，在这些案例中，有关治理实践的纠纷被提交审判机构处理，其影响远远超出了有关当事方的范围。

为了使以下分析尽可能清晰，我现在将具体说明本文中使用的分析术语、重点和方法。"接受"一词是指该国宣称愿意采用某些标准来确保政府当局的合规性并纠正其违规行为③。这一点通常体现在法律(即人大制定的法律)和法规(即中国中央政府国务院制定的规范)中。"适用"一词是指司法机关为解决有关治理实践的争议而援引和解释法律法规的行为，通常以行政复议决定(由行政上诉机关作出)和法院判决的形式呈现。

为了具体说明中国对政府控制原则的接受和适用，我谨记三个重点，以符合公认的善治的主要原则，即透明的政府机构以及公正和比例适用法律④。在中国法律框架中明确规定了这些原则的要点，它们包括：

1. 透明度原则主要涉及到政府信息公开的义务，这些信息是《政府信息公开条例》(以下简称"公开条例")中定义的"行政机关在履行职责过程中以某些形式产生、获取、记录或保存的"⑤的信息。

2. 在中国向市场经济转型的背景下，公正原则与公平竞争原则密切相关。具体而言，包括国有企业在内的经营者不得滥用市场支配地位或限制或消除公平竞争⑥。

3. 比例原则的适用相对不足，通常在合法性基础上适用。法院可以按照《行政

① 演化论认为，表征现代国家的三个制度：强国、法治和问责制，不一定是特定文化的产物，而更多是应经济和社会要求，以防止政府采取最不适当的行动。参见，例如：玛丽亚·布劳威尔(Maria Brouwer)：《政府形式与经济发展：从中世纪到现代》，施普林格出版社 2016 年版，第 43~44 页。

② 赵树凯：《中国乡镇治理与制度化》，世界科学出版社 2013 年版，第 5~6 页。

③ 对规范接受的解释是从 HLA ·哈特(HLA Hart)获得的。参见赫伯特·莱昂内尔·阿道夫·哈特(Herbert Lionel Adolphus Hart)、约瑟夫·拉兹(Joseph Raz)、莱斯利·格林(Leslie Green)：《法律概念》，牛津大学出版社 2012 年版，第 21 页。

④ 《改变我们的世界：2030 年可持续发展议程》[第 9 条和第 35 条]，联合国大会 2015 年 9 月 25 日通过的决议，联合国 A/RES/70/1。

⑤ 《中华人民共和国政府信息公开条例》第 2 条，于 2007 年通过、2009 年生效、2019 年修订。获取其英文译本，请访问：http：//en. pkulaw. cn/display. aspx? cgid = 90387&lib = law。

⑥ 《中华人民共和国反垄断法》第 3 条、第 6 条和第 7 条，于 2007 年通过并于 2008 年生效。获取其英文译本，请访问：http：//en. pkulaw. cn/display. aspx? cgid = 503218397088141cbdfb&lib = law。

诉讼法》(以下简称"行诉法")①的规定，审查行政诉讼的合法性或批准有争议诉讼的决定。尽管行政复议机关可以依据《行政复议法》(以下简称"复议法")②审查行政诉讼或批准决定的合法性与合理性，比例原则往往会在行政处罚争议中予以考虑，而非在其他类型的行政决定中普遍予以考虑③。

按照这一分析思路，接下来的两节将概述中国的主要立法如何为确保政府行动的透明度、公正性和比例性奠定基础，然后，研究政府在遵守三项原则方面存在争议的情况。第三节将特别关注某些案例的判决中涉及的考虑因素。

## 2. 政府控制原则纳入治理体系

历史概述并非本文意图，但是，回顾一下历史有助于理解政府控制的规范和机制演化到如今状态的背景。本节概述了政府控制原则如何被纳入中国当今的治理体系。

首先以及最重要的一点是，1990 年行政诉讼法的执行。它不仅赋予法院接受和审查关于政府行为的投诉的权力，而且还为司法机构的去政治化、司法公正的概念和法院以审判为中心的职能(庭审实质化)的发展奠定了基础。鉴于其在当代中国政府控制体制发展中的核心作用，我将详细阐述行诉法通过和实施的目的和障碍。

如引言部分所述，政府控制原则(从系统的意义上来说)总的来说是外来概念，不一定与中央政府和地方政府之间所谓的"决策共识"相兼容。引入对政府行为的司法审查受到地方政府的强烈抵制。1989 年行诉法通过后，中共中央委员会收到地方官员的两千多封辞职信，要求中央政府不施行行诉法。④

另一方面，正如实证治理研究所表明的，地方在实施中央规范时往往会做出有目的的更改，以最大化地方利益(无论是集体利益还是个人利益)⑤。这种治理挑战带来迫切的需求，那就是要对广大地区的政府行为实行标准化的监管。全国人民代表大会的法律顾问建议，鉴于控制政府的本土做法很少，可以采取实验研究法，即把对政府的庭上诉

---

① 《中华人民共和国行政诉讼法》(1989 年通过、1990 年生效、2017 年修订)第 6 条"在审理行政案件时，人民法院应当审查行政行为的合法性"，以及第 53 条"公民、法人或者其他组织认为行政行为所依据的国务院部门和地方人民政府及其部门制定的规范性文件不合法，在对行政行为提起诉讼时，可以一并请求对该规范性文件进行审查"。获取其英文译本，请访问 http：//en. pkulaw. cn/display. aspx？cgid＝76c54b08f88ee7efbdfb&lib＝law。

② 《中华人民共和国行政复议法》(1999 年通过、1999 年生效、2017 年修订)第 1 条和第 7 条。获取其英文译本，请访问：http：//en. pkulaw. cn/display. aspx？cgid＝497d709c9225b1e3bdfb&lib＝law。

③ 王静：《比例原则在行政案件中的适用》，载《上海交通大学法律评论》2017 年第 4 期，第 23~24 页。

④ 江平：《沉浮与枯荣——八十自述》，中国法律出版社 2010 年版，第 341 页。

⑤ 周飞舟、谭明志：《当代中国中央政府和地方政府的关系》，施普林格出版社 2017 年版，第 124~125 页。

讼编纂成法规，同时检验行诉法的实施效果，根据实际情况对行诉法做持续修订。①

因此，尽管受到地方政府的强烈反对，两项重要的立法——行诉法和复议法分别于1990年和1999年生效。如果行政行为被指不适当，那么受影响的当事人可以行政复议，这是依据复议法所设的内部上诉和审查机制。申诉人可以对作出行政决定的依据是否合法、或为执行该决定而采取的措施是否适当提出质疑，由上级行政复议机关作出具有法律约束力的决定。②

如果申诉人认为复议决定不公平，她/他可以将案件提交给：

> ——通常是提交给行为或决定受到质疑的行政当局所在地区的法院③，以便及时从有关当事方获得相关证据；
>
> ——当争议涉及限制人身自由的行政强制措施时，申诉人可以向其所在地而非被申诉机关所在地的法院提起诉讼④，这主要考虑到强制限制人身自由的争议通常比诸如迟发行政许可证或行政罚款的金额等问题更为严重。
>
> ——以及，法院在受理一项行政申诉后，应裁定被申诉行政行为在司法和/或程序方面的合法性。⑤

行诉法和复议法的适用面临若干挑战。最僵化的一个挑战涉及相关人员对这些法规的一般认知。人们发现政府官员的公共服务意识薄弱，不愿意对针对他们的复议或诉讼案件作出适当的回应。⑥ 就更广范围而言，法人和自然人对政府的申诉似乎是无意义的，被认为是"以卵击石"的行为。⑦甚至某些律师也不愿受理行政案件。一项关于律师参与行政案件的调查发现，只有大约百分之三的受访律师参与过行政诉讼——无论是有偿代理出庭还是提供志愿咨询服务，他们通常建议申诉人与政府当局和解，因为他们认为这是更实际的做法。⑧

另一个艰巨的挑战来自国家内部长期存在的机构竞争，在这种竞争中，法院比其行政相对机构弱得多。为了纠正这种体制性缺陷，最高人民法院（中国最高法院）于2002年启动了预算改革，基层和市级法院开始直接由省级法院拨款，以加强地方法院的财务

---

① 江平：《沉浮与枯荣——八十自述》，中国法律出版社2010年版，第344~345页。

② 《复议法》第2、6和7条。

③ 《复议法》第18条。

④ 《复议法》第19条。

⑤ 《行诉法》第6条。

⑥ A/HRC/WG. 6/31/CHN/1 第84段。

⑦ 凯文·奥布莱恩（Kevin O'Brien）和李连江：《起诉地方政府：中国农村的行政诉讼》，载《中国日报》51（2004），第76~77页。

⑧ 李继：《起诉利维坦案：对中国行政诉讼变化率的实证分析》，载《实证法律研究》2013年第4期，第837页。

独立性。① 在此之前，法院是由在同一行政级别上的政府拨款的，这使得法院在审查针对同一级别或更高级别的政府部门的行政申诉时难以避免利益冲突。得益于信息和通信技术在法院管理中的迅速应用，已经建立了三大网络平台来支持提高司法透明度，即涉及审判程序、法院判决和判决执行的网站。②尤其值得一提的是，法院自 2014 年以来一直在建立一项全国范围的机制，该机制将政府官员对法庭审判的干预记录在案，目的是将此类不遵循法律程序的干预公之于众。③

其次，但也同样重要的一点，2007 年通过了一项国家法规，在中国历史上第一次强制要求政府向公众披露其信息。对于中国立法者来说，政府信息公开入法主要有三大目的：④

a. 出于监督的考虑。允许公众监督政府机构，并阻止它们采取不当行动。

b. 出于民主的考虑。为公众参与政府的决策过程提供了条件。

c. 出于工具上的考虑。政府信息公开使得其他权利的行使成为必要。例如，在做出具体行政决定之前，应根据具有合理地位的当事方的要求举行公开听证会，这就需要无限制地获取有关争议决定的信息。⑤

公众普遍认为，有关政府机构活动的资料应及时向公众公开（除个别例外情况），这是施政透明度的核心支柱；更不用说，在许多司法管辖区，获取政府资料的权利已被列入法律保护。在这方面，《公开条例》（于 2019 年 4 月修订）的原则与在其他国家保护公众知情权的理由非常相似⑥。根据《公开条例》，政府及其机构应建立健全一个开放的、易于访问的系统，以向自然人和法人披露政府信息⑦。这包括应公众要求披露信息，以及政府部门积极主动公开信息。截至 2018 年 5 月，约有 30000 个政府网站设置了可以申请公开特定政府信息的端口。⑧

---

① 夏锦文：《当代中国司法改革的成就、问题与解决方案》，载《中国法学》2010 年第 1 期，第 17~18 页。

② A/HRC/WG. 6/31/CHN/1 第 27 段。

③ 2016 年 8 月发布的《中国国家人权行动计划（2016—2020 年）》中的 2. 公民权利和政治权利（2）公平审判。详见：http://english. www. gov. cn/archive/publications/2016/09/29/content _ 281475454482622. htm。

④ 《国务院法律事务办公室新闻稿》，于 2007 年 4 月 24 日发布，于 2019 年 8 月 22 日访问以下网站获取：http://www. pkulaw. cn/fulltext _ form. aspx? Db = lawexplanation&Gid = 7564f412dcff15cb68dc2e4be53a6de2bdfb]。

⑤ 例如，《中华人民共和国行政处罚法》（1996 年通过、1996 年生效、2017 年修订）第 42 条。获取其全文英译本，请访问：http://en. pkulaw. cn/display. aspx? cgid=301397&lib=law。

⑥ 例如，罗伊·皮莱德（Roy Peled）和约拉姆·拉宾（Yoram Rabin）在"宪法知情权"一文中概述了四个保护知情权的司法管辖区，见《哥伦比亚人权法评论》，2011 年第 42 卷，第 360~361 页。

⑦ 《政府信息公开条例》第 2 条和第 4 条，见前注 14。

⑧ A/HRC/WG. 6/31/CHN/1 第 56 段。

应当公开的政府信息涉及范围很广，包括有关行政决定的过程记录，财政预算及其审计支出，以及土地征收、拆迁和安置计划的记录。此类记录应向公众开放，并且可以无限重复使用。关于信息公开的质量要求，根据国务院于 2010 年发布的指导意见①，公开的信息应"正式、准确、完整，申诉人可以将公开信息用于工作、生活、科研目的或在法庭上或其他法律程序中作为核实证据使用"。

再次，也许是最有争议的一点：政府当局在行使其公共权力时对个人信息的处理。事实证明，法律对个人权利不受国家非法干涉和限制的保护在近现代历史中是至关重要的。然而，这并不是说绝对禁止国家的干预和限制。在许多司法管辖区，只要能证明涉及公共利益的重要理由，就容许减损对个人权利的尊重和保护。例如，根据"欧盟数据保护法"，公共机构在行使公共权力时传输个人信息的限制要比私营实体少。②

关于中国在处理个人信息上的治理实践的讨论，应明确两点。首先，迄今为止，尚未有任何明确的法律或法规将保护个人信息视为一项权利。这并不意味着中国不存在对个人信息的法律保护。根据《民法通则》，对个人信息的保护不单单是权利，而是姓名权、肖像权、名誉权、荣誉权和隐私权的一部分③。"个人信息"一词的定义是"任何以电子或其他格式保存的，单独使用或与其他信息结合使用的，与自然人身份认证有关的信息；包括但不限于自然人的姓名、出生日期、身份证号码、个人遗传和生物学数据、居住地址和手机号码。"④

第四，现行法律仅禁止非法处理个人信息，而忽略了其他重要考虑因素，例如处理个人信息的必要性或过度性。例如，《民法通则》禁止任何非法收集、使用、处理或转移个人信息的行为⑤。根据刑法，任何"违反国家有关规定，将在执行职能或提供服务过程中获得的个人信息转让给第三方公民"的公共机构，将接受罚款，并且对该行为负直接责任的官员，可处以三至七年有期徒刑。⑥

---

① 国务院办公厅关于做好政府信息 依申请公开工作的意见国办发〔2010〕5 号，http：//www. gov. cn/xxgk/pub/govpublic/mrlm/201309/t20130913_66392. html。

② 2016 年 4 月 27 日欧洲议会和理事会 2016/679(欧盟)法规第 49 条，"在处理个人信息和此类数据的自由流动方面对自然人的保护"，并废除第 95/46/EC 号指令(《通用数据保护条例》)，于 2019 年 8 月 15 日访问以下网站获取：https：//eur-lex. europa. eu/legal-content/EN/TXT/PDF/? uri＝CELEX：32016R0679。

③ 《中华人民共和国民法通则》(2017 年通过并生效)第 110 条。获取全文英译本，请访问：https：//www. dimt. it/images/pdf/GeneralRules. pdf。

④ 《中华人民共和国网络安全法》(于 2016 年通过、自 2017 年起生效)第 76 条。获取其全文英译本，请访问：http：//en. pkulaw. cn/display. aspx? cgid＝4dce14765f4265f1bdfb&lib＝law。

⑤ 《中华民国民法通则》第 111 条，前注 38。

⑥ 《中华人民共和国刑法》(1979 年通过，并分别于 1997、2001、2002、2005、2006、2009、2011、2015 和 2017 年修订)第 253 条。获取其全文英译本，请访问：http：//en. pkulaw. cn/display. aspx? cgid＝703dba7964330b85bdfb&lib＝law。

## 3. 政府控制原则的适用

### 3.1 有关政府信息不予公开的争议

与政府信息的细节相比，政府信息的公开范围定义不清。政府可能会保留程序信息，以有效执行其职责，这被视为政府信息不予公开的既认理由，此类信息包括例行讨论记录、咨询性沟通、研究和调查报告，以及内部日常管理工作中产生的其他信息，只要这些记录与申诉人的工作、生活、科研或诉讼目的无关。[①]

可以在以下三种情况下调用政府的不予公开抗辩：

——不得损害国家和民族利益。政府不得公开任何可能危害国家安全、公共安全、经济安全或社会稳定的信息。[②]

——损害第三方利益。当公开政府信息可能损害任何第三方的合法权益（尤其是与商业秘密和个人隐私有关的合法权益）时，政府不应公开此类信息。[③]

——损害政府正常运作。政府"可以保留有关内部事务的信息，例如人员管理、后勤管理和内部工作流程"。[④]

第三种情况在实践中被批评是隐藏的和模棱两可的：如果一项政府决定是明确的，是否可以将其相关会议和提案的记录视为"程序性的"，以便适用不予公开条款？[⑤] 一项2014年的法院判决对该问题给出了否定的答案。福建省上诉法院不支持永泰县政府国土资源局（被申诉人）的"程序信息"抗辩，并裁定申诉人胜诉，裁定该政府当局应及时向申诉人提供初步的土地建设方案、土地置换方案、征地和补偿方案[⑥]。此案被最高人民法院列为指导政府信息公开的指导性案例，因为它以令人信服的方式适用法律，使得政府不能以所要求的信息为"内部咨询性因而也是程序性"信息为由来拒绝披露某些信息。

另一个挑战是由涉及多个政府机构的无答复案件引起的，申诉人很难确定应履行所

---

① 《国务院办公厅关于做好政府信息 依申请公开工作的意见 国办发〔2010〕5号》，http：// www. gov. cn/xxgk/pub/govpublic/mrlm/201309/t20130913_66392. html。

② 《政府信息公开条例》第14条，前注14。

③ 《政府信息公开条例》第15条中，前注14。

④ 《政府信息公开条例》第16条，前注14。

⑤ 张勇：《程序记录：对政府行为地位的思考》，载《甘肃行政学院学报》2015年第4期，第116页。

⑥ 《姚新金、刘天水诉福建省永泰县国土资源局案》，载《最高人民法院公报—最高人民法院2014年9月12日发布政府信息公开十大案例》，于2015年2月10日发布，于2019年6月4日通过以下网址访问：http：// www. court. gov. cn/zixun-xiangqing-13406. html。

申请的信息公开义务的领导机构。根据《公开条例》，作出决定，或保存从自然人和法人处收集的信息，或汇总从其他行政机构获得的信息的部门，应负责公开所请求的信息。根据现行的《土地管理法》(2004年修订)，城市地区的土地归国家所有，因此，政府有权决定国有土地的分配和开发。就城市土地征用项目而言，因为征地决定往往涉及多个不同级别的政府机构，所以会产生职责模棱两可的情况。①②

2016年，一宗案件被提请内蒙古行政复议机关审理，申诉人针对省土地管理局拒绝披露政府的土地征用计划提出申诉，省局称申诉人所要求公开的文件是由其下级单位出示的。复议机关裁决，"作为被申诉人的省局未能澄清，其是否在批准下级单位土地征用方案时保留了相关被申请公开的文件……尽管下级单位负责执行该土地征用任务，但这种内部任务分配不足使被申请省局免于履行其信息公开的义务"。③ 该案例在2017年被国土资源部列为指导性复议案例，它通过对《公开条例》的解释，表明内部协调和文件周转不应影响申诉人获取与其合法权利和诉求有关的政府信息。

### 3.2　有关行政垄断的争议

根据公平竞争原则，任何政府机构或官员均不得滥用其行政权力，来消除或限制中国《反垄断法》所确立的市场竞争。④ 在中国从计划经济向市场经济转型的过程中，公众普遍关注的是政府是否可以有效地管控行政垄断，防止政府机构滥用行政权力从事垄断活动。⑤就在近期，遭受行政垄断的无过失方可以寻求法律救济，一些结案的案件具有重要参考意义。⑥

例如，南京市江宁区政府于2012年做出一项行政决定(第396号决定)，"为提升厨余垃圾处理，力升再生资源公司将处理本区产生的厨余垃圾"，所有在区政府登记的屠宰场都必须与该公司签署厨余清理合同，否则将受到行政处罚；另一家生物废弃物回收公司起诉区政府，因为第396号决定属于行政垄断，并且违反了《反垄断法》所保护的公平竞争原则。

南京市一审法院裁定申诉人胜诉，该行政决定存在程序性违法，因此，应撤销第396号行政决定；证据显示，政府在选择承包公司之前没有宣布并允许公开招标，这使

---

① 《政府信息公开条例》第10条，前注14。

② 《中华人民共和国土地管理法(2004年修正案)》(1986年6月25日第六届全国人民代表大会常务委员会第十六次会议通过；于2004年8月28日在第十届全国人民代表大会常务委员会第十一届会议上进行了修订。)第8条和第9条。

③ 《国土资源部行政复议十大典型案例》，2019年通过以下网址获取：http://www.mnr.gov.cn/gk/tzgg/201712/P020180703577908547960.pdf。

④ 《中华人民共和国反垄断法》第8条。

⑤ 高登·Y. M. 扬(Gordon Y. M. Chan)：《行政垄断与反垄断法：对此争论在中国的考察》，载《当代中国》2009年第59期，第264~265页。

⑥ 高登·Y. M. 扬(Gordon Y. M. Chan)：《行政垄断与反垄断法：对此争论在中国的考察》，载《当代中国》2009年第59期，第273~274页。

得其决定在程序方面与法律不符。2015 年，最高人民法院将此案列为解决经济行政纠纷的指导性案件①，禁止政府在没有正当理由的情况下偏袒某些公司。

另一个反复出现的纠纷是政府对民营企业和国有企业的公平对待。国有江苏盐业集团公司(申诉人)拥有在该地区的独家特许售盐权；它也出售其他种类的商品。市工商局(被申诉人)收到多家私营盐商的投诉，涉及申诉人在购买合同中单方面增加购买非盐类商品(如油、糖等)的强制条款。在审查了现有证据后，被申诉人于 2014 年 7 月裁定，申诉人违反《反垄断法》，应终止其违法行为，并处以 16 万元人民币(约 20500 欧元)的罚款。②

申请人在区法院对该局的决定提出质疑，并要求将行政处罚裁定为非法。法院裁定对申诉人的主张不予支持，因为申诉人违反了《反垄断法》第 6 条，即"在市场上处于支配地位的市场参与者不得滥用其主导地位，以排除或限制公平竞争"。③ 此裁定对法律的适用使得国有企业无法凌驾于法律规范之上，也无法享受相对民营企业的优待，从而获得了公众的广泛认可。

### 3.3 有关政府处理个人信息的争议

数字化技术为治理系统的高效、智能化运作提供了可能性，同时，由于公共领域和私有领域之间的传统界限正在迅速模糊，因此对个人隐私的保护也提出了挑战。在中国实施社会信用体系(以下简称" SCS")的背景下，这一点尤其值得探讨。

欧盟对个人信息的处理采取了谨慎的方法，2018 年《通用数据保护条例》的实施就体现了这一点，但中国的做法却截然不同。"社会信用体系"的建设是其中一个实例。这是根据《社会信用体系建设纲要》(以下简称《信用体系纲要》)④发起的行动，整合了21 世纪初期成功的本地试验做法，由中央政府于 2014 年发布。目前，各种实施措施在新闻报道和学术辩论中备受瞩目。对"社会信用体系"的一些误解已经得到澄清：众所周知，美国副总统迈克·彭斯(Mike Pence)曾将"社会信用体系"描述为"建立在几乎控

---

① 《南京发尔士新能源有限公司诉南京市江宁区人民政府行政决定案》，载《最高人民法院发布人民法院经济行政典型案例》，于 2015 年 10 月 22 日发布，于 2019 年 6 月 5 日通过以下网址获取：http：//www. court. gov. cn/zixun-xiangqing-15842. html。

② 《江西省盐业集团公司吉安公司诉吉安市工商行政管理局行政处罚案》，载《最高人民法院发布人民法院经济行政典型案例》，载 2015 年 10 月 22 日，网址：http：//www. court. gov. cn/zixun-xiangqing-15842. html。

③ 《江西省盐业集团公司吉安公司诉吉安市工商行政管理局行政处罚案》，载《最高人民法院发布人民法院经济行政典型案例》，载 2015 年 10 月 22 日，网址：http：//www. court. gov. cn/zixun-xiangqing-15842. html。

④ 《国务院关于印发社会信用体系建设规划纲要(2014—2020 年)的通知》，国发〔2014〕21 号，于 2019 年 8 月 9 日通过以下网址获取：http：//www. gov. cn/zhengce/content/2014-06/27/content_8913. htm。

制人类生活每一个方面的奥威尔体系"①，以及"社会信用体系"也曾被轻率地类比为奖励"好公民"和惩罚"坏公民"的统一评分机制。②

这些网络上的分析不足以从法律角度对"社会信用体系"若干有争议的实施方法做评估。本文也不打算系统地分析在"社会信用体系"内所采取的每一项有争议的措施。相反，本文关注的是出于所谓惩罚和制止信贷违规行为而广泛使用的个人信息公开机制。③首先，什么是信用？在英美法系司法管辖区中，信用主要是根据商业活动来定义的，即"基于社区或特定贷方对借方偿付能力和可靠性的积极评定，商界人士可以按时贷款或取得货物的能力"。④

显然，这种以商业活动为重点的方法还不足以涵盖信用在"社会信用体系"中的应用方式。后者的内容要广泛得多，包括政务诚信、商务诚信、社会诚信、司法公信，这是"社会信用体系"中列出的四大重点领域。⑤即使是"社会诚信"这一小节，其涵盖范围也广得惊人：从雇主对劳工权利的尊重到医疗服务提供者的绩效标准。⑥迄今为止，关于"社会信用体系"涵盖的信用内容和范围，中国尚未有统一的规范说明。通过研读《信用体系纲要》就会发现，"信用违约"一词可以合理解释为：不遵守权威规范，这不仅包括违反国家层面的民法和刑法，还包括违反以下规范：在特定地区具有约束力的政府机构法规、适用于某些专业人士的某些职业行为准则。⑦

以遵守规范为导向的信用处理方法，允许地方政府惩罚轻微信用违法行为，如过马路闯红灯的行为。2016 年，江苏省一审法院受理了一起交警侵犯名誉权纠纷案。2016

---

① 杰米·霍斯利(Jamie Horsley)：《中国的奥威尔社会信用评分并不真实：黑名单和监控系统远未达到黑镜幻想》，载《外交政策》2019 年 11 月 16 日，于 2019 年 8 月 13 日通过以下网址获取：https：//foreignpolicy.com/2018/11/16/chinas-orwellian-social-credit-score-isnt-real/。

② Martin Chorzempa、Paul Triolo 和 Samm Sacks：《中国的社会信用体系：是进步的标志还是对隐私的威胁?》，于 2018 年 6 月载于《彼得森国际经济研究所政策简报》，于 2019 年 8 月 13 日通过以下网址获取：https：//www.piie.com/system/files/documents/pb18-14.pdf。

③ 《国务院关于建立健全诚信联合激励机制、失信联合惩戒机制以及加速推动社会诚信发展的指导意见》(2016 年通过并生效)第二节第 8 段，于 2019 年 8 月 23 日通过以下网址获取：http：//en.pkulaw.cn/display.aspx? cgid=ed2505ae7122f497bdfb&lib=law。

④ 《布莱克法律词典免费在线法律词典第二版》，于 2019 年 8 月 20 日通过以下网址获取：https：//thelawdictionary.org/credit/。

⑤ 参见：《社会信用体系建设纲要(2014—2020 年)》第二节，确定四大"重点信用领域"，于 2019 年 8 月 20 日通过以下网址获得：http：//www.gov.cn/zhengce/content/2014-06/27/content_8913.htm。

⑥ 社会信用部分列出了十种信用：①医疗和卫生服务，②社会福利及分支，③劳动权益保护和劳动合同监督，④教育和科研，⑤文化、体育和旅游，⑥知识产权保护，⑦环境保护和能源消耗，⑧社会组织，⑨自然人，以及⑩网络商业服务。

⑦ 参见：《社会信用体系建设纲要(2014—2020 年)》第二节，确定了四大"重点信用领域"，于 2019 年 8 月 20 日通过以下网址获取：http：//www.gov.cn/zhengce/content/2014-06/27/content_8913.htm。

年 10 月 13 日，一条主路交叉口的交警摄像头在 17 点 20 分(中国的下班高峰时段)拍下了两名行人——韩某和周某(申诉人)的面部数据。2016 年 10 月 25 日，申诉人的面部图像被曝光在标题为"你是网红吗?"的文章中，该文章是根据交警(受访者)的官方叙述，在微信(中国社交媒体平台)上定期发布的一系列闯红灯报告的第六期，每期报告都会曝光闯红灯的行人、骑行人和司机的脸部图像。①

2016 年 12 月 5 日，申诉人向法院起诉，表示交警侵犯了他们的个人名誉权，要求删除他们的图像并赔偿 2 万元人民币(约 2500 欧元)的损失。法院对申诉人的主张作出不予支持的裁定，因为张贴他们的面部图像是交警根据当地《交警手册》规定，履行其职责所进行的活动，而根据最高法院的解释，"不公开个人信息条款"不适用于政府当局履行职责的情况。②上诉法院肯定了 2018 年的一审判决，并补充说，"没有证据表明申诉人在绿灯时进入道路，这意味着对他们面部数据的采集和处理符合被申诉人履行其职责的情况"。正如第二节所讨论的，个人信息的处理总的来说受到民法的保护，而政府当局仍享有许多豁免权。即使是出于正当目的，法院也没有考虑到交警所采取措施的必要性和过度性，并没有处理有争议的做法，这些做法包括：a. 当地交警手册是否可以为公开个人资料(作为惩罚及威慑措施)提供充分的法律依据；以及 b. 在轻微信用违约案件中，公开个人资料是否适当。

## 4. 结论

本文试图探讨在中国向法治社会过渡的背景下，中国对三种政府控制原则——透明、公正和合理——的接受和适用。自 20 世纪 90 年代以来，中国建立了内部和外部控制机制，以受理和审查自然人和法人针对政府的申诉，旨在防止不同地区和各级政府机构的失职。

在此过程中，法院和复议机关制定了有关公开政府信息和公平市场竞争的法律法规，以提高治理实践的透明度和公正性。相比之下，正如政府通过曝光个人面部数据实施制裁和威慑的案例所揭示的那样，政府在数字治理背景下对个人信息的处理似乎存在监管不足的问题。

此外，尽管治理格局发生了很大变化，国家的立法和审判机关相对于行政机关的权力越来越大，但由于没有明确规定行政行为必要性和过度性的依据，因此，审判机关很难处理政府行为侵犯个人权利的问题 ——特别是政府出于惩罚和威慑目的而公开个人

---

① 媒体头条：《江苏盐城交警曝光行人闯红灯被诉"侵犯名誉权"法院终审：驳回诉讼》，于 2018 年 11 月 5 日发布，于 2019 年 8 月 21 日通过以下网址获取：https：//kknews.cc/society/6zlkr3m.html。

② 《最高人民法院关于审理涉及通过信息网络侵害人身权益纠纷案件的法律适用问题的若干规定》(于 2014 年生效) 第 12 条。获取其全文英译本，请访问：http：//en.pkulaw.cn/display.aspx? cgid=2042dd6367893f26bdfb&lib=law。

信息的情况。随着在"社会信用体系"环境中政府对个人信息处理的扩大，这些工具性缺陷可能会妨碍对政府行为进行法律控制和解决治理实践纠纷的有效性。

（译者：牛惠仔）

# 新中国与国际人权体系：被动参与到价值实践

张爱宁*

**摘　要**：新中国参与国际人权体系实践主要归因于中国始于 1978 年的改革开放。国际人权体系对中国最重要的影响是中国政府和中国共产党执政理念的变化、国内民众权利意识的觉醒、人权观念和人权意识的普及和深入。中国参与国际人权体系并非完全被动，中国参与国际人权体系既是一个战略问题，也是国内政治选择的必然结果，反映了中国对人权的认识由形式上承认到价值上认同的重大转变。中国参与国际人权体系是一个相互影响、相互作用、相互承认的过程，中国在接受、学习、内化既有国际人权规范，以既有国际人权规范调整自己行为的同时，也在以自己的人权立场、人权观念和自身实力的不断增长影响着国际人权体系的演进。

**关键词**：人权；国际人权体系；执政理念

"国际人权体系"是对在联合国主导下建立的国际人权标准和实施监督机制的统称。决定和影响新中国参与国际人权体系进程的主要因素有三：中国政府的执政理念；中国在国际社会的地位；中国经济发展水平和所处社会历史阶段。这三方面因素相互作用，使得新中国参与国际人权体系的进程呈现出渐进性、阶段性、不平衡性，并表现出持续学习和有所创新的特征。

## 一、新中国参与国际人权体系缘起

人权概念源于西方，新中国对人权的认识经历了一个曲折过程。在中华人民共和国成立后相当长的一段时间，人权一直被看作资产阶级的东西。直至 20 世纪 80 年代末，人权问题在中国一直是个理论禁区。① 在这种背景下，新中国的人权理论研究基本上是空白，这使得后来中国在与西方国家的人权斗争中处于被动地位，也为一些国家诋毁中国提供了口实。

---

\* 外交学院教授。

① 参见赵灵敏：《从人权禁区到人权入宪——专访中国法学会法理学研究会顾问郭道晖》，载中国人权网，2009 年 09 月 29 日。

### （一）中国参与国际人权体系是一个战略问题

1979 年改革开放以后，中国经济的持续发展引起了西方某些国家对本国地位的深切忧虑和对中国未来发展方向的疑虑和担心，这使得中国崛起所面临的阻力和挑战要严峻得多。中国崛起与德国崛起不同，德国是在"体制内"崛起，与那些在国际秩序中居主导地位的西方国家不存在文明的冲突，而中国被认为是一种异己力量，是既存国际秩序从没有经历过的一种力量。此外，中国作为一个超大规模国家，它的崛起必然会对既有国际秩序构成形成巨大挑战。这两方面因素叠加，使得处于国际秩序核心的某些西方国家极度不适，其本能反应是：这样一个不同体制大国的崛起对我会不会构成威胁？

在西方国家遏制中国崛起的各种手段中，人权问题是一个方便的、可以拿到桌面讨论的少数问题之一。特别是冷战以后，人权问题成为制约中国与西方国家关系，特别是中美关系发展的一个主要问题。在冷战以后的中美关系中，人权问题一直与军控、贸易等问题一起成为中美关系议程表中的主要问题，并在某些特定时期成为最具决定性的因素。特别是在 1989 年中国"六·四"政治风波之后，美国国务院每年发表的《人权报告》中均把中国列为同利比亚、古巴、伊朗、伊拉克一样严重侵犯人权的国家，并对中国宣布了一系列制裁措施。① 与此同时，欧共体（后来欧盟）也通过决议对中国进行"全面制裁"。随后，一些国际组织也步入制裁中国的行列，如世界银行和国际货币基金组织宣布"终止向中国发放贷款"等。此外，英国、法国、西德、东德、日本、比利时、葡萄牙、西班牙、奥地利、希腊、芬兰、荷兰、丹麦、瑞典、瑞士、澳大利亚、新西兰、加拿大等国也分别单独对中国采取了各种不同程度的制裁措施。②

理论上讲，国家作为一种客观存在，只要具备四要素——定居的居民、确定的领土、一定的政权组织、主权——就可成为国际法主体，并享有依据国际法所产生的权利，承担依据国际法而起之义务。是否参与到国际体系中来并不影响其作为国际法律人格者的身份，对其国内法律秩序也不会产生什么影响。但从实践上看，国家参与国际关系的能力与其实际享有依据国际法所产生的权利的能力密不可分，如果国家不被国际社会承认、接纳，就会影响到该国依据国际法的权利的实现。因为，国家管辖权的行使不仅是在本国领土上，也涉及其他国家，这就必然涉及国家管辖权行使的实效问题。同时，随着当代国际社会组织化程度越来越高，参与国际体系，开展多边外交，已经成为国家进行国际交往的重要方式——各种国际体系为国家之间在某一领域进行交往与合作提供了理想的平台和场所——国家参与国际体系的程度与它参加国际关系的能力成正比。

尽管中国在国际体系中不居于主导地位，但中国的崛起却非常依赖对国际体系的参与，而妥善处理人权问题，则成为制约中国与主要西方国家关系的重要方面。从理想的角度看，国家之间的人权对话应该是平等的和互相尊重的，但实际情况远非如此。一些

---

① 洪国起、董国辉：《透视美国人权外交》，世界知识出版社 2003 年版，第 102~103 页。

② 洪国起、董国辉：《透视美国人权外交》，世界知识出版社 2003 年版，第 103 页。

西方国家凭借其优势地位，以法官的面目出现，要求中国改善这个人权，扩大那种自由，尽管这种颐指气使的姿态，甚至霸权的做法让中国极不舒服，但造成这种情况的根本原因是西方国家的实力，是中国在崛起过程中有求于人。在中国与西方国家的关系中，后者是优势一方，他们可以在许多对中国十分关键的领域里同中国谈判，例如台湾问题、市场开放问题、技术转让问题、加入国际组织问题等等，这其中每一项都事关中国国家核心利益或国家重大利益。

从上述意义来说，中国参与国际人权体系实践是一个战略问题。中国要想进一步推行对外开放政策，处理好与一些重要大国的关系，同时也是为了扩大中国在国际社会的影响，就无法将自己置身于国际人权体系之外。因此，正视人权问题，接受国际人权规范，在人权问题上通过对话与合作，增进了解，化解矛盾、解决冲突，获得国际社会的接纳和认可，在国际社会树立起中国负责任大国的形象，为中国营造和平的发展环境，就成为中国必须面对的问题。

### （二）中国参与国际人权体系是国内政治选择的必然结果

如果说此前中国理论界对人权问题也有所研究的话，那些研究对人权基本上是持否定态度，而中国始于 20 世纪 80 年代末期的这次人权研究热潮不仅在广度上和深度上对国内外有关人权基本理论和实践进行了系统探讨，而且中国理论界对人权的认识也发生了巨大变化。

20 世纪 80 年代末，在纪念联合国通过《世界人权宣言》40 周年之际，出现了对人权概念有所肯定的倾向。随着研究的进一步深入，中国对人权有了更客观的认识，认为人权不是资产阶级的专利，社会主义国家也要讲人权。1990 年 11 月，在中宣部理论局召开的一次人权问题小型专家座谈会上，与会专家学者发表了开展人权理论研究的建议，指出人权具有普遍性，不能只是批判资产阶级的人权观，还要研究我们自己的问题。[1] 1991 年 3 月，中宣部再次召开人权问题座谈会，着重说明了研究人权问题的"紧迫性"，起因是美国肯尼迪人权中心给中国科学院院长周光召写了一封信，信中说中国"成千上万人的命运"受到非人道的对待，为了反驳西方，中国要开始研究人权问题。这次会议后，中国法学杂志社和中国人民大学、北京大学、中国社会科学院法学研究所等单位纷纷召开人权座谈会，并且在此后蓬勃展开的人权讨论中，已不只是为应对海外势力对中国人权状况的抨击，而是对人权的理论与实践问题展开了全面探讨，[2] 至今方兴未艾。伴随着这一过程，人权在中国政治、经济、法律和社会生活中的地位发生巨大变化，其标志性事件是：(1) 发表《中国的人权状况》白皮书。1991 年 11 月 2 日，国务院新闻办公室发表《中国的人权状况》白皮书。这是中国政府第一次在政治上使用人权

---

[1] 赵灵敏：《从人权禁区到人权入宪——专访中国法学会法理学研究会顾问郭道晖》，中国人权网，2009 年 09 月 29 日。

[2] 赵灵敏：《从人权禁区到人权入宪——专访中国法学会法理学研究会顾问郭道晖》，中国人权网，2009 年 09 月 29 日。

概念，也是中国首次公开、坦率、正面地讨论人权问题。白皮书称"人权"是一个"伟大的名词"，"享有充分的人权，是长期以来人类追求的理想"。① 白皮书全面阐述了中国政府在人权问题上的立场、中国的人权保护政策和中国的人权状况。这是一个重大突破，它标志着中国政府在对人权问题的认识上有了重大转变，"人权"作为一个正面的政治概念开始进入国家的政治生活。（2）将"尊重和保障人权"确立为中国共产党执政理念。1997年中国共产党第十五次全国代表大会报告提出"尊重和保障人权"。这是中国共产党首次将"尊重和保障人权"作为其执政的基本目标明确纳入党的行动纲领之中。2002年的中国共产党十六大报告进行了相同论述。2007年中国共产党十七大报告在论述"全面落实依法治国基本方略，加快建设社会主义法治国家"议题中，提出了"尊重和保障人权，依法保证全体社会成员平等参与、平等发展的权利"。也是在这次大会上，"尊重和保障人权"首次被写入中国共产党党章，② 正式成为中国共产党执政兴国的一个重要理念和价值。（3）人权入宪。2004年，十届全国人大二次会议通过宪法修正案，将"国家尊重和保障人权"写入宪法。③ 这是中国人权发展史上的重大里程碑，它使得人权在中国从政治概念上升为法律概念，表明尊重和保障人权是一项宪法原则，是国家的法定义务。（4）将"尊重和保障人权"作为中国现代化建设和社会发展的组成部分。2006年，十届全国人大四次会议批准的国民经济和社会发展第十一个五年规划纲要明确提出，"尊重和保障人权，促进人权事业的全面发展"。④ 这是中国第一次将"尊重和保障人权"写入国家五年计划纲要。2009年，国务院新闻办公室发布《国家人权行动计划（2009—2010年）》，这是中国政府制定的第一份以人权为主题的国家规划，目的是为了明确未来两年中国政府在促进和保护人权方面的工作目标和具体措施，并将这些目标措施落实到政治、经济、文化和社会建设各个领域，落实到立法、司法、行政各个环节。经过两年不懈努力，《国家人权行动计划（2009—2010年）》规定的各项措施得到有效实施，各项指标全面完成。⑤ 随后，中国政府又发布了《国家人权行动计划（2012—2015年）》，并如期完成目标任务。现在，《国家人权行动计划（2016—2020年）》正在实施过程中。制定《国家人权行动计划》是中国人权发展史上的一个重要事件，标志着中国人权事业已成为国家现代化建设和社会发展的一个重要主题，开始走上有计划全面推进的新阶段。⑥

总之，在中国，从20世纪80年代至今，是一个人权概念主流化的过程：是从不讲人权到讲人权的过程；是人权从理论概念、到政治概念，再到法律概念的过程；是从

① 中华人民共和国国务院新闻办公室：《中国的人权状况》白皮书，前言第1段，1991年11月2日。
② 《中国共产党党章》总纲第15段。
③ 《中华人民共和国宪法》第33条。
④ 《中华人民共和国国民经济和社会发展第十一个五年计划纲要》第43章第1节，2006年03月14日。
⑤ 王晨：《中国人权发展道路的核心是以人为本》，新华网，2011年09月22日。
⑥ 王晨：《推进中国人权事业全面发展的重大举措》，新华网，2009年04月14日。

"纸上的法"到"行动中的法"的过程。而这一过程，始终与中国内部的政治变化密切相关，与中国政府执政理念的变化相关，是中国国内政治选择的必然结果。伴随这一过程，中国对人权的认识已经由最初形式上的承认转变为价值上的实践。

## 二、中国参与国际人权体系进路

中国参与国际人权体系实践是一个在复杂互动中不断学习、借鉴、逐渐获得承认并有所创新的过程。

改革开放初期，中国将参与国际事务作为促进中国改革开放和经济建设、推进国际关系民主化的重要手段。在这个阶段，中国的战略是有选择地参与国际事务，特别重视参与"收益型"和"低成本"的国际事务，对于人权之类有可能限制主权和独立自主的国际事务的参与则要权衡再三。[①] 这种情况自 20 世纪 90 年代开始发生了变化，随着中国开始全面融入国际社会和执政理念的变化，中国不再把参与国际人权体系仅仅视为维护国家利益的手段和国际政治斗争的工具，而是开始对国际人权保护制度所蕴含的价值、理念表现出认同；开始考虑中国作为负责任大国应承担的人权保护责任。但在这一阶段，中国的参与实践仍主要是加入和被动接受既有国际人权制度。与发达国家相比，中国在框定议题，提出核心概念、控制议程等方面的竞争力还比较薄弱。造成这种情况的主要原因，是由于当代人权概念是西方文明的产物，西方国家在国际人权体系中居主导地位；占统治地位的人权思想和人权理论也都根植于西方，既有国际人权体系主要反映的是西方价值观和利益偏好；[②] 包括中国在内的西方以外的国家若想融入国际人权体系，只能被动接受该体系的规范，并逐步适应，才会被接纳。这也注定了在很长一段时期内，中国参与国际人权体系的主要任务是通过学习、遵守、内化这些规范而日益获得承认，变成一个"体制内"国家。

### (一) 国际人权体系需要中国的参与

国际人权保护制度的核心目的在于防范国家侵犯个人或群体的人权，并努力促使人权在各国国内获得尊重、保障和实现。中国拥有占世界四分之一的人口，这样一个超大规模国家的人权状况如何，是评判国际人权保护制度实效的重要指标。从这个意义上说，任何国际人权标准和国际人权实施监督机制，如果没有中国的参与都不能说是普遍的，故国际人权体系希望中国的参与，并对中国的人权实践有所影响。国际劳工组织在推动中国参与国际劳工组织活动问题上的积极态度就可以说明这一点。

国际劳工组织是对国际人权保护制度做出杰出贡献的组织，它所制定的国际劳工保护标准及其实施监督机制已经成为当代国际人权法重要组成部分。中国是国际劳工组织的创始国之一，并在 1944 年成为劳工局理事会常任理事国。从 1949 年中华人民共和国

---

① 参见张贵洪主编：《国际组织与国际关系》，浙江大学出版社 2004 年版，第 381 页。

② 参见张爱宁：《国际人权法专论》，法律出版社 2006 年版，第 204~205 页。

成立至 1971 年，中国在国际劳工组织的席位一直由台湾国民党当局占据。1971 年，国际劳工局理事会通过决议，恢复中华人民共和国政府在国际劳工组织中的合法席位，此后，国际劳工局局长在历次国际劳工大会和理事会之前，都向中华人民共和国政府发出邀请。但在 1971 年国际劳工组织通过恢复中国政府合法席位决议后，中国政府确定了"暂不参与"的方针。为了推动中国参加国际劳工组织活动，国际劳工局做了大量外交努力。① 1980 年，国际劳工局局长亲率国际劳工局代表团访华，与中国就有关问题达成了一系列重要谅解，包括：劳工局局长将建议理事会同意，并交由劳工大会批准，取消中国会费欠款问题；恢复中国在国际劳工大会上的表决权；待上述决议通过之后，中国三方代表团出席国际劳工大会；确认中国在理事会的常任理事国席位；劳工局聘用一定数量的中国籍职员。此外，双方还就中文在国际劳工组织中的地位、以往与中国有关的劳工公约的处理、技术合作等问题取得一致意见。待这些问题解决之后，1983 年 6 月 6日，中国正式恢复了在国际劳工组织的各项活动。②

改革开放以后，各类国际人权机制在推动中国参与国际人权体系方面的积极态度，表明国际社会对于中国参与国际人权体系重要性的认识。但这种认识只是对中国成员国地位的一种形式上的承认，而非价值承认。因为它们在承认中国进入国际人权体系的同时，并不承认中国具有与体系内其他一些成员同样的权利和尊严。

### （二）中国参与国际人权体系以不损害国家主权为前提

中国参与国际人权体系以不损害国家主权为条件，以此为前提，中国对有可能损害国家主权的国际人权实践的参与一直持消极或否定态度。但在具体策略上，中国已经从改革开放初期单方面回避的消极做法，转为后来的积极参与，充分表达意见，据理力争的互动方式，以使相关人权规范的制定不至于太偏离中国的利益偏好，从而为中国未来可能的参与实践奠定一定基础。中国的上述转变从中国参与国际法院和国际刑事法院人权实践的不同做法中略见一斑。

中国以消极参与国际法院的方式维护主权。国际法院的诉讼管辖权建立在国家同意基础之上。若干国际人权公约都规定了争端解决条款，即缔约国可以将有关该条约解释和适用的争端提交国际法院。一国如果批准了有关条约中的这类条款，就被认为是接受了国际法院对因该条约解释和适用而起之争端的管辖权。由于人权公约中这类争端解决条款关乎对国家主权的限制，因此国家在批准人权公约时往往会对这类条款提具保留。从 1949 年到 1971 年，中华人民共和国政府与国际法院没有任何联系，此间一直由台湾国民党当局代表中国参加《国际法院规约》，并接受了国际法院的任择强制管辖权。③

① 参见刘旭：《国际劳工标准概述》，中国劳动社会保障出版社 2004 年版，第 134 页。
② 参见刘旭：《国际劳工标准概述》，中国劳动社会保障出版社 2004 年版，第 133~135 页。
③ 1946 年，中国国民党政府派徐谟出任国际法院大法官，之后连选连任，直至 1956 年因心脏病突发在国际法院大法官任上去世。1956—1967 年间，台湾国民党当局派顾维均出任国际法院法官，历任国际法院法官、副院长。

1971 年，中华人民共和国政府恢复在联合国合法地位，第二年，中华人民共和国政府宣布不承认国民党政府 1946 年关于接受国际法院任择强制管辖权的声明。而且，中国对其批准或加入的国际人权公约中带有提交国际法院解决争端的争端解决条款通常都提具保留，唯一的例外是《防止并惩治种族隔离罪行国际公约》，其原因大概是，该公约所规范的行为与中国没有什么关系，中国不会就该公约的解释和适用问题与其他缔约国发生争端。

中国以积极参与《国际刑事法院规约》制定的姿态维护国家主权。1998 年联合国罗马外交大会通过了《国际刑事法院规约》（以下简称《规约》），2002 年国际刑事法院在荷兰海牙正式成立。作为联合国安理会常任理事国，中国对于建立一个独立、公正、高效、普遍的国际刑事司法机构一直持支持态度。从联合国国际法委员会把《规约》最初草案提交联合国大会讨论时起，中国就一直积极参与为成立国际刑事法院而召开的所有筹备会议，就所有案文提出了自己的意见，并对《规约》最终文本的通过和国际刑事法院的建立做出了相当的贡献。① 但与这种积极态度形成鲜明对照的是，中国最终对《规约》投了反对票，没有成为国际刑事法院的成员国。根据当时中国参加建立国际刑事法院罗马外交会议中国代表团团长王光亚的解释，中国投反对票部分原因是《规约》中某些内容的规定有可能影响或损害中国的国家主权。②

### (三) 中国与某些西方国家在联合国人权委员会的博弈

联合国人权委员会曾经是联合国体系内最主要的处理人权问题的政府间机构，是联合国人权保护机制的核心。中华人民共和国自 1979 年起参加联合国人权委员会活动，连续三年派观察员列席人权委员会届会，并在 1981 年当选为人权委员会委员，此后一直连选连任，自 1982 年起，中国每年都派代表团参加人权委员会的届会。

从 1990 年开始到 2004 年十四年的时间里，美国联合其他一些西方国家先后十一次在联合国人权委员会大会上提出所谓"中国人权状况"议案，批评、指责中国的人权问题，内容涉及计划生育政策、西藏问题、最惠国待遇问题、劳改产品出口、司法程序、宗教信仰自由、劳工权利等。除了发表谴责中国的声明，共同实施经济制裁措施之外，还在人权委员会多次试图通过谴责中国侵犯人权的决议——人权委员会成了西方国家对中国发动人权攻势的主要阵地。而中国在亚非广大发展中国家的支持下，与西方国家在人权委员会展开了激烈斗争，十一次人权斗争均以中国胜利而告终。

中国和西方国家在人权委员会的互动，是一个相互影响过程，并形成以下认知：第一，在人权问题上搞政治对抗没有出路，只有开展对话与合作才是促进国际人权事业发展的有效途径；第二，中国历来坚持的在平等和相互尊重基础上就人权问题进行对话与合作的主张是正确的。

正是由于上述认知的形成，使得中国同西方国家之间，在人权问题上出现了由对抗

---

① 朱文奇：《中国是否应加入国际刑事法院》，载《湖北社会科学》2007 年第 10 期，第 68 页。
② 参见《王光亚谈国际刑事法院》，载《法制日报》1998 年 7 月 22 日，第 4 版。

走向对话的历史性转折。1998 年，欧盟外长一致同意放弃在人权问题上与中国对抗的政策，表示在人权会上，无论作为整体的欧盟，还是单个成员国都将不再提出，也不再支持谴责中国人权记录的议案。加拿大外长也在 2000 年宣布，加拿大不再连署谴责中国人权提案。① 2001 年，中美恢复人权对话；2005 年，美国代表团正式宣布，以后不再在人权委员会上提出谴责中国人权状况的议案。至此，从那时开始的中国与美国、欧盟、英国、德国、瑞士、荷兰、澳大利亚、新西兰等西方国家分别举行的人权对话或磋商一直持续至今。

### (四) 中国国际人权体系身份和地位的再塑

改革开放后，中国融入国际人权体系并非完全被动，中国的参与实践也并非仅仅停留在学习和被动遵约阶段，而是相互影响、相互作用——中国在接受、学习、内化国际人权规范，被国际人权制度塑造的同时，也在不同程度地以自身的特点、方式和实力的不断增长，潜移默化地"改造"着国际人权体系本身。

中国参与国际人权体系过程中一贯坚持自己的立场。中国在接受国际人权规范，以国际人权标准调整自己行为的同时，一贯坚持以下人权立场：对人权概念要全面理解，各项人权不可分割；生存权和发展权是最基本的人权；国际社会应优先关注大规模侵犯人权的现象；在人权领域的合作应遵守《联合国宪章》的宗旨和原则；主张就人权问题进行平等对话；尊重各国根据国情制定人权政策等。正是由于中国带着自己有"条件的剧本"参与国际人权体系实践，才会有中国在人权委员会与西方国家的十一次斗争、较量。而中国正是通过这种斗争、较量，不断表达、宣传和坚持自己的立场、观点，并逐渐获得承认和接受。

中国积极参与和推动联合国人权体系的改革。联合国人权委员会曾经在把人权问题转变为国际会议议程上的主要议题和有效扩大《联合国宪章》人权条款的法律效力和适用范围方面发挥了重大作用，但随着人权委员会在联合国人权机构体系中的地位和作用不断上升，委员会逐渐蜕变成为发达国家和发展中国家进行国际人权斗争的主要场所。② 特别是冷战结束后的一段时间里，随着国际政治力量对比的变化，包括中国在内的许多发展中国家变成了被批评和指责的对象，③ 人权委员会成了针对发展中国家的"公审大会"，而一些发达国家则扮演了"人权法官"的角色，联合国的人权保护机制沦落成国际政治斗争的工具。④ 在上述背景之下，2006 年，第 60 届联合国大会通过决议设立人权理事会，以取代人权委员会。经过三轮无记名投票，第 60 届联大选出人权理

---

① 中国新闻社北京 2000 年 4 月 13 日电。

② 参见 [美] 托马斯·伯根索尔著：《国际人权法精要》(黎作恒译)，法律出版社 2010 年版，第 87 页。

③ 参见彭锡华、古盛开：《论国际人权条约实施的国际监督制度》，载《中国国际法学精萃》(2002 年卷)，机械工业出版社 2002 年版，第 88 页。

④ 沙祖康：《在第 59 届联合国人权委员会国别议题下的发言》，载《人权》2003 年第 3 期。

事会的首届 47 名成员国，中国位列其中。2009 年，第 63 届联合国大会改选联合国人权理事会 18 个成员国，中国以 167 票成功连任。此后，除因人权理事会规则不能连任三届的限制的时间，2014 年、2017 年，在人权理事会成员国换届选举中，中国再次分别以 176 票和 180 票，高票当选。中国当选并连任人权理事会理事国，标志着中国在联合国人权体系中新的身份和地位的确立。

## 三、尊重、保障和实现人权：中国的遵约实践

"遵约实践"概括地说就是接受并内化国际人权规范。影响一国遵约实践的因素主要有两方面：第一，国内政治结构。这是参与实践发生的核心动力，也是国际人权规范能否进入一国国内并得以实施的干预力量。第二，国际人权规范与国内规范是否协调一致。它决定了国内规范适应和调整压力的大小，进而决定着国际人权规范进入一国国内和在国内实施的阻力大小和成效如何。在两种因素的关系上，前者更具决定作用，甚至是后者的成因和破解之门。中国是一个政府主导型国家，其行为决策、社会利益和偏好受到国家的影响和控制。研究表明，国际制度规范直接渗入政府主导型国家相对困难，一旦某种规范获得政府支持，则传播非常迅速。[①] 因此，中国接受和内化国际人权规范的关键在于政府的意愿和行动力，而在这方面，中国政府的遵约诚意和取得的重大成就举世瞩目。

### (一) 签署、批准国际人权公约：程序遵约实践

一项又一项的国际人权公约构成了国际人权保护制度的实体内容。遵约的前提是承认国际人权规范，具体表现就是签署和批准各项国际人权公约。中国先后批准或加入了包括《经济、社会和文化权利国际公约》《禁止酷刑或其他残忍的、不人道或有辱人格的待遇或刑罚公约》《消除一切形式种族歧视公约》《消除对妇女一切形式歧视公约》《儿童权利公约》《残疾人权利公约》等 6 项联合国核心人权公约在内的 26 项国际人权文书。[②] 中国还于 1998 年 10 月 5 日签署了《公民权利和政治权利国际公约》，并一直在积极为批准该约创造条件。

### (二) 在国内实施国际人权标准：行动遵约实践

根据国际法，一国批准某项国际人权公约即承担了善意履行该条约的国际法义务。国家履行条约义务的一个最重要问题就是如何使公约在国内得以实施。一项国际人权公

---

① 苏长和：《中国与国际制度：一项研究议程》，载《世界经济与政治》2002 年第 10 期，第 8 页；[美]罗伯特·基欧汉著：《霸权之后：世界政治中的合作与纷争》，苏长和等译，上海世纪出版集团 2001 年版，中文版序言。

② 中华人民共和国国务院新闻办公室：《为人民谋幸福：新中国人权事业发展 70 年》，人民出版社 2019 年版，第 49 页。

约能否在缔约国国内实施，不仅表明了一个国家尊重、保障和实现人权的诚意，重要的是它决定着国际人权规范能否从"纸上的法"变为"行动中的法"；决定着缔约国民众是不是能实际享有人权公约赋予的各项权利；决定着国际人权保护制度存在的实际意义。

中国真诚履行人权条约义务的一个重要表现，就是在国内制定新的法律、修改或废除既有法律，使国内法的相关法律规定与国际人权公约协调一致，从而使得国际人权规范能够在国内得以实施。以《禁止酷刑或其他残忍、不人道或有辱人格的待遇或处罚公约》(以下简称《公约》)为例，中国 1988 年批准该《公约》后，为了切实履行条约义务，除了颁布新法，还对现行法律进行了一系列重大修改，包括：(1)1997 年修订《中华人民共和国刑法》。修订后的《刑法》新增加了"司法工作人员暴力取证罪"，并在对刑讯逼供、暴力取证、体罚虐待被监管人员犯罪的量刑上，规定更加明确，处罚更加严厉。① (2)1996 年修订《中华人民共和国刑事诉讼法》。修改后的《刑事诉讼法》规定："严禁刑讯逼供和以威胁、引诱、欺骗以及其他非法的方法收集证据。""对一切案件的判处都要重证据，重调查研究，不轻信口供。只有被告人供述，没有其他证据的，不能认定被告人有罪和处以刑罚。"另外，该法还废除收容审查制度、确立无罪推定原则、提前律师参加刑事诉讼的时间、改革刑事审判模式确立控辩式审判方式、允许被拘留、逮捕人员的家属和医生在最早的程序阶段介入、修改死刑执行方式等等，②以进一步加强保障犯罪嫌疑人、被告人、罪犯不受酷刑或其他残忍、不人道或有辱人格的待遇或处罚。(3)颁布一系列新法律。其中 1994 年《中华人民共和国监狱法》的制定，参照了 1977 年《联合国囚犯待遇最低限度标准规则》，并符合 1990 年《联合国囚犯待遇基本原则》。1994 年《中华人民共和国国家赔偿法》第 15 条规定："行使侦查、检察、审判、监狱管理职权的机关及其工作人员在行使职权时，刑讯逼供或者以殴打等暴力行为或者唆使他人以殴打等暴力行为造成公民身体伤害或者死亡的，受害人有取得赔偿的权利。"该法还就赔偿程序、赔偿方式和计算标准加以详细规定。此外，1995 年《中华人民共和国检察官法》《中华人民共和国法官法》和《中华人民共和国警察法》都有明确的关于禁止刑讯逼供、非法拘禁以及禁止非法使用械具、武器等关于禁止酷刑的规定。

中国为履行《禁止酷刑公约》所做的上述努力，是中国批准的所有人权公约履约实践的缩影。

### (三)"尊重和保障人权"成为中国共产党执政兴国的核心理念：政治遵约实践

中国人权领域最引人注目的进展，就是实现了"人权"入政，完成了人权在党和国家社会政治生活中的主流化。③ 1997 年，中国共产党在第十五次全国代表大会报告的第六部分提出"尊重和保障人权"。这是中国共产党首次将"尊重和保障人权"作为其执政

① 参见《中华人民共和国刑法》第 232、234、238、246、247、248、305 条。

② 参见《中华人民共和国刑事诉讼法》第 43、46、12、96、150、14 条第 2 款、第 64 条第 2 款、第 71 条第 2 款、第 75 条、第 212 条。

③ 董云虎：《中国人权取得突破性进展的五年》，载《人权》2008 年第 1 期。

基本目标明确纳入中国共产党的行动纲领中。2002 年，中国共产党十六大报告进行了相同论述。2003 年，中国共产党十六届三中全会提出坚持以人为本的科学发展观，强调科学发展观的本质和核心是以人为本，以人为本就是要尊重和保障人权。2006 年，中国共产党十六届六中全会通过《关于构建社会主义和谐社会若干重大问题的决定》，进一步将尊重和保障人权提高到构建和谐社会制度建设的高度。2007 年，中国共产党的十七大报告在论述"全面落实依法治国基本方略，加快建设社会主义法治国家"议题中，提出了"尊重和保障人权，依法保证全体社会成员平等参与、平等发展的权利"。也是在这次大会上，"尊重和保障人权"首次被写入中国共产党党章，正式成为中国共产党执政兴国的一个重要理念和价值。

**(四)"人权"入宪和人权制度化保障：制度遵约实践**

中国目前已经建立了以宪法为核心的人权保护法律制度，实现了人权制度化保障的重大进展。2004 年，第十届全国人民代表大会第二次会议审议通过了宪法修正案，明确规定"国家尊重和保障人权"。"人权"入宪使得"尊重和保障人权"在中国由政治概念上升为法律概念，成为国家根本大法的一项重要原则；确立了人权在中国法律体系和国家建设中的突出地位，开创了人权法治保障的新时代。时至今天，中国已经以宪法为根本依据，制定和完善了一系列保障人权的法律制度，人权保障事业不断法律化、制度化。①

**(五)大力推动人权研究和人权教育，培育人权文化：社会普遍遵约实践**

国家大力传播人权理念，普及人权知识，开展人权教育，努力提升全社会尊重和保障人权意识。在这方面，国务院新闻办公室在普及人权知识教育方面做了大量工作，包括：在中央人民广播电台开办人权知识讲座、在《人民日报》刊发系列人权知识百题解答、在《光明日报》举办"人权知识竞赛"、编写出版《人权知识干部读本》并纳入全国干部学习培训系列教材等；举办干部人权知识培训班，对各级党政干部、司法系统干警和媒体从业人员进行人权知识培训；各级行政学院普遍把人权纳入教学内容，对各级领导干部进行人权知识教育。②

在高等院校开展人权教育。中国高校已经基本形成层次鲜明的人权教育与培训体系，中国从 20 世纪 90 年代末即开始在国内高校独立开设人权法课程，作为外交部直属的唯一大学，外交学院是国内最早给本科生和研究生分别独立开设"国际人权法"全校公选课程和"国际人权法专题"课程的高校。此后许多高校相继在法学等专业本科人才

---

① 参见《中国人权研究会副会长董云虎畅谈中国人权 30 年》，资料来源：www.thebeijingnews.com。2009 年 1 月 10 日。

② 参见中华人民共和国国务院新闻办公室：《国家人权行动计划(2012—2015 年)实施评估报告》，2016 年。新华网：http://www.chinanews.com/gn/2016/06-14/7903600.shtml。最后访问时间：2019 年 6 月 7 日。

培养方案中增加了人权相关课程，编写人权教材，自主开设"人权概论"通识课，"人权法学""国际人权法学""人权法专题"等公选课程，招收培养人权法学、人权政治学、人权哲学等研究方向的硕士、博士研究生，设置人权研究方向博士后科研流动站，中国政法大学、西南政法大学自主设置了人权法学二级学科等。①

不断深化人权理论研究。中国现已形成了以中国人权研究会、中国人权发展基金会为中心，以各国家人权教育与培训基地、各高校和研究机构人权研究院/中心为依托，由专家、学者、高校教师组成的专业人权理论研究队伍。教育部在中国政法大学等 8 所高校设立了国家人权教育与培训基地。② 此外，学术界还翻译出版了大量国外人权研究著作，系统编纂整理了相关人权研究资料，撰写了数百部人权研究著作和数千篇有关人权的研究论文等。③

## 结语

中国参与国际人权体系的进程，总体上是一个对人权概念从否定、排斥，到承认、学习、内化国际人权规范，进而借鉴国际人权保护制度，影响国际人权体系演进的过程。中国对待人权问题态度上的变化，是国内政治选择的必然结果，是中国认同人权的内在价值，进而愿意接受国际人权制度的规范和影响，并积极推进国际人权体系发展的自主行为。一方面，它反映了中国不断融入国际社会的适应性变革；另一方面也表明中国愈来愈认同国际人权制度所确立的理念、价值和原则，愈来愈融入既有国际人权体系。但这并不意味着中国参与国际人权体系实践是完全被动的，中国的参与实践也并非仅仅停留在学习和被动遵约阶段。中国在以既有国际人权标准调整自己行为的同时，也在以自己的人权立场、人权观念和自身能力的不断增长影响着国际人权体系的演进。在这一过程中，中国不断总结提炼自身的人权保障实践经验，向国际人权事业贡献中国智慧和方案。例如，中国提出的"发展对享有所有人权的贡献"的决议在联合国理事会通过，首次将"发展促进人权"引入国际人权体系。近年来，中国提出的推动构建人类命运共同体理念多次被写进联合国人权理事会决议，为推动国际人权治理向着更加公正合理包容的方向发展发挥了重要作用。④ 相信随着中国经济的发展、国力的增强、国内人权事业的进步，加上日臻成熟的外交技巧，中国在国际人权体系中的地位和对国际人权

① 参见中华人民共和国国务院新闻办公室：《国家人权行动计划（2012—2015 年）实施评估报告》，2016 年。新华网：http://www.chinanews.com/gn/2016/06-14/7903600.shtml。最后访问时间：2019 年 6 月 7 日。

② 参见中华人民共和国国务院新闻办公室：《国家人权行动计划（2012—2015 年）实施评估报告》，2016 年。新华网：http://www.chinanews.com/gn/2016/06-14/7903600.shtml。最后访问时间：2019 年 6 月 7 日。

③ 参见罗豪才：《人权保障的"中国模式"》，载《人权》2009 年第 6 期。

④ 中华人民共和国国务院新闻办公室：《为人民谋幸福：新中国人权事业发展 70 年》，人民出版社 2019 年版，第 53 页。

体系的影响力会不断提升。而在这一过程中，中国综合实力的增强是决定性的。明白这个道理，对于今后中国深度参与国际人权体系实践，增强中国在国际人权体系中的话语权，在全球人权治理中维护中国的国家利益，具有重要意义。

# 作为人权的环境权保护的中国经验与发展路径

唐颖侠 *

**摘　要：** 中国的环境权保护依托生态文明建设的国家战略，并随着生态文明入宪而具有了宪法上间接的指引。中国特色生态文明建设的根本目的和最终结果是为人民创造良好的生产生活环境。为人民创造良好的生产生活环境是生态文明建设的前提与基础，生态文明建设取得的成果也应体现在为人民创造良好生产生活环境上。环境权是生态文明建设的出发点与归宿。尽管在《宪法》和《环境保护法》中没有明确环境权作为人权的范畴，但以《国家人权行动计划》为代表的中国人权政策将环境权确立为一项人权，并通过设置明确而具体的指标，严格评估和落实。从内容上看，已经发布的三期《国家人权行动计划》对于环境权的保护是全面的，既包括实体性环境权益，也包括程序性环境权益。在实体性环境权立法保障阙如的背景下，环境权的政策保障起到了引导和补充法律保障的作用，成为法定权利向实有权利转化之间的媒介，客观上促进了环境权实有权利的实现。同时，《环境保护法》的修改加强了对程序性环境权的保护。近年来中国环境权的司法保障取得了积极进展，通过司法途径来保障公民的环境权具有更加切实的法律实践意义。环境保护相关法律的修订以及司法体制和环境资源审判领域的一系列新举措将更好地保障公民环境权利逐步得到实现，更快地推动中国迈向生态文明新道路。长远来看，未来在《宪法》和法律中明确实体性环境权的内涵和要求既是国际环境与人权的趋势，也符合中国可持续发展的客观需要。

**关键词：** 环境权；生态文明建设；《国家人权行动计划》；司法保障

改革开放以来，伴随着经济的高速发展，中国的环境问题日益突出。解决环境问题，满足人民群众日益增长的美好生活的需要成为当下中国社会面临的主要压力。中国在环境权保护方面走出了一条独特的道路。首先，将环境权与生态文明建设相互依托，融入到国家战略和宪法保障之中。其次，通过制定《国家人权行动计划》等人权政策将环境权确立为人权加以保护，并通过具体而明确的指标设置约束和规范政府行为。再次，通过修改环境保护相关法律加强对程序性环境权的保护，尤其是环境权的司法保障

* 南开大学人权研究中心副主任，法学院副教授。

本文是 2019 年中央高校基本科研业务费课题《联合国人权理事会普遍定期审议机制研究》（课题号：63192701）的阶段性成果。

取得了较大进展。本文认为中国已基本具备了环境权法治化的条件。

## 一、环境权是生态文明建设的出发点与归宿

中国的环境权保护是在国家生态文明战略下展开的，并随着生态文明入宪而具有了宪法上的间接指引。

### (一) 生态文明建设是中国人权事业建设的重要组成部分

生态文明是人类对传统文明形态特别是工业文明进行深刻反思的结果，我国的生态文明建设从提出到确立为人权事业建设的重要组成部分，是一个理论与实践不断探索的渐进过程。

1. 从理念到战略

党的十六大报告将"生态和谐"理念上升到文明的战略高度，初步奠定了生态文明建设的思想基础。随后，胡锦涛同志在 2005 年中央人口资源环境工作座谈会上提出了"生态文明"，并指出我国当前环境工作的重点之一是"完善促进生态建设的法律和政策体系，制定全国生态保护规划，在全社会大力进行生态文明教育"。党的十七大首次将"生态文明"的概念写入党代会报告。党的十七届四中全会又把生态文明建设提升到与经济建设、政治建设、社会建设、文化建设并列的战略高度，形成了中国特色社会主义事业"五位一体"的总体布局。"十二五"规划纲要明确把"绿色发展，建设资源节约型、环境友好型社会""提高生态文明水平"作为我国"十二五"时期的重要战略任务。十八大报告指出，建设生态文明，是关系人民福祉、关乎民族未来的长远大计。面对资源约束趋紧、环境污染严重、生态系统退化的严峻形势，必须树立尊重自然、顺应自然、保护自然的生态文明理念，把生态文明建设放在突出地位，融入经济建设、政治建设、文化建设、社会建设各方面和全过程，努力建设美丽中国，实现中华民族永续发展。十九大报告重申建设生态文明是中华民族永续发展的千年大计，必须坚持人与自然和谐共生，加快生态文明体制改革，建设美丽中国，为全球生态安全作出贡献。

2015 年 5 月公布的《关于加快推进生态文明建设的意见》明确了生态文明建设的总体要求和目标愿景，可以看作是指导我国全面开展生态文明建设的顶层设计文件。同年 9 月，国务院印发的《生态文明体制改革总体方案》被视为生态文明各领域改革的纲领性文件，具体阐明了我国生态文明体制改革的指导思想、理念、原则、目标、实施保障等重要内容。而随后公布的"十三五"规划的十个目标中，加强生态文明建设首度被写入五年规划，这一方面表明加强生态文明建设的重要性，另一方面也标志着生态文明建设从制度制定到实施阶段的过渡和转变。

2. 从党的意志到国家根本大法

根据十九大报告，再次修改了党章，把我国社会的主要矛盾修改为"人民日益增长的美好生活需要和不平衡不充分的发展之间的矛盾"。与此相适应，将"实行最严格的生态环境保护制度""增强绿水青山就是金山银山的意识""建设富强民主文明和谐美丽

的社会主义现代化强国"等内容写进党章。生态文明进入党章，就具有了党内法规的严肃约束力，从此生态文明建设不再是某一个或几个部门的事情，而成了全党的政治追求、政治任务和政治纪律。但是仅仅写入党章是不够的，按照中国的现行体制，发挥党内法规在生态文明建设中的作用，必须使党的主张通过法定程序成为国家意志。按照党的十八届四中全会决定的要求，作为中国唯一执政党的中国共产党，党章中关于生态文明的规定，既是管党治党的重要依据，也是建设社会主义法治国家的有力保障，应当首先要得到宪法的承认和转化，让党的主张和国家的意志一致化。

按照宪法的规定，党和政府的活动必须符合其规定。中共中央及其办公厅参与联合下发改革文件的党内最高规范依据，来源于党章关于生态文明的规定；而国务院领导全国生态文明建设的最高组织法依据，国务院及其办公厅下发改革文件或者联合下发改革文件的国家最高法律依据，应当来源于宪法。但是，宪法之前缺乏生态文明的直接阐述和系统性原则规定。由于缺乏宪法的规定，下位立法关于生态文明的阐释和规定，无论是从逻辑推理上看，从内容的完整性上看，还是从体系的衔接和协调上看，都是有缺憾的。现在将生态文明写入宪法，奠定了完整的党内根本法规基础和国家根本法基础。发挥总揽全局的规范作用，我国的基本法律和其他法律、行政法规和规章、地方法规和规章、自治条例和单行条例等，就能全面地、系统地、持续地贯彻和发展生态文明思想，使生态文明建设真正从法律上进入"五位一体"的总体布局，真正使生态文明建设法治化。

**(二)环境权与生态文明建设的相互依存关系**

中国特色生态文明建设的根本目的和最终结果是为人民创造良好生产生活环境。为人民创造良好生产生活环境是生态文明建设的前提与基础，生态文明建设取得的成果也应体现在为人民创造良好生产生活环境上。因此，环境权是生态文明建设的出发点与归宿。[①]

一方面，生态文明建设要求政府保障公民的环境权利的实现。生态文明建设从概念形成逐步发展为"五位一体"之一的国家重要战略的过程，深刻反映了中国政府保护公民环境权的决心与责任。公民环境权利的实现要求政府切实落实环境保护责任。政府环境责任是指法律规定的政府在环境保护方面的义务和权力以及因政府违反上述义务和权力的法律规定而承担的法律后果。[②] 落实政府环境保护责任首先要依法确立政府的环境责任。2014年修订的《环境保护法》着重加强了政府的环保责任，明确将责任主体由"环境保护监督管理人员"拓展为"地方各级人民政府、环境保护主管部门和其他环保监管职责部门"；并扩充了政府环境责任条款，构建了内容丰富、监督全面、措施严厉的政

---

① 唐颖侠：《生态文明建设中公民环境权益保护的进展》，载《中国人权事业发展报告(人权蓝皮书)》，社会科学文献出版社2014年版。

② 蔡守秋：《论政府环境责任的缺陷与健全》，载《河北法学》2008年第3期，第19页。

府环境责任制度。① 其次，严格的制约监督机制是落实政府责任的有效保障。新环境法形成了人大监督、行政监督、司法监督和公众监督四个层次的政府环境行为监督制约体系，努力实现"地方各级人民政府对本行政区域的环境质量负责"这一目标。同时，一些创新性条款，例如旨在使政府将环境保护纳入地方经济发展决策范畴的"行政限批"制度；为克服环保执法中地方保护主义而设立的"越级处罚"权；以及地方环保负责人"引咎辞职"等行政处分、行政问责制度等均能在实践中为规范和落实政府环保责任提供新思路、新方法。除此之外，在中国特色社会主义制度之下加强立法创新，将地方党委纳入法制的框架之下予以规范，让地方党委变成一个责任党委，建立党政同责、齐抓共管的责任框架也能为公民环境权的实现提供有效保证。②

另一方面，推动生态文明建设也需要依赖公民自觉维护环境权。首先公民应具有生态保护的意识，即公民能够意识到有责任促进生态建设，自觉从事有利于生态良性发展的行为与活动。其次，公民应有维护环境权利的行动，即公民保护生态不受破坏，自觉限制各种破坏生态环境的行为。从形式上看，公民负有三类生态义务：一是遵守已经确立的环境法规；二是推动政府制定相关的环境法规；三是在公共生活与私人生活中主动实践生态文明的各项规范。除了通过教育和宣传引导和培养公民的生态意识之外，还应倡导公民的消费美德以及私人领域的其他美德(如节俭)。因为政府的环保措施是有限的，环保法规的制定又不可避免地具有滞后性。在这种情况下，公民需要采取主动行为，积极参与环保事业。这种参与主要有两种方式：一是以志愿者的身份积极参与各种民间环保活动；二是推动政府加快环保立法。无论采取哪种方式，都离不开美德的支撑。

总之，只有在政府的生态责任与公民的生态意识之间形成良性互动，才能共同推进生态文明建设，保护环境权的实现。

## 二、《国家人权行动计划》为环境权提供政策保障

### (一)《国家人权行动计划》确立环境权为一项人权

自 2009 年始，中国政府连续发布了三期《国家人权行动计划》。从《国家人权行动计划(2009—2010 年)》是中国政府制定的第一个以人权为主题的国家规划，计划的发布标志着中国人权事业已成为国家建设和社会发展的一个重要主题，开始走上有计划全面推进的新阶段。此后，相继发布了第二期《国家人权行动计划(2012—2015)》和第三期《国家人权行动计划(2016—2020)》。国际层面看，制定和发布《国家人权行动计划》是

---

① 唐薇：《新〈环保法〉对政府环境责任规定的突破及落实建议》，载《环境保护》2015 年第 1 期，第 45 页。

② 常纪文：《新〈环境保护法〉：史上最严但实施最难》，载《环境保护》2014 年第 10 期，第 28 页。

对联合国人权大会倡议的积极响应，也是对《维也纳宣言和行动纲领》的贯彻落实。从国内层面看，发布并认真实施《国家人权行动计划》是"国家尊重和保障人权"的宪法原则的具体落实，有效地促进法定权利向实有权利转化。三部计划遵循着依法推进、协调和全面推进、务实推进、平等推进和合力推进的基本原则，通过设置具体、明确的指标和要求，中国政府自觉地将人权保障与政府的职能结合起来，成为规范政府及其执法部门和司法部门的行为指南。

自 2009 年第一部《国家人权行动计划(2009—2010 年)》将环境权利确定为基本人权之一，到 2012 年 6 月 11 日公布的《国家人权行动计划(2012—2015 年)》明确环境权利为一项重要的基本人权，政府对公民环境权的重视程度得到了很大提高。2016 年 9 月公布的第三部《国家人权行动计划(2016—2020 年)》又为保障公民的环境权利设立了更高的标准，要求"普遍提升人民生活水平和质量；健全公共服务体系，提升服务均等化水平；全力实施脱贫攻坚，实现现行标准下的贫困人口全部脱贫；有效保护产权；总体改善生态环境质量；努力使发展机会更加公平，发展成果更加均等地惠及全民，使全体人民在共建共享发展中有更多获得感"。并进一步详细论述通过切实落实环境保护法和大气污染防治法，完善环境公益诉讼等配套制度；坚持不懈治理大气污染；强化水污染防治；制定实施土壤污染防治行动计划；加强危险废物污染防治；加强海洋资源环境保护；推动能源结构优化升级；推进生态建设；完善环境监察体制机制等措施，以"实行最严格的环境保护制度，形成政府、企业、公众共治的环境治理体系，着力解决大气、水、土壤等突出环境问题，实现环境质量总体改善"。

### (二)《国家人权行动计划》引导和补充环境权的法律保障

制定和发布《国家人权行动计划》与发布指导意见、规定、办法和通知，以及开展专项行动构成了中国人权保障政策的主要表现形式。因其具有针对性强、及时、灵活的优点，在中国的人权发展道路中起到对人权法律保障的先导、补充和具体化的作用，符合中国特殊的国情、国家体制和社会与改革的发展阶段。随着社会转型的逐渐完成，其对人权保障法律的补充或临时替代功能会逐步趋于弱化。①

在环境权的保护方面，人权保障政策的作用更加突出地表现为引导和补充作用。在环境权缺乏立法上的明确规定的背景下，首部《国家人权行动计划》为应对国际国内所面临的环境保护压力和难题，与国家生态文明建设的战略需求相互呼应，率先将环境权确立为一项人权，意义重大。首先，它成为联系环境权与生态文明建设的纽带，借助以《国家人权行动计划》为代表的人权政策作为媒介，通过设置明确而具体的指标并严格评估落实，引导立法阙如的环境权利进一步转化为实有权利。此后生态文明建设作为中国人权保障事业的组成部分从五位一体的国家战略和执政党的任务和追求，被确立为国家根本大法《宪法》中的明确规定。如前文所述，环境权与生态文明建设相互依托，因此原本在法律中没有明确规定的环境权也凭借着生态文明建设而间接的具有了宪法上的

---

① 常健：《科学理解和把握中国人权保障政策》，载《理论探索》2013 年第 5 期，第 56 页。

指引。

其次，它为后续《环境保护法》及相关法律法规的修改和制定提供了政策上的依据和基础，同时也从人权保护的层面提出了更高的要求。不仅修改后的环境保护法改变立法思路，将"推进生态文明建设，促进经济社会可持续发展"作为立法目的，在环境信息公开、环境决策参与和环境侵权救济等程序性环境权方面有了很多新的规定，其他相关法律法规中也不同程度地嵌入了环境权保护的视角。新修改的《大气污染防治法》《水污染防治法》《海洋环境保护法》《野生动物保护法》以及《土壤污染防治法》等，都开宗明义地提出了生态文明的立法目的。《民法总则》第9条关于绿色原则的规定，在民法典中纳入可持续发展的理念，回应了《宪法》中生态文明建设的要求，也为今后环境人格权制度的确立留下了空间。不仅如此，国务院自2013年以来相继发布的《大气污染防治行动计划》《水污染防治行动计划》《土壤污染防治行动计划》，也全面体现了生态文明建设和改革的要求。可以说，不仅是环保领域的法律，其他相关的行政法律、民事法律和刑事法律，都正在按照"五位一体"要求，加强生态文明法律规范建设。

## 三、司法保障是环境权的重要实现方式

即使环境权至今仍是一个众说纷纭、边界模糊的概念，至少从程序的角度保障公民环境权益得到了国际社会和多数国家的法律和规范性文件的认可。① 程序性环境权是指环境信息知情权、环境决策参与权、环境损害请求权和环境监督权等程序性权利，是保障环境权实现的基础。环境知情权，是指公众依法享有获取、知悉环境信息的权利，它是知情权在环境保护领域里的具体体现，更是公众参与环境保护的前提条件、客观要求和基础环节。健全的环境信息公开制度是公众全面、准确的获悉与环境决策有关的信息的前提和保证，并且为公众参与环境决策提供有效的途径，该项权利在公众应对和处理突发性的环境污染事件时尤为重要。环境参与权，是指一个社会的环境政策和环境法应该通过民主程序来制定，允许、鼓励和保障公众参与环境管理，对政府管理行为作出评价和选择，是环境民主原则的体现。公众参与能有效弥补市场调节和国家干预的不足。公众参与环境保护的具体途径有：参与到环境立法、环境监督管理活动、环境保护公益活动以及环境影响评价活动等。此外，赋予公众环境救济权和环境监督权，也是保障公众实体环境权利实现的必要条件。

### (一) 环境权立法保障的局限

《世界人权宣言》中的一些条款已经对程序权利有所涉及，《公民权利和政治权利公约》确认了一般性的程序权利，比如表达自由权、公平审判权、获得信息权与公共事务参与权等。1972年斯德哥尔摩《人类环境宣言》第一原则指出，"人类环境的两个方面，

---

① 不同的学术争议详见唐颖侠：《国际法视野下的环境与人权》，载《科技、环境与人权》，五洲传播出版社2013年版。

即天然和人为的两个方面，对于人类的幸福和对于享受基本人权，甚至生存权利本身，都是必不可少的。人类有权在一种能够过尊严和福利的生活环境中，享有自由、平等和充足的生活条件的基本权利，并且负有保护和改善这一代和将来的世世代代的环境的庄严责任"。该原则的特点是把环境与人类尊严联系起来，但遗憾的是并没有清楚地承认环境权的概念。1989 年《海牙环境宣言》在大气污染与人权之间建立起联系，承认"有尊严地生活在全球环境中的权利，并对当代和子孙后代承担责任"。1990 年，联合国人权委员会通过决议(1990/14)，强调保全维持生命的生命系统对于促进人权具有重要的意义。同年，联大决议(44/224)要求作出报告，以界定环境退化到何时将破坏健康、福利、发展前景和威胁生命在地球上存活的标准。联大决议 45/94《有必要为个体的福利确保一个健康的环境》宣称，人人被赋予权利在一个为健康和福利而令人满意的环境中生活。该决议重申了《世界人权宣言》和《经济、文化和社会权利国际公约》中的相关权利，提出"一个更加良好和健康的环境有助于全面享有各种人权"，并强调"环境退化将破坏生命的基础"。尽管该决议强调环境退化和享有人权的关系，它并没有明确采纳环境权的概念。

里约宣言的第十项原则提出，"环境议题是最好得到有关各方公民的参与：每一个人都应能适当地获得关于环境的数据，或是由公共部门，包括自己小区的有害材料和运动的信息，并有机会参与环境议题的决策过程；各国应促进和鼓励公众认识和参与决策"。该原则将程序权利与环境问题联系起来，但遗憾的是并未明确地把它们确立为人权。1998 年的《奥胡斯公约》清楚地承认了程序性环境权。

1994 年《关于人权与环境宣言草案》试图在环境损害与人权侵犯之间建立起因果关系，该宣言包括序言和五个组成部分，重申了所有人权之间的相互依赖与不可分割。这是第一份详细阐明环境权的具体标准和内容的国际文件，不过，它还没有被联合国大会所接受，也远未体现于具有法律意义的成文国际公约中。有很多学者认为通过在国际条约和国内法中不断完善程序性环境权的方法比建构实质意义上的环境权更为现实可取，因为这样可以回避如何界定一个"健康的"环境的难题，而且更容易在政治意愿上争取各国的普遍接受并得到法院的强制执行。由此可见，通过司法途径保障公民环境权更具实践意义。

### (二)环境权司法保障的必要

近年来，我国在公民环境权的司法保障方面不断取得突出进展，公民环境诉权的实现更加便利。首先，在司法体制方面，我国各地人民法院率先在环境资源司法专门化方面进行了积极探索。据初步统计，自 2007 年贵阳清镇市人民法院正式成立了我国第一家生态保护法庭以来，地方环保法庭如雨后春笋般设立。2014 年，最高人民法院首次内设专门的环境资源审判庭，成为推动环境司法专门化的重要举措，为环境资源审判提供了可靠的审判组织保障，也为生态文明建设提供了有力的司法保障。截至 2018 年年底，各级人民法院共设立环境资源审判庭、合议庭和巡回法庭 1271 个，其中环境资源审判庭 391 个，有 23 个高级人民法院设立了环境资源审判庭。最高人民法院于 2018 年

6月将以生态环境、自然资源、林业和草原主管部门为被告的环境资源行政案件均调整由环境资源审判庭审理，进一步扩大环境资源民事、行政案件"二合一"归口审理的范围。有15个高级人民法院实行环境资源刑事、民事、行政案件"二合一"或"三合一"归口审理模式。① 同时，在最高人民法院发布的《关于全面加强环境资源审判工作为推进生态文明建设提供有力司法保障的意见》中分别对各地高级法院、中级法院和案件较多的基层法院设立专门的环境资源审判庭或合议庭提出了不同程度的要求，这有助于推动审判机构和队伍的专业化建设，从而更好地保障公民环境诉权的实现。探索环境资源刑事、民事、行政案件归口审理(即"三审合一")和建立与行政区划适当分离的环境资源案件管辖制度，一方面有利于优化环境审判资源，另一方面可以避免地方保护主义的危害。

其次，环境公益诉讼快速发展。环境公益诉讼具有确立和救济公民环境权、监督制约行政权力、补充强化环境政策的独特价值和功能。② 2012 年，我国在新修订的《民事诉讼法》中增加了第 55 条"公益诉讼"的概念和相关规定："对污染环境、侵害众多消费者合法权益等损害社会公共利益的行为，法律规定的机关和有关组织可以向人民法院提起诉讼。"至此，环境公益诉讼法定化。2014 年修订的《环境保护法》又对环境公益诉讼的原告资格进行了规定。虽然环境公益诉讼的提起有法可依，但作为一种特殊的诉讼形式，实践中环境公益诉讼的原告资格范围、诉讼类型、适用程序等仍然缺乏具体规定。在此情况下，2014 年年底通过的《最高人民法院关于审理环境民事公益诉讼案件适用法律若干问题的解释》明确了环境民事公益诉讼程序、受理条件、原告资格、办理程序、赔偿责任方式等内容。据此，维护社会公共利益且从事环境保护公益活动的，五年内未因从事业务活动违反法律、法规的规定受过行政、刑事处罚的，在设区的市级以上人民政府民政部门登记的社会团体、民办非企业单位以及基金会等，都可作为原告参与环境公益诉讼。2018 年，全国法院共受理社会组织提起的环境民事公益诉讼案件 65 件，审结 16 件。同比 2017 年，受理数增加 7 件，上升了 12.07%；审结数减少 22 件，下降了 57.89%。③

2017 年 6 月 27 日，第十二届全国人大常委会第二十八次会议通过了关于修改民事诉讼法和行政诉讼法的决定，建立了检察机关提起公益诉讼制度，为推动检察机关提起环境公益诉讼案件的审判工作提供了法律依据。2018 年，全国法院共受理检察机关提起的环境公益诉讼案件 1737 件，审结 1252 件。同比 2017 年，受理数增加 433 件，上升 33.21%；审结数增加 277 件，上升 28.41%。其中，受理检察民事公益诉讼案件 113 件，审结 72 件；受理检察行政公益诉讼案件 376 件，审结 231 件；受理检察刑事附带

---

① 《中国环境资源审判 2017—2018》白皮书：https://www.chinacourt.org/chat/fulltext/listId/51171/template/courtfbh20190302.shtml。

② 杜万华：《当前环境资源审判的重点和难点问题》，载《法律适用》2016 年第 2 期，第 2 页。

③ 《中国环境资源审判 2017—2018》白皮书，https://www.chinacourt.org/chat/fulltext/listId/51171/template/courtfbh20190302.shtml。

民事公益诉讼案件 1248 件，审结 949 件。① 可见，赋予人民检察院公益诉讼案件起诉权能对畅通诉讼渠道、拓宽诉讼主体起到积极作用，能有效弥补某些环保社会组织公益诉讼能力的不足，对于保障我国公民的环境权而言意义重大。

再次，环境资源审判职能得到切实加强。严惩污染环境、破坏资源刑事犯罪，畅通环境民事案件审判，保障环境行政案件当事人的诉权行使，加大环境案件执法力度。各级人民法院依法严厉惩治环境资源犯罪。坚持罪刑法定原则，贯彻宽严相济的刑事政策，加大对污染环境、破坏生态犯罪行为的惩治力度，充分发挥环境资源刑事审判的威慑和教育功能。2018 年，全国法院共受理环境资源刑事一审案件 26481 件，审结 25623 件。同比 2017 年，受理数增加 3752 件，上升 16.51%；审结数增加 2986 件，上升 13.19%。2018 年，全国法院共受理环境资源民事一审案件 192008 件，审结 182691 件。同比 2017 年，受理数增加 14507 件，上升 8.17%；审结数增加 1426 件，上升 0.79%。2018 年，全国法院加强环境资源行政审判工作，充分发挥行政审判对于预防环境污染和生态破坏的重要作用，督促生态环境和自然资源行政主管部门依法履行职责，引导行政相对人遵守生态环境保护法律法规。2018 年，全国法院共受理环境资源行政一审案件 42235 件，审结 41725 件。同比 2017 年，受理数增加 2893 件，上升 7.35%；审结数增加 1214 件，上升 3%。②

近年来，最高人民法院加大了环境资源案件信息公开力度，及时发布典型案例，此举既向全社会宣示了司法机关着力保障公民环境权利的决心，又为各地环境资源审判提供了范例，为环境污染受害者提供了更加有力的保障。2018 年最高人民法院发布了 8 件环境资源民事典型案例，4 件环境资源行政典型案例，3 件社会组织提起的环境民事公益诉讼典型案例。③各级人民法院加强对人民群众普遍关心的大气、水、土壤等环境污染案件的审理，严格贯彻损害担责、全面赔偿原则，依法追究污染环境、破坏生态和自然资源者的民事、刑事责任，切实保障人民群众的环境权益。

## 四、环境权法治化的发展路径

### (一) 国际趋势

尽管健康环境权尚未在全球层面得到承认，但其重要性得到了广泛认可，大多数国家的宪法、法律和它们加入的各种区域条约都承认享有健康环境的权利。截至 2018 年

---

① 《中国环境资源审判 2017—2018》白皮书，https://www.chinacourt.org/chat/fulltext/listId/51171/template/courtfbh20190302.shtml。

② 《中国环境资源审判 2017—2018》白皮书，https://www.chinacourt.org/chat/fulltext/listId/51171/template/courtfbh20190302.shtml。

③ 《中国环境资源审判 2017—2018》白皮书，https://www.chinacourt.org/chat/fulltext/listId/51171/template/courtfbh20190302.shtml。

12月1日，有100多个国家在国际协定、宪法、法律或政策中，承认某种形式的健康环境权。特别报告员希望澄清，各国根据具有约束力的国际条约、宪法和国家环境法，在多大程度上明确有义务尊重、保护和实现健康环境权。共有124个国家加入了明确纳入健康环境权的具有法律约束力的国际条约。《非洲人权和民族权宪章》①《奥胡斯公约》《圣萨尔瓦多议定书》②和《阿拉伯人权宪章》③的缔约国总共为128个。④ 2018年9月，《拉丁美洲和加勒比关于在环境问题上获得信息、公众参与和诉诸法律的区域协定》（《埃斯卡苏协定》）开放供签署。该协定第4条要求"每个缔约方应保障人人在健康环境中生活的权利"。16个国家签署了《埃斯卡苏协定》，但该协定尚未生效。东盟十国2012年通过的《人权宣言》将"享有安全、清洁和可持续环境的权利"纳入适当生活水准权（第28条(f)项），但该宣言不具有法律约束力。

从国内法上看，有100个国家的宪法明确载有健康环境权，只是用语上有所区别。例如，《哥斯达黎加宪法》第50条规定："人人有权享有健康和生态平衡的环境"。《斐济宪法》第40条第1款规定："人人有权享有清洁和健康的环境，包括通过立法和其他措施保护自然界以造福今世后代的权利"。还有至少12个国家的法院裁定健康环境权是生命权的一个基本要素（例如印度、爱尔兰、尼日利亚和巴基斯坦），因此是一项可强制执行、受宪法保护的权利。⑤ 有100多个国家将健康环境权明确写入国家环境法。共有至少155个国家根据条约、宪法和法律，在法律上有义务尊重、保护和实现健康环境权。⑥ 这为中国法律承认健康和可持续环境权提供了有力的法理基础。

在联合国人权与环境问题特别报告员约翰·诺克斯（John H. Knox）2018年3月向联合国人权理事会提交的最终报告⑦（联合国文件A/HRC/37/59）中介绍了16条《人权与环境框架原则》，这些原则规定了基于人权法并与享有安全、洁净、健康和可持续发展相关的各国的基本义务。报告中指出，人类是自然的一部分，我们的人权也与我们生活的环境相互影响。环境损害会妨碍人权的享有，人权的行使则有助于保护环境、促进可持续发展。

---

① 1981年《非洲人权和民族权宪章》第24条规定，"所有民族均有权享有一个有利于其发展的普遍良好环境"。《非洲人权和民族权宪章》有53个缔约国。

② 1998年第11条第1款规定，《美洲人权公约关于经济、社会和文化权利领域的附加议定书》（《圣萨尔瓦多议定书》）规定，"人人有权生活在一个健康的环境中"。《圣萨尔瓦多议定书》有16个缔约国。

③ 2004年《阿拉伯人权宪章》第38条规定，确保福祉和体面生活的适当生活水准权包括健康环境权。《阿拉伯人权宪章》有13个缔约国。

④ 大不列颠及北爱尔兰联合王国对《奥胡斯公约》作出保留；巴勒斯坦国在联合国具有"非会员观察员国"地位；阿尔及利亚和利比亚既是《阿拉伯人权宪章》、也是《非洲人权和民族权宪章》的缔约国，这样算来，总数为124个。

⑤ D. R. Boyd, "The implicit constitutional right to a healthy environment", Review of European Community and International Environmental Law, Vol. 20, No. 2 (July 2011) pp. 171-179.

⑥ 以上数据来源：联合国文件 A/HRC/40/55。

⑦ 联合国文件 A/HRC/37/59。

由此可见，给予环境权法律上的承认和保护已是大势所趋，代表着国际社会的普遍共识。已有的区域性环境权条约等国际法文件和各国关于环境权的立法规范及司法实践都为中国环境权的法治化发展提供了重要的法理依据。

## (二) 国内条件

尽管中国通过以《国家人权行动计划》为代表的人权政策的方式对环境权进行保护，客观上推动着环境权的保护水平不断深入和强化，走出了一条具有中国特色的环境权保护之路，但给予环境权全面的、明确的和稳定的法律保障仍然必不可少、无可替代，环境权法治化也是人权法治保障的客观要求。

本文认为目前中国已基本具备了环境权法治化的条件。首先，由于环境权是生态文明建设的出发点与归宿，宪法对生态文明建设的确认对环境权的法律保障起到了间接指引的作用。其次，以《国家人权行动计划》为代表的中国人权政策已经明确承认了环境权作为人权的地位，其发布和落实迄今为止已经积累了十年的运行经验，这些为环境权法治化提供了必要的政策引导和实践基础。再次，伴随着生态文明建设入宪，保护环境和可持续发展理念已经融入到中国立法和司法的各个环节，法律的"绿化"成为制定、修改、适用和执行法律过程中的常态。尤其是近年来在环境权的司法保障方面取得了很多新进展，程序性环境权事实上已经得到了中国法律的认可并受到了较好的司法保障。这些已有的立法和司法实践的基础都为环境权法治化扫除了障碍，做好了必要的铺垫。因此，未来在适当的时机在《宪法》和法律中明确实体性环境权的内涵和要求既是国际环境与人权的趋势，也符合中国可持续发展的客观需要。

# 后帝国时代的包容性都市伦理与社会正义

## ——从广州市残疾人扶贫事业发展与权利保障角度观察

宋尧玺*

**摘　要**：贫困问题既是经济问题与社会问题，也是发展问题与权利问题。中国的贫困人群绝大多数生活在农村，但仍有相当一部分是生活在城市中的残疾贫困人群。救助城市中生活困难的残疾人，一方面是由于帮助残疾人脱贫和不断筑牢残疾人基本生活民生安全网是国家推进残疾人小康进程的主要工作和重要任务，另一方面是保障公民共享国家改革发展成果，保障公民权利，提高社会主义大都市治理水平，构建人类命运共同体的重要路径。相较于农村残疾人扶贫工作，城市残疾人尤其是大都市的残疾人扶贫工作有着独特的工作对象和方式方法。城市(都市)残疾人的脱贫研究是人权学与城市社会学的交叉研究领域，涉及深刻的国家伦理、社会伦理、城市伦理和权利伦理。实际上，这是世界进入后帝国时代后，包容性大都市如何基于新的人道主义建立一种新型人权哲学，把社会主义的人民性与包容理念注入大都市，以促进人类命运共同体构建的实践尝试。作为正在建设中的社会主义国际大都市，广州市在残疾人扶贫工作中，在理论上和实践中积累了较多有益经验，但同时也存在着一些制约因素和亟待解决的问题。本文拟通过提出大力促进残疾人家庭就业增收，发挥残疾人服务社会组织的作用，开展多种形式的助残扶贫专项行动，加大金融扶持力度，保障贫困残疾人优先获得资产收益等途径助力城市残疾人脱贫，保障城市残疾人权利。如此，使残疾人能够跟上经济社会发展的总体水平，不被排斥在社会结构之外，我们的社会也因此具有了普遍包容正义与团结的基础，广州也会因此彰显出新时代的都市文明和包容气质。

**关键词**：广州；都市伦理；残疾人扶贫；权利保障；包容；社会正义

贫困问题既是经济问题与社会问题，也是发展问题与权利问题。联合国 2015 年通过的大会决议《变革我们的世界：2030 年可持续发展议程》开篇即指出："我们认识到，

---

　*　宋尧玺，法学博士，广州大学人权研究院(国家人权教育与培训基地)助理研究员，广州残疾人事业发展研究中心研究人员，剑桥大学访问研究员，主要研究方向：法理学、人权法学、公民权社会学。

本文系国家社会科学基金青年项目"公民权与社会团结的关系研究"(13CFX023)的阶段性研究成果。

消除一切形式和表现的贫困，包括消除极端贫困，是世界最大的挑战，也是实现可持续发展必不可少的要求。"该议程将"无贫穷"作为 17 个可持续发展目标中的第一个予以强调，"我们决心消除一切形式和表现的贫困与饥饿，让所有人平等和有尊严地在一个健康的环境中充分发挥自己的潜能"，意义不可谓不重大。世界史在某意义上实际上就是一部脱贫史，这里面蕴含着深刻的国家伦理与权利伦理。中国的扶贫减贫行动志在消除贫困，赋予人民追求富足生活的权利和能力，可以说是世界史上最大的人权工程。2018 年 12 月 10 日，习近平同志在致信纪念《世界人权宣言》发表 70 周年座谈会上指出："人民幸福生活是最大的人权。"①2018 年 12 月 12 日，国务院新闻办公室发表的《改革开放 40 年中国人权事业的发展进步》白皮书中载明："过去 40 年中国共减少贫困人口8.5 亿多人，对全球减贫贡献率超过 70%。中国是世界上减贫人口最多的国家，也是率先完成联合国千年发展目标减贫目标的发展中国家。中国的减贫成就是中国人权事业发展的最显著标志。"②

在上述联合国的议程中，将 2030 年在世界各地消除极端贫穷作为愿景，而中国将消除国内极端贫困状况的期限定在了 2020 年，比联合国的期限提前了 10 年。目前，从物质和经济标准衡量，国际贫困线标准是每人每天生活费为 1.9 美元，而中国已经将扶贫标准提高至 2.2 美元。③ 尽管如此，中国的脱贫任务仍然相当艰巨。中国的贫困人群虽然绝大多数生活在农村，但仍有相当一部分是生活在城市中的残疾人。④ 习近平同志指出："中国有几千万残疾人，2020 年全面建成小康社会，残疾人一个也不能少。为残疾人事业做更多事情，也是全面建成小康社会的一个重要方面。"⑤中国残联等多部门印发的《贫困残疾人脱贫攻坚行动计划（2016—2020 年）》中也要求，到 2020 年，稳定实现贫困残疾人及其家庭不愁吃、不愁穿，义务教育、基本医疗、住房安全有保障，基本康复服务、家庭无障碍改造覆盖面有效扩大。确保现行标准下建档立卡贫困残疾人如期实现脱贫。⑥ 救助生活困难残疾人，一方面是因为帮助残疾人脱贫和不断筑牢残疾人基本生活民生安全网是国家推进残疾人小康进程的主要工作和重要任务，另一方面是保障公民共享国家改革发展成果，保障公民权利，构建人类命运共同体的重要路径。据中国残

① 习近平致信纪念《世界人权宣言》发表 70 周年座谈会，载中国政府网：http：//www.gov.cn/xinwen/2018-12/10/content_5347429.htm，2018 年 12 月 10 日。

② 国务院新闻办公室：《改革开放 40 年中国人权事业的发展进步》白皮书，载中国政府网：http：//www.gov.cn/xinwen/2018-12/12/content_5347961.htm，2018 年 12 月 12 日。

③ 国务院扶贫办：《我国现行贫困标准已高于世行标准》，载新华网：http：//www.xinhuanet.com/gongyi/2015-12/16/c_128535730.htm，2015 年 12 月 16 日。

④ 笔者同意"残障人士"（Disability）这一称谓，但鉴于我国法律与地方规范性文件、国际条约译名中仍使用"残疾人"这一称谓，为保持行文统一，本文仍使用"残疾人"这一称谓。

⑤ 《深改这五年：关于推进残疾人事业发展》，载央广网：http：//xj.cnr.cn/2014xjfw/2014xjfwgj/20170825/t20170825_523918551.shtml，2017 年 8 月 25 日。

⑥ 《到 2020 年实现贫困残疾人及家庭不愁吃不愁穿》，载央视网：http：//news.cctv.com/2017/03/01/ARTIMX9dW6ZzGYQ7rwW2egdw170301.shtml，2017 年 3 月 1 日。

联最新统计：5 年来，全国有超过 500 万名贫困残疾人摆脱贫困，残疾人"两项补贴"制度在全国范围内实现全覆盖，2100 万人次残疾人从中受益。截至去年底，政府为 900 多万名城乡贫困残疾人提供了最低生活保障，城乡残疾居民参加社会养老保险人数达到 2614.7 万，60 岁以下参保重度残疾人中，政府代缴养老保险费比例达到 96.8%。5 年来，政府共为 400 多万残疾人（次）提供了各种形式的托养照料服务。①

## 一、广州市残疾人扶贫事业近年来的发展成就

在世界进入后帝国时代的今天，中国的大都市如何基于新的人道主义建立一种新型人权哲学，把社会主义的人道、人民性与包容理念注入到大都市之中，以促进人类命运共同体的构建，是我们迫切需要回答的问题。也是习近平同志提出的"城市是人民的城市，人民城市为人民。要坚持以人民为中心，聚焦人民群众的需求，让人民有更多获得感，为人民创造更加幸福的美好生活"这段论述的应有之意。② 在广州市委、市政府的正确领导和高度关怀下，在广州市残疾人联合会的辛勤工作下，广州残疾人事业的各项工作走在全国前列，广州市获得了"创建全国残疾人社会保障和服务体系建设先行市""全国残疾人工作先进单位""全国无障碍建设示范市"和中国残联授予的全国唯一的"爱心城市"等殊荣。当前，广州市残疾人工作的主要目标是"要当好'走在全国前列的排头兵'，为残疾人营造一个公平、公正、舒适、放心的托养环境"。③

诺贝尔经济学奖获得者，被称为"穷人的经济学家"的阿玛蒂亚·森教授曾指出："贫困概念首先要回答的一个问题是谁应该成为我们关注的焦点。"④也就是说，我们得首先对需要扶持的贫困残疾人群做出识别。我国参与签署的《残疾人权利国际公约》中规定："残疾人包括肢体、精神、智力或感官有长期损伤的人，这些损伤与各种障碍相互作用，可能阻碍残疾人在与他人平等的基础上充分和切实地参与社会。"我国《残疾人保障法》第 2 条规定："残疾人是指在心理、生理、人体结构上，某种组织、功能丧失或者不正常，全部或者部分丧失以正常方式从事某种活动能力的人。残疾人包括视力残疾、听力残疾、言语残疾、肢体残疾、智力残疾、精神残疾、多重残疾和其他残疾的人。"根据 2006 年全国第二次残疾人抽样调查推算，广州共有残疾人 52.12 万人，占常

---

① 《加大保障力度 拓宽就业渠道 五年来超五百万贫困残疾人脱贫》，载人民网：http://rmfp.people.com.cn/n1/2018/0511/c406725-29978751.html，2018 年 5 月 11 日。

② 《习近平在上海考察时强调 深入学习贯彻党的十九届四中全会精神提高社会主义现代化国际大都市治理能力和水平》，载中共中央党校网：http://www.ccps.gov.cn/zt/sjjszqh/tt/201911/t20191103_135423.shtml，2019 年 11 月 3 日。

③ 《市残联党组书记、理事长陈学军为安养院讲授"广州的残疾人工作要当好'走在全国前列的排头兵'"专题党课》，载广州市残疾人联合会网站：http://www.gzdpf.org.cn/Article/news1/20419.html，2018 年 12 月 28 日。

④ ［印］阿玛蒂亚·森：《贫困与饥荒——论权利与剥夺》，王宇、王文玉译，商务印书馆 2001 年版，第 17 页。

住人口的 5.26%。至 2016 年 3 月 31 日，全市领取第二代残疾人证残疾人 142790 名，分视力、听力、言语、肢体、智力、精神和多重残疾等 7 个类别和 4 个残疾等级。

我国作为社会主义法治国家倡导尊重和保障人权，因此需要在社会保障方面对贫困残疾人进行帮助和扶持。《残疾人权利国际公约》中规定："确保残疾人，尤其是残疾妇女、女孩和老年人，可以利用社会保护方案和减贫方案；确保生活贫困的残疾人及其家属，在与残疾有关的费用支出，包括适足的培训、辅导、经济援助和临时护理方面，可以获得国家援助。"我国《残疾人保障法》专辟一章规定残疾人的社会保障问题，将残疾人的社会保障问题作为一项重要的国家义务。其中包括："国家保障残疾人享有各项社会保障的权利。政府和社会采取措施，完善对残疾人的社会保障，保障和改善残疾人的生活；残疾人及其所在单位应当按照国家有关规定参加社会保险。残疾人所在城乡基层群众性自治组织、残疾人家庭，应当鼓励、帮助残疾人参加社会保险。对生活确有困难的残疾人，按照国家有关规定给予社会保险补贴；各级人民政府对生活确有困难的残疾人，通过多种渠道给予生活、教育、住房和其他社会救助。县级以上地方人民政府对享受最低生活保障待遇后生活仍有特别困难的残疾人家庭，应当采取其他措施保障其基本生活。各级人民政府对贫困残疾人的基本医疗、康复服务、必要的辅助器具的配置和更换，应当按照规定给予救助。对生活不能自理的残疾人，地方各级人民政府应当根据情况给予护理补贴；地方各级人民政府对无劳动能力、无扶养人或者扶养人不具有扶养能力、无生活来源的残疾人，按照规定予以供养。国家鼓励和扶持社会力量举办残疾人供养、托养机构。残疾人供养、托养机构及其工作人员不得侮辱、虐待、遗弃残疾人；县级以上人民政府对残疾人搭乘公共交通工具，应当根据实际情况给予便利和优惠。残疾人可以免费携带随身必备的辅助器具。盲人持有效证件免费乘坐市内公共汽车、电车、地铁、渡船等公共交通工具。盲人读物邮件免费寄递。国家鼓励和支持提供电信、广播电视服务的单位对盲人、听力残疾人、言语残疾人给予优惠。各级人民政府应当逐步增加对残疾人的其他照顾和扶助；政府有关部门和残疾人组织应当建立和完善社会各界为残疾人捐助和服务的渠道，鼓励和支持发展残疾人慈善事业，开展志愿者助残等公益活动"。也有学者指出："社会保障在残疾人扶贫中的作用都不可小觑，社会保障体系与残疾人扶贫体系的结合，能够更有效地配置资源，在残疾人扶贫中起到了兜底作用，为贫困残疾人建筑了生活安全网。"[1]

相较于农村残疾人扶贫工作，城市残疾人的扶贫工作有着独特的工作对象和方式方法。这是人权学与城市社会学的交叉研究领域，涉及深刻的国家伦理、社会伦理、城市伦理和权利伦理。广州市的残疾人扶贫工作在理论上和实践中积累了较多经验。随着广州残疾人扶贫事业的发展，逐年都在社会保障方面取得新成就。据广州市残疾人联合会统计，2013 年以来，广州市实施了补助金发放对象扩大的政策，将发放对象扩大至全市持证残疾人中的约 1.8 万低保残疾人和低收入困难家庭的 1、2、3、4 级 4600 余名残疾人，最高标准由每人每月 100 元升至可同时申领困难残疾人生活补贴或重度残疾人护

---

[1] 吴敏：《中国残疾人扶贫的发展历程与政策变迁》，载《西部论坛》2016 年第 6 期。

理补贴每人每月 150 元。实施公交优惠政策，累计组织 6.6 万余人次申办残疾人乘车卡，其中免费卡 3.4 万张，半价优惠卡 3.2 万张；2015 年以来，严格落实市政府常务会议通过资助残疾人参加基本养老保险的办法，每年安排资金约 1.8 亿元，提高残疾人参加城乡居民养老保险的资助标准，资助无法达到社保规定缴费年限参与城镇职工养老保险的残疾人进行延缴、趸缴，受惠残疾人近 8.3 万人次。仅 2016 年一年就投入 8270 万元，资助约 2.4 万人参加基本养老保险，在全国第一个实现残疾人基本养老保险全覆盖。2016 年后，资助全部残疾人参加基本医疗保险，近 8.9 万名残疾人受惠。在全国副省级城市中率先启动"助残安居工程"，5 年内按每户 50 平方米标准，为 3321 户农村双特困残疾人家庭修建安居房；据统计，仅 2017 年的前三季度，全市共 7.6 万余人申领生活津贴、8.4 万余人申领重残护理津贴，涉及资金 2.57 亿元。继续开展残疾人参加城乡居民养老保险和城镇职工养老保险资助，2017 年共对 3.2 万名残疾人进行资助。此外，有关部门还开展了残疾人医疗救助医疗保险的资助参保工作，协调民政局、医保局办理符合条件的残疾人个人参保缴费资助金的核发和拨付，协助出台民政分类救济的政策和低保实施文件的出台，开展农村残疾人转移就业基地和长期护理保险等调研，开展广州市残疾人托养服务情况抽样调查等。

除此之外，广州市还开展各种形式的帮扶贫困残疾人的活动，例如 2018 年 1 月 31 日上午，由广州市残疾人体育运动中心副主任、广州市残疾人福利基金会秘书长伍智敏带队的慰问组冒雨抵达从化，在从化区残联李记平理事长和陈文勇理事的陪同下，到鳌头镇和城郊镇的贫困残疾人家庭进行慰问。在冰冷的冬天，广州市残联为从化区的贫困残疾人送去春节慰问品和慰问金，为他们送温暖。① 又如，广州市残疾人福利基金会设立"扶助贫困残疾人"的项目，该项目以提高残疾人基本素质和生存发展能力为重点，以提升广州市及农村贫困残疾人生活质量为目标，全面改善残疾人生产生活状况。项目从四方面进行帮扶：一是就业扶贫，为残疾人提供职业技能、种养殖业技术培训，扶持农村贫困残疾人家庭开办种养殖业；二是康复扶贫，为城区及农村贫困残疾人实施康复训练、辅助器具配送等康复救助；三是教育扶贫，对城区及农村贫困残疾人家庭学生给予学习生活补贴；四是应急救助，残疾人家庭因重大疾病、就学负担过重、自然灾害或突发性事件造成的意外，出现较大的经济困难时，帮助他们渡过难关。对于社会捐赠者，均给予不同的回馈形式，包括：(1) 随缘乐助：对于捐赠者，不论数额巨细，都会致上一封感谢信。(2) 凡捐赠 1 万元以上的单位或个人，均颁发捐赠证书并在广州市残疾人福利基金会官网及微信公众号和订阅号、《广州 D 视角》杂志予以鸣谢。(3) 凡捐赠 10 万元以上的单位或个人，除上述鸣谢方式外，根据捐赠者意愿举办捐赠仪式或在相关助残活动颁发纪念牌予以鸣谢。(4) 广州市残疾人福利基金会在 2009 年已获广东省第一批具备公益性捐赠税前扣除资格(可参见粤财法〔2009〕87 号文)。根据《慈善法》第 80 条的规定，自然人、法人和其他组织捐赠财产用于慈善活动的，依法享受税收优惠。

---

① 《寒冬送温暖：广州市残联到从化区慰问贫困残疾人》，载广州市残疾人福利基金会网站：http：//www.gzffdp.org/a/gongzuodongtai/2018/0201/824.html，2018 年 2 月 1 日。

企业慈善捐赠支出超过法律规定的准予在计算企业所得税应纳税所得额时当年扣除的部分，允许结转以后三年内在计算应纳税所得额时扣除。各单位可自行到有关部门办理扣税手续。①

## 二、广州市残疾人扶贫工作中存在的问题

在为已取得的成绩和经验感到欣慰的同时，须要清醒地看到广州市残疾人扶贫事业发展中仍然存在的诸多不足，也面临着不少困难与挑战。党的十九大报告中指出："中国特色社会主义进入新时代，我国社会主要矛盾已经转化为人民日益增长的美好生活需要和不平衡不充分的发展之间的矛盾。我国稳定解决了十几亿人的温饱问题，总体上实现小康，不久将全面建成小康社会，人民美好生活需要日益广泛，不仅对物质文化生活提出了更高要求，而且在民主、法治、公平、正义、安全、环境等方面的要求日益增长。同时，我国社会生产力水平总体上显著提高，社会生产能力在很多方面进入世界前列，更加突出的问题是发展不平衡不充分，这已经成为满足人民日益增长的美好生活需要的主要制约因素。""发展残疾人事业，加强残疾康复服务。"这些论述为残疾人扶贫事业的相关部门做好残疾人工作指明了方向。对标新时代目标任务，残疾人事业在社会建设发展中与其他事业相比较，残疾人群众社会保障、生存质量与其他社会群体相比较，广州市残疾人扶贫工作仍然存在着发展不平衡不充分问题，需要进一步加强和改进。

在贫困的治理方面，残疾人事业的发展仍没有赶上广州市发展的总体水平，还有为数不少的残疾人没有脱贫，生活相当困难。目前，广州已经被国家定位为国家中心城市、国际商贸中心、枢纽型网络城市和国家历史文化名城，广州在经济、社会、文化等各项事业上飞速发展并取得了重要成果，人均生活水平和消费水平位居全国前列。广州的残疾人扶贫事业虽然也取得了重大成就，但是与广州的整体城市发展水平和富裕程度之间仍然存在着不小的差距。

在贫困残疾人就业方面，残疾人由于肢体、精神、智力或感官等方面的长期损伤或障碍导致其在就业方面相对处于弱势地位，进而影响收入，陷入贫困的境地。残疾人就业的思路还有待拓宽，方法手段也需进一步扩展。残疾人跟不上社会数字化、信息化、智能化、智慧化发展的步伐，给解决就业难这个问题带来了巨大的挑战。当前，世界正进入入人工智能时代，一道隐隐横亘在贫困残疾人面前的巨大数字鸿沟正慢慢浮现出来，给残疾人就业带来了巨大挑战。

在残疾人康复服务方面，康复服务离人人享有、人人满意的有质量、有效益的标准仍然存在着不小的差距。贫困残疾人群由于自身的贫困，往往没有能力获得有质量、有效益的康复服务。但是基于权利的需求，即使是处于贫困状况中的残疾人也应当有权利享有优质有效的康复服务。

---

① 《"扶助贫困残疾人"项目》，载广州市残疾人福利基金会网站：http：//www.gzffdp.org/a/gongyixiangmu/2017/0518/789.html，2018 年 5 月 19 日。

## 三、广州市残疾人扶贫工作的改进措施

贫困不仅仅是经济上和物质上的缺乏，同时也意味着权利和能力需要得到加强，扶贫的目的是扶人，使人得到全面的发展并获得应有的尊严。正如赫拉尔多·卡埃塔诺和古斯塔沃·德·阿玛斯所言："克服贫困不仅意味着需要一笔可以——在市场上——获得最低限度的生活必需品的收入，而且需要获得公共资产和优质服务以发展积极参与社会的经济、政治和文化生活所需的能力……重视消除一切贫困的表现或象征，努力确保健康生活和促进福祉，其目的是赋予人们以全面发展的权利和能力。显然，这种福祉包含着一个物质层面，以及终身获得优质的健康和教育服务、体面的就业和社会保障，以及文化的资产。"①这里面当然包括残疾人的扶贫事业，而且因为保障对象的特殊性，进而更加需要特殊的倾斜、保护和对待。本文根据国家《贫困残疾人脱贫攻坚行动计划（2016—2020 年）》《广东省残疾人事业发展"十三五"规划》《广州市残疾人事业发展第十三个五年规划》等文件的相关规定，结合广州市残疾人扶贫事业的实际状况，提出除了继续推进作为民生兜底的残疾人社会保障工作以外，以促进就业为主要抓手摆脱贫困的广州残疾人扶贫工作改进措施。

**（一）全面落实党的十八大、十九大会议精神，深入贯彻习近平总书记系列重要讲话精神，加快推进残疾人小康进程**

党的十八大报告中指出："健全残疾人社会保障和服务体系，切实保障残疾人权益。"党的十九大报告中指出"发展残疾人事业，加强残疾康复服务"。2018 年 6 月，习近平总书记主持召开的中共中央政治局会议审议了《乡村振兴战略规划（2018—2022年）》和《关于打赢脱贫攻坚战三年行动的指导意见》。会议指出："着力激发贫困人口内生动力，着力夯实贫困人口稳定脱贫基础，着力加强扶贫领域作风建设，切实提高贫困人口获得感，确保到 2020 年贫困地区和贫困群众同全国一道进入全面小康社会。"②这其中，当然也包括城市残疾人扶贫事业的发展面临的挑战和解决的路径。

城市残疾人扶贫事业建设是社会建设的重要组成部分。《广州市残疾人事业发展第十三个五年规划》中指出，加快推进残疾人小康进程，瞄准贫困残疾人、重度残疾人等重点人群，着力补短板，健全残疾人权益保障制度，完善残疾人基本公共服务体系，为残疾人平等参与社会发展创造便利条件和友好型环境，让改革发展成果更多、更公平、更实在地惠及广大残疾人。也就是说，应该加强对贫困、重度残疾人的重点扶持，统筹推进不同类别残疾人小康进程；提高残疾人福利水平，促进残疾人充分就业和融合发

---

① ［美］赫拉尔多·卡埃塔诺、古斯塔沃·德·阿玛斯：《拉丁美洲的贫穷与不平等——从最近的趋势到新的发展议程》，载《国际社会科学杂志》2017 年第 4 期，第 56~57 页。
② 《习近平明确当前脱贫攻坚战的三个"着力点"》，载中国新闻网：http://www.chinanews.com/gn/2018/06-03/8529127.shtml，2018 年 6 月 3 日。

展；稳定保障残疾人基本民生，扩大残疾人基本公共服务覆盖面。不断缩小残疾人生活水平状况与社会平均水平之间的差距，让残疾人安居乐业、衣食无忧，残疾人生活的各项指标达到小康水平。有学者认为"排斥和贫困有相交的一面，它是由一系列不同的、相互关联的劣势产生的，既导致经济上被剥夺，也导致社会上被剥夺"①。因此，必须认真对待残疾人的脱贫问题，残疾人才能够跟上广州市经济社会发展的总体水平，不被排斥在社会结构之外，我们的社会也因此具有了普遍的包容正义基础。

### (二)大力促进残疾人家庭就业增收，达到脱贫目标

促进就业是实现脱贫的主要途径。各级政府部门应当积极推动残疾人就业，并对促进残疾人就业工作成效显著的单位和个人进行表彰奖励。扶持残疾人集中就业基地建设。积极与社会热心企业合作，以公司(企业)为载体创建残疾人集中就业基地；结合精准扶贫工作，通过辐射带动，示范引导，扶持农村残疾人种植业、养殖业。同时通过支持性就业、辅助性就业、庇护性就业、职业适应性训练等形式，稳定残疾人就业率。

建立广州市机关、人民团体、事业单位、国有企业带头安排残疾人就业的工作制度，制定完善相应的工作流程、评估办法。建立和完善按比例就业奖励制度，对长期坚持按比例安排残疾人就业、超比例安排残疾人就业、积极推进就业困难残疾人上岗就业的各用人单位，给予表彰、奖励。敦促既不安排残疾人就业、又不按时办理残疾人就业年审的用人单位，及时履行社会责任。对不按比例安排残疾人就业、拒不缴纳残疾人就业保障金的用人单位，追究法律责任。例如，2015 年度，有广州市番禺区北片教育指导中心、广州市东升医院、广州市番禺区祈福英语实验学校、广州市从化区吕田镇人民政府、广州市海珠区社会治安视频监控中心等广州市 1152 家用人单位超比例安排残疾人就业，有广州市海珠区人才服务管理办公室、广州市花都区城市环境卫生管理所、广州市南沙区大岗镇教育指导中心、广州市越秀区城市管理局车队、广州市黄埔区红十字会医院等 4864 家用人单位完成按比例安排残疾人就业。② 同时，实践中也要加强对负责按比例安排残疾人就业年审、就业失业登记工作的相关负责人、工作人员进行培训，提高为城市残疾人就业服务的水平。例如，广州市残疾人就业培训服务中心于 2018 年12 月 25 日举办了"2018 年市区残疾人就业年审、就业失业登记工作培训班"，明确了各级残联就业服务机构工作人员要加强自身业务学习，进一步积极推动残疾人就业工作。③

加大就业服务力度。对大量招用残疾人的用人单位建立上门服务制度，及时疏导用

---

① 社会转型管理项目包容政策实验室：《包容政策设计的分析框架：内容、缘由和方法》，载《国际社会科学杂志》2017 年第 3 期，第 116 页。

② 《广州市用人单位 2015 年度按比例安排残疾人就业情况公示》，载广州市残疾人联合会网站：http://www.gzdpf.org.cn/Article/k1/18025.html，2017 年 7 月 18 日。

③ 《广州市残疾人就业培训服务中心举办 2018 年市区按比例安排残疾人就业年审、就业失业登记工作培训班》，载广州市残疾人联合会网站：http://www.gzdpf.org.cn/Article/news1/20417.html，2018 年 12 月 26 日。

人单位与残疾员工的矛盾，指导用人单位开发适合残疾人就业的岗位。协助残疾人就业基地进行无障碍设施改造，帮助企业对在岗残疾人开展技能提升培训。继续为小微企业减负，对30人以下的小微企业，自工商登记之日起免征3年残疾人就业保障金。大力扶持自主创业，促进创业带动就业，继续实施积极就业创业政策。健全完善创业担保贷款管理机制，落实各项政府创业扶持补贴和就业创业政策。2018年1月12日，中国残联联合15部门印发《关于扶持残疾人自主就业创业的意见》，意见明确了多项促进残疾人自主就业创业、脱贫解困的扶持政策。这些政策包括为残疾人自主就业创业提供合理便利和优先照顾、落实税收优惠和收费减免、提供金融扶持和资金补贴、支持重点对象和"互联网+"创业、提供支持保障和就业服务等多个方面。根据意见，残疾人自主就业创业包括残疾人自主创业和灵活就业。其中规定，残疾人在登记个体工商户、各类企业、农民专业合作社等经济实体，或登记各类社会团体、民办非企业单位等社会组织时，相关部门应提供合理便利，优先办理登记注册手续。政府和街道兴办贸易市场，设立商铺、摊位，以及新增建设彩票投注站、新增建设邮政报刊零售亭等便民服务网点时，应预留不低于10%给残疾人，并适当减免摊位费、租赁费，有条件的地方应免费提供店面。意见明确，残疾人本人为社会提供的服务和加工、修理修配劳务，按照有关规定免征增值税。残疾人个体就业或创办的企业，可按规定享受增值税优惠政策。对残疾人个人取得的劳动所得，根据《中华人民共和国个人所得税法》和《中华人民共和国个人所得税法实施条例》有关规定，按照省、自治区、直辖市人民政府规定的减征幅度和期限减征个人所得税。对残疾人自主就业创业的，按照有关规定免收管理类、登记类和证照类等有关行政事业性收费和具有强制垄断性的经营性收费。征得行业协会商会同意，适当减免或降低会费及其他服务收费。生产经营困难的，可依法申请降低住房公积金缴存比例或缓缴，待效益好转后再提高缴存比例或补缴。残疾人创办具有公益性、福利性且在民政部门登记为民办非企业单位的经营场所用电、用水、用气、用热按照民用标准收取。此外，残疾人自主创业、灵活就业的经营场所租赁、启动资金、设施设备购置符合规定条件的，可由各地给予补贴和小额贷款贴息。建档立卡贫困残疾人可申请扶贫小额信贷，具体贴息标准参考各地贴息管理办法执行。政府支持的融资性担保机构和再担保机构应加大对残疾人自主就业创业的融资服务力度。有条件的地区可多渠道筹资设立残疾人小额贷款风险补偿基金。对信用良好的残疾人创业者经综合评估后可取消反担保。残疾人首次创办小微企业或从事个体经营，且所创办企业或个体工商户自工商登记注册之日起正常运营1年以上的，鼓励地方开展一次性补贴试点。符合就业困难人员条件的残疾人实现灵活就业的，按规定给予社会保险补贴，由就业补助资金支出。享受城乡低保的残疾人首次自主就业创业的，在核算其家庭收入时，扣减必要的就业成本，鼓励残疾人通过自身努力就业增收，摆脱贫困。特殊教育院校教育类、残疾人高校等毕业生按规定享受求职创业补贴。意见对支持重点对象和互联网+创业做出了具体规定，重点扶持残疾人自主就业创业致富带头人和非遗继承人。残疾人自主创业并带动其他残疾人稳定就业的、获得有关部门认定的残疾人非遗继承人自主创业的，给予贴息贷款扶持。残疾人利用网络就业创业的，给予设施设备和网络资费补助。意见还要求，通过政府购买服务，加大各类孵化基地、众创空间、创新工场、创业园等对残疾人创业培训、开业指导、项目推介、融资咨询、法律援助等孵化服务力度。鼓励建立残疾人就业创业孵化基地。①

加强残疾人就业培训服务。优化现有的公共就业服务机制，残疾人就业失业登记工作逐步下移到街道、社区的服务窗口，并由人社部门按残疾类别在数据库中加以标识。加强残疾人职业能力评估建设，完善残疾人职业能力测评，为开展残疾人个性化培训和职业素质培养工作提供重要参考依据。加大电子商务、创业等培训力度，积极跟进国家推行的"互联网+"和"双创"工作，重点加强互联网创业培训。例如，2015 年 11 月 18 日，由广东省残联、广东省精协、深圳市圈圈电子商务有限公司联合主办的《云众商互联网+微创业公益培训》广州市残疾人综合服务中心举行，此次残疾人互联网+公益培训是《云众商互联网+微创业公益培训》工程总第七场(第一期总 108 场)。在当前互联网+的大好形势下，残疾人应该利用好互联网知识实现创业。② 又如，2018 年 11 月 14 日，广州市残疾人就业培训服务中心举办了"2018 年度广州市残疾人用工单位业务培训班"。安排残疾人就业的汇丰环球客户服务(广东)有限公司、广州丽柏酒店有限公司、广州润宝信息科技有限公司、广州白云广附实验幼儿园等用工单位参加了本次培训活动。培训班上，就业指导部就残疾人就业政策、保障金政策、困难群体就业扶助政策等进行了解读，并与用工单位面对面进行了残疾人用工需求、培训需求方向的讨论和交流。该培训班提供了用工单位与中心业务部门的交流机会，让各用工企业更直观地了解残疾人的就业需求及各项政策，也让就培中心更好地掌握用工单位的岗位及培训需求，促进了今后残疾人就业工作的发展。③ 要努力开发社区就业岗位，采取切实有效措施，扶持残疾人个体创业、自谋职业。对无法培训就业的残疾人要做好社会保障工作，落实最低生活保障制度，完善医疗保险，继续实行、推广专项补助，解决特困户住房问题。

### (三)发挥残疾人服务社会组织的作用和社会力量，解决贫困问题

广州残疾人服务组织起步早、较为活跃，积极参与残疾人公共服务，有效拓展了公共服务的能力和容量。但普通存在场地租金高、承接项目定额低、人员队伍不稳定的情况，生存状况堪忧。广州残疾人联合会已编制完成广州市残疾人公共服务目录(2016 年版)，制订定额标准和规范流程，并探索助残社会组织孵化基地项目建设，为社会组织提供过渡期间的场地支持，帮助助残社会组织稳定发展。

---

① 《政策"红包"扶持残疾人就业创业——中国残联联合 15 部门印发〈关于扶持残疾人自主就业创业的意见〉》，载新华网：http://www.xinhuanet.com/gongyi/2018-02/01/c_129800853.htm，2018 年 2 月 1 日。

② 《云众商互联网+微创业公益培训工程广州 01 班圆满结束》，载广州市残疾人联合会网站：http://www.gzdpf.org.cn/Article/k1/14737.html，2015 年 11 月 23 日。

③ 《广州市残疾人就业培训服务中心举行 2018 年度广州市残疾人用工单位业务培训班》，载广州市残疾人联合会网站：http://www.gzdpf.org.cn/Article/k1/20230.html，2018 年 11 月 16 日。

积极动员企业、社会组织和爱心人士参与贫困残疾人脱贫攻坚。充分发挥各民主党派、无党派人士在人才智力扶贫上的优势和作用。通过政府购买服务等方式，积极引导各类社会组织和专业社会工作者参与残疾人脱贫攻坚。鼓励有条件的企业成立公益基金会，设立慈善信托或者以其他方式履行社会责任，参与支持残疾人脱贫。例如，2017年12月12日，在广州"助残服务周"期间，《新快报》携手安利（中国）日用品有限公司、广州市残疾人联合会、广州市残疾人福利基金会，为广州百户贫困残障家庭送上贴心大礼——2018年度《新快报》报刊。自2018年元旦起，这份报刊将陪伴受赠群体，为他们送上最新、最快、最正能量的社会资讯，丰富了贫困残疾人的文化生活，为出行不便的贫困残疾人做了好事、实事。[1]

**（四）开展各种形式的助残扶贫专项行动**

实施阳光助残扶贫基地项目。光伏扶贫要确保贫困残疾人家庭优先获得光伏扶贫收益。在建档立卡贫困人口转化为生态护林员的工作中，优先吸纳有管护能力的残疾人参加。加大对贫困残疾人从事电商创业的扶持，开发和推广适合残疾人从事电商产业的技术支持和服务平台，加强贫困残疾人从事电商和电商咨询服务的培训。例如，2018年12月16—22日，为充分利用广州市互联网科技资源优势，帮助残疾人家庭摆脱贫困，加强残疾人经济赋权，推动残疾人参与互联网经济，利用新技术、新机遇消除障碍，拓宽残疾人就业渠道，帮助他们融入社会，实现自身价值，中国残联在广州残疾人体育运动中心举办"国际残疾人及培训师'互联网+'培训班"，来自亚太地区13个国家和地区的36名外籍学员和20名中国学员参加了此次培训。中国已将电子商务纳入扶贫开发体系，很多残疾人通过互联网实现了就业。[2]

**（五）加大金融扶持力度**

鼓励金融机构创新金融产品和服务方式，开发符合残疾人需求特点的金融产品。完善扶贫小额信贷和残疾人康复扶贫贷款政策，并抓好相关优惠政策的贯彻落实，进一步加大对建档立卡残疾人贫困户的信贷支持。村镇银行、农村信用社等金融机构开展的扶贫小额信贷优先面向符合条件的建档立卡残疾人贫困户。积极发展扶贫小额贷款保证保险，优先对残疾人贫困户保证保险费予以补助，并提高补助标准。鼓励有条件的地方利用多种方式筹措资金建立贫困残疾人小额贷款风险担保金制度。

**（六）保障贫困残疾人优先获得资产收益**

鼓励残疾人贫困户将农村承包土地的经营权、住房财产权折价入股，用于参与集体

---

[1] 《安利公司捐赠　百名贫困残疾人明年有得睇》，载广州市残疾人联合会网站：http://www.gzffdp.org/a/meitibaodao/2017/1214/814.html，2018年12月14日。

[2] 《中国残联国际残疾人及培训师"互联网+"培训班在广州成功举办》，载广州市残疾人联合会网站：http://www.gzdpf.org.cn/Article/news1/20411.html，2018年12月24日。

经济的收益分配。集体所有的经营性资产分配集体收益时，优先保障残疾人贫困户受益。在不改变用途的情况下，财政专项扶贫资金和涉农资金投入设施农业、养殖、光伏、水电、乡村旅游等项目形成的资产，具备条件的可折股量化给残疾人贫困户，尤其是丧失劳动能力的残疾人贫困户。

### （七）残疾人贫困治理需要多部门共同协调努力

贫困残疾人治理问题的理论基础源于包容和权利保障的社会正义理论。由于正义与包容问题涉及社会生活的方方面面，颇为复杂纷繁，因此实践这一理论也需要多个部门科学协调，分工配合。正如有学者指出，"包容政策不是某一个部门的干预。任何政策都不可能独自达到包容。只有通过政策体系或组合拳，各种政策干预同时发力，在社会、经济、政治、公民和文化轴线上形成整合，才能实现包容"。[1] 广州市政府各部门已经对残疾人扶贫事业进行了任务规划和重点分工，明确了职责范围问题。例如在贫困残疾人基本生活保障方面，市民政局、市财政局、市残联负责完善困难残疾人生活补贴和重度残疾人护理补贴制度；在贫困残疾人就业方面，市残联、市财政局、市民政局、市扶贫办负责确保贫困残疾人如期脱贫，做好巩固扶贫成果工作。市残联、市人社局、市科技创新委、市商务委、市民政局负责扶持残疾人创业孵化示范基地。鼓励残疾人利用网络就业创业。扶持残疾人社区就业、居家就业。在贫困残疾人康复与教育方面，市发改委、市重点办、市财政局、市国规委、市民政局、市残联、各区政府负责加快推进残疾人康复、托养、教育等服务基地和设施建设，等等。

## 四、结语

联合国发展议程报告中指出：消除贫困一直被认为是可持续发展必不可少的要求，而且是"基本正义和人权问题"。[2] 对于贫困的残疾人来说，更是如此。贫困残疾人脱贫攻坚是中央打赢脱贫攻坚战的重要组成部分，习近平总书记多次强调要把贫困残疾人作为脱贫攻坚群体攻坚的重点。[3] 人类社会是一个命运共同体，不能让贫困的残疾人群被社会边缘化而失掉了基本的权利和尊严。因此，我们应当构建包容、共享型社会，保障残疾人的权利。

目前，广东正在践行"四个走在全国前列"工作，广州残疾人扶贫事业也要跟上改革和发展的步伐，参与共建共治共享社会治理工作，维护好和发展好广大残疾人权利，

---

① 社会转型管理项目包容政策实验室：《包容政策设计的分析框架：内容、缘由和方法》，载《国际社会科学杂志》2017 年第 3 期，第 114 页。

② ［美］佩德罗·蒙雷亚尔·冈萨雷斯：《全球正义与 2030 年国际发展议程》，载《国际社会科学杂志》2017 年第 4 期，第 11 页。

③ 《中国残联召开贫困残疾人脱贫攻坚领导小组全体会议》，载中国残疾人联合会网站：http：//www.cdpf.org.cn/yw/201809/t20180926_638114.shtml，2018 年 9 月 26 日。

使残疾人群能够安居乐业，增强获得感，确保残疾人能够共享全面建成小康社会的新成果。广州也会因此塑造包容与团结的都市伦理，凝聚人民性的都市精神和发展潜力，彰显出新时代的都市文明和包容气质。